노동사회과학 제10호

러시아 혁명:
인류의 도약

노사과연
노동사회과학연구소 부설

노동사회과학 제10호
러시아 혁명: 인류의 도약

엮은이: 노동사회과학연구소 연구위원회
연구위원장: 문영찬
편집위원: 권정기, 김유정, 김해인, 신재길, 임경민, 이규환, 장진영, 전성식, 채만수, 최상철
펴낸이: 채만수
펴낸곳: 노사과연
교정·교열: 문영찬, 최상철
편집: 최상철
표지디자인: 이규환

등록: 302-2005-00029 (2005.04.20.)
주소: 서울특별시 동작구 노량진로 22길 31 나동 2층 (우 06916)
전화: (02) 790-1917 | 팩스: (02) 790-1918
이메일: wissk@lodong.org
홈페이지: http://www.lodong.org

발행일: 2017년 12월 29일

ISBN 978-89-93852-24-0   04300
      978-89-956695-8-7   (세트)

* 책값은 뒤표지에 있습니다.
* 잘못된 책은 바꿔드립니다.

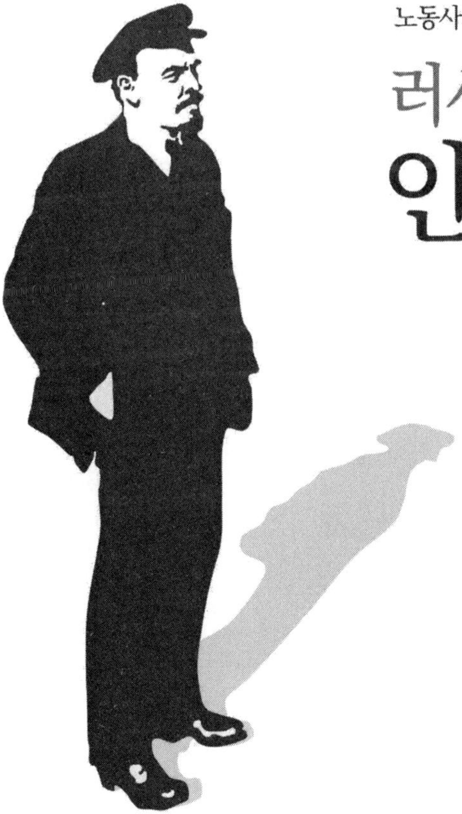

노동사회과학 제10호

러시아 혁명:
인류의 도약

노사과연
노동사회과학연구소 부설

차 례

권두시 / 7

고희림	레닌이 없는 시대의 슬픔	7
	— 러시아 혁명 100주년에 부쳐	

편집자의 글 / 10

문영찬   러시아 혁명 100주년,   10
사회주의의 기치를 다시 들자!

채만수   10월 사회주의 대혁명의   19
세계사적 의의

문영찬   러시아 10월 사회주의 대혁명 승리의   53
제 조건

권정기   흐루쇼프 수정주의의 발생과   82
쏘련에서의 반혁명

최상철   사회주의 리얼리즘과   176
쏘련 영화에 대한 일고찰
— 지가 베르또프의
≪레닌에 대한 세 노래≫를 중심으로

그리스 공산당   10월 사회주의 대혁명 100주년에   246
중앙위원회   즈음한 그리스 공산당 중앙위원회의
선언

국제 이론   우리의 미래는 자본주의가 아니라   282
협의회 참가자들   사회주의 혁명 승리의 새로운 세계이고
사회주의-공산주의 건설이다

권두시

레닌이 없는 시대의 슬픔
— 러시아 혁명 100주년에 부쳐

고희림 | 시인, 회원

매양, 자본의 가시에 찔린 채
상상할 수 없는 채로 쪼개져
자유롭다고 느끼는 자신만만의,
상자에 갇힌 사람들

레닌을 보지 못하는 것도 큰 결핍이다

지난 역사와
다가올 역사를
처음부터, 세우고, 실행하고, 결말을 지은,
용기와 과학이 맺힌
연설과 설득력,

어찌 그런 사람이 있었을까!

그는 늘 과학으로 세상을 보았다
노동자가 과학임을 알렸다
천덕꾸러기라고 여겨졌던 노동자를 희망으로 만들었다
노동자의 거친 숨결은 이제 인류의 나침판이 되었다
황당하고 잡스런 토론의 장을 박차고
실천이 진리임을 실천했다

그는 늘
굳어진 원칙을 몰랑몰랑하게 했다
'모든 이론은 회색'에 불과하지만,
이론과 실천의 활을 당겨
진리를 변증하며
인민의 바다로 나아갔다

짜르와 멘셰비키 백위군과 제국주의와의 끊임없는,
투쟁의 기획자였다
자본주의를 바꾸는 데서 멈추지 않았다
식민지 해방을 위한 2차 대전, 연합국의 승리는,
그의 이론적 토대의 기염

금강석처럼 단단하고
얼음처럼 냉엄한
과학의 기적,
그 아구망뎅이1) 같은 표정에는 늘,
진리가 금성처럼 빛났다
≪무엇을 할 것인가≫
≪민주주의 혁명에서의 사회민주주의당의 두 가지 전술≫
"4월 테제"
"사회주의 혁명과 민족자결권 테제" 등등 등등

철없는 사람들이 그의 동상을 찢었을 때,
관속에 있던 인민들이 벌떡 일어나
가슴 아파 울고 있으나
양치기 소년과 당나귀 귀
벌거숭이들이 모여사는 갈대숲에서
나는 그 의미를 너무 늦게 알았다

레닌 없는 세상은 슬프다

---

1) 경상도 방언, 고집스런 사람, 신념을 굽히지 않는 사람

편집자의 글

러시아 혁명 100주년, 사회주의의 기치를 다시 들자!

2017년 올해는 러시아 혁명 100주년이 되는 해이다. 100년 전의 러시아 혁명은 제국주의 체제에 파열구를 내고 인간에 의한 인간의 착취를 끝장내고 계급이 없는 사회의 건설을 시작한 혁명이다. 제국주의 세력 중 누가 더 많은 전리품을 차지하고 더 많은 세력권을 차지하고 더 많은 식민지를 차지할 것인가를 놓고 벌어진 제1차 세계대전은 제국주의 상호간의 대결로 말미암아 제국주의 세력 자체를 약화시켰고 제국주의 사슬 중에서 가장 약한 고리였던 러시아에서 인류 최초의 사회주의 혁명의 승리가 이루어졌다.

그러나 러시아 혁명의 승리는 단지 객관적 모순의 심화 때문만은 아니었는데 레닌을 필두로 하는 볼쉐비끼 당은 제 2 인터내셔널의 기회주의와 싸우며 강령, 조직, 전술을 발전시켰다. 특히 부르주아 민주주의 혁명의 사회주의 혁명으로의 전화라는 전술노선, 목적의식성을 내세우는 전위당 노선, 제국주의론이라 불리는 20세기의 벽두를 기점으로 한 독점자본주의에 대한 분석 등은 러시아 혁명의 승리를 가능하게 한 결정적 요인이다. 레닌과 볼쉐비끼 당은 이렇듯 한편으로는 제 2 인터내셔널의 기회주의에 맞서서 맑스주의의 원칙을 수호했고 다른 한편으로는 19세기와 달리 변화한 러시아와 세계자본주의에 조응하는 이론의 발전을 이루어내었다. 이러한 객관적, 주체적 조건이 조응하면서 러시아 혁명은 성공할 수 있었다.

그러나 혁명의 발전은 순조로운 것이 아니었고 러시아는 혁명 직후 제국주의의 간섭과 내전을 겪어야 했다. 이에 대해 볼쉐비끼 당은 노동자계급과 농민의 동맹을 수호하는 것을 기초로 내전을 승리로 이끌었고 사회주의 건설의 길로 나아갈 수 있었다.

레닌 서거 후 쓰딸린을 중심으로 한 볼쉐비끼 당은 뜨로츠키의 영구혁명론을 분쇄하면서 농업집단화, 공업화, 1차, 2차 5개년 계획을 시행하면서 사회주의 생산관계를 확립했다. 계획경제라 일컬어지는 사회주의 경제는 잉여가치의 취득을 목적으로 하는 자본주의와는 생산의 목적 자체가 다르다. 사회주의 경제에서 생산의 목적은 확대되는 인민의 복지의 요구를 부단히 충족시키는 것이다. 이를 위해 생산수단에 대한 사적 소유를 폐지하고 생산수단을 사회화하여 자원의 배분을 자본주의의 무정부성과 달리 계획적이고 균형있게 이루어 갔다. 이를 통해 쏘련은 2차 대전 전에 독일에 버금가는 공업 강국이 될 수 있었고 이를 바탕으로 나찌 독일의 침략을 극복할 수 있었다. 2차 대전에서 쏘련의 승리는 사회주의의 우월성을 명백히 보여준 것이었다. 또한 2차 대전과 중국혁명의 결과 성립한 세계사회주의 진영은 제국주의 시대가 사회주의로 이행의 시대라는 레닌의 테제를 입증한 것이었다. 이러한 역관계의 변전 속에서 제국주의의 식민지 체제는 붕괴되었고 아시아, 아프리카에서 많은 나라들이 독립하였다.

그러나 세계사가 이렇게 진보를 향하여 나아가고 있을 때 쏘련 내부에서 수정주의가 발생하였다. 쏘련 공산당 20차 대회는 쓰딸린을 사실상 탄핵하여 30여년에 걸친 사회주의 건설 노선을 폐기하였다. 흐루시초프는 평화공존, 자본주의에서 사회주의로 평화적 이행(의회적 길) 등을 제창하였다. 이러한 흐름은 사회주의 건설에서 왜곡을 가져왔는데 계획경제의 약화와 시장친화적인 방향 전환이 이루어지면서 사회주의 생산관계는 침식되고 쏘련 경제는 서서히 침체에 빠지게 된다. 뿐만 아니라 쏘련과 중국 사이에 벌어진 국제적 논쟁은 사회주의 진영을 분열시키고 세계적 역관계에서 밀리고 있던 제국주의가 회생하게 되는 상황을 가져왔다.

이후 역사는 대반동의 길로 접어들게 되고 쏘련의 붕괴와 중국의 시장경제로의 전환이 이루어졌다. 이렇듯 20세기 사회주의는 극소수의 국가를 제외하고 소멸의 길을 걸어갔고 세계사는 반동기로 접어들었다.

그러나 20세기 사회주의가 사라졌다고 해서 그것의 역사적 사실까지도 매장될 수는 없다. 또한 20세기 사회주의가 인류 사회에 끼친 결정적 공헌은 되돌릴 수 없는 법이다. 예를 들면 여성의 참정권, 민족들의 독립의 자유를 규정한 민족자결권, 노후보장제도, 청소년에 대한 보편적 교육 등등 쏘련을 중심으로 하는 20세기 사회주의의 공적은 이루 말할 수 없다. 그리고 가장 결정적으로는 착취의 폐지가 가능하다는 것, 자본주의와는 비교할 수도 없는 높은 수준의 사회가 가능하다는 것을 인류는 수십 년간 체험했고 러시아 혁명 후 100년이 지난 지금까지도 자신의 역사로 하고 있다.

이러한 사실은 20세기 사회주의가 간단히 매도될 수 있는 것이 아니며 다시금 역사적 진보를 위해 그것의 공과를 정확히 평가하고 지금의 운동의 자산으로 삼을 필요가 있다는 것을 말해준다. 지난 30년간의 반동기 동안에 쏘련과 쓰딸린에 대해 전체주의니, 압제자니 하는 매도가 유행했고 아직도 뜨로츠끼주의류가 운동에서 행세하고 있는 것이 현실이다. 그러나 대립물은 전화하는 법이다. 패배의 역사였던 20세기 사회주의는 21세기 승리의 전망으로 전화되어야 하고 전화될 수밖에 없다. 20세기 사회주의는 인류가 계급을 폐지하고 무계급 사회로 나아가는 과정에서 겪었던 거대한 경험, 인류의 전사(前史)를 끝내기 위해 겪을 수밖에 없었던 거대한 리허설이다. 따라서 20세기 사회주의에 대한 청산주의에 단호히 반대하는 것이 필요하고 20세기 사회주의의 역사적 공헌에 대한 승인이 필요하다. 그러나 새로운 승리의 전망을 위해서는 그것만으로는 부족하다. 20세기 사회주의에서 역사적으로 계승할 점을 분명히 하면서도 20세기 사회주의의 한계와 오류를 정확히 구별하는 것이 중요하다. 오류 또한 불가피했던 오류와 그렇지 않은 오류를 구분해야 한다. 이러한 치열한 노력 속에서 20세기 사회주의는 21세기 사회주의 운동과 사회수의 건설에 대해 풍부한 영감의 원천이 될 것이다.

20세기 사회주의에 대한 이러한 관점에서 이번의 《노동사회과학》 제 10호는 러시아 혁명 100주년 특집호로 기획되었다. 애초 기획보다 줄어들기는 했지만 4편의 집필글과 2편의 번역글이 실렸다. 먼저 채만수의 "10월 사회주의 대혁명의 세계사적 의의"는 이번 호의 총괄적인 서론에 해당한다. 먼저, 20세기 사회주의 체제 해체 후의 세계를 조망하면서 민족간 분쟁의 격화, 아프가니스탄, 이라크 등의 신식민지화, 자본주의 국가에서 노동자계급에 대한 공격, 부르주아 정치 지형의 극우화 등을 분석하고 있다. 이에 대해 이러한 상황은 새로운 전망을 요구하는 것이며 이를 위해 10월 혁명의 의의의 분석의 필요를 말한다. 먼저 20세기 사회주의의 공헌을 강조하는데, 주거, 의료, 교육, 사회보장, 여성의 지위, 문화와 예술 등에서의 비약적인 권리의 신장과 높은 수준의 구현을 강조한다. 또한 식민지체제의 해체와 민족 간의 평등에 대한 20세기 사회주의의 결정적 공헌을 평가한다. 그리하여 20세기 사회주의에 대한 청산주의를 반대하면서 10월 혁명이 '무계급 사회로의 인류의 도약의 전형, 그 한 모델을 보여준 것'이라고 평가하면서 쏘련의 해체의 원인으로 수정주의자들에 의한 반혁명을 제시한다. 그리고 현재의 자본주의의 생산력의 발전이, 인공지능 등의 발전이 자본주의 생산관계와 양립할 수 없으며 다가오는 새로운 혁명은 역전불가능할 것이라고 전망한다. 그러면서 혁명 후에 프롤레타리아트의 혁명적 독재의 불가피성을 강조하고 있고 끝으로 민족주의 이데올로기의 배격과 노동자 국제주의의 재건을 역설하고 있다.

문영찬의 "러시아 10월 사회주의 대혁명 승리의 제 조건"은 10월 혁명 승리의 객관적 조건과 주체적 조건을 분석하고 있다. 먼저, 객관적 조건으로 자유경쟁 자본주의의 독점자본주의로의 전화, 러시아에서 자본주의의 발전, 제국주의 세계전쟁의 폭발, 전시 국가독점자본주의의 발생을 들고 있고 주체적 조건으로는 국제적으로는 맑스주의 사회주의 운동이 상승기였다는 점을 들고 있고 1905년의 러시아 혁명의 경험이 전술과 조직 면에서 1917년 혁명의 리허설이었다는 점, 그리고 러시아에서 자본주의의 발전과 계급투쟁의 발전으로 러시아 노동계급이 발전할 수 있었다는 점, 볼쉐비끼 당의 목적의식적인 전위적 운동이 혁명의 승리를 준비했다는 점, 그리고 결정적으로는 1917년 상황에서 쏘비에뜨로 권력의 이전을 통한 전쟁의 종식이라는 정확한 방침을 제시한 점, 끝으로 내전과 제국주의 간섭에 맞서 노동자 계급과 농민의 동맹을 수호하면서 권력의 유지에 성공했다는 점을 들고 있다. 이러한 객관적 조건과 주체적 조건은 21세기의 사회주의 운동에 있어서도 마찬가지로 중요한데 운동의 발전은 일차적으로 객관적 조건에 대한 정확한 분석을 요구하며 나아가 그에 조응하는 주체적 노력의 발전과 통일될 때만 가능할 것이다.
 권정기의 "흐루쇼프 수정주의의 발생과 쏘련에서의 반혁명"은 쏘련의 해체를 수정주의자들의 반혁명으로 보고 있다. 이러한 관점을 기초로 1917년부터 1956년 쏘련 공산당 20차 대회 전까지를 맑스-레닌주의 시대로 보고 그 이후 쏘련의 해체까지를 수정주의 시대로 보고 있다. 그런데 주목되는 점은 이 글에서 아마도 최초로 수정주의의 발생 원인에 대한 해명이 시도되고 있다는 점이다. 필자는 수정주의의 발생 원인으로 관료주의의 성장을 꼽고 있다. 사회주의 공업화 등 경제건설에서 부르주아 전문가를 등용하고 결정적으로는 2차 대전에서 전쟁의 승리를 위해 총동원하는 과정에서 관료와 부르주아 전문가의 영향력이 증가한 것으로 보고 있다. 그리하여 관료주의가 발전하여 수정주의가 발생한 것으로 보고 있다. 그런 점에서 쓰딸린을 탄핵한 흐루쇼프는 이들 관료집단의 대표로 보고 있다. 이들 관료들이 처음에는 전인민의 재산인 공장의 생산물을 사적 소유화하고 나아가서는 생산수단 자체를 사유화하게 되고 이러한 비공식경제의 발전이 사실상의 자본가계급을 낳고 이들이 1987년 쏘련 공산당 27차 대회에서 전면에 등장하면서 자본주의 생산관계의 공식적 부활이 시작된 것으로 보고 있다. 방대한 양의 자료를 인용하면서 관료주의의 성장이 수정주의를 발생시켰다는 것을 논증하고 있는데 향후 쏘련의 역사, 수정주의의 문제 해명에 있어서 중요한 토대를 제공하고 있다고 할 수 있다.
 최상철의 "사회주의 리얼리즘과 쏘련 영화에 대한 일고찰―지가 베르또프의 ≪레닌에 대한 세 노래≫를 중심으로"는 농업집단화, 공업화, 계획경제의 수립 등 거대한 격변을 겪고 있던 1930년대의 쏘련의 상황을 중심으로 사회주의 리얼리즘이 어떻게 변화, 발전해갔는가를 조명한 글이다. 필자는 사회주의 리얼리즘에 대해 "우리의 부르주아 미식가들과 달리 예술에 있어서도 관념론을 배격하며 철저한 유물론적 입장을 견지해야 한다. 예술을 독립적인 것으로 신비화하는 것이 아니라, 그것이 기반하고 있는 물적 토대와의 관련성 속에서 예술을 고찰해야 한다."고 파악하면서 러시아 혁명 전후로부터 시작하여 1930년대의 쏘련 사회의 격변, 물질적 토대의 변화 속에서 영화의 발전을 추적한다. 그러나 필자는 단지 사회적 상황만을 강조하는 것이 아니라 인물의 전형 또한 중시하는데 예술에서, 영화 속에서 묘사되는 인물의 전형이 1930년대의 새로운 상황에서 어떻게 설정되고 묘사되는가에 주목한다. 1930년대의 인물의 전형으로 마그니또고르스크 공장의 건설 현장에서 노동자의 모습, 집단농장 농민의 모습을 분석하면서 이들이 새로운 상황에 맞는 새로운 전형으로 등장하고 있다고 본다. 베르또프의 ≪레닌에 대한 세 노래≫가 다양한 영화적 기법을 통해 사회주의 혁명의 지도자 레닌과 사회주의를 건설하는 인민대중을 그리면서 사회주의 리얼리즘적 창작을 풍부하게 하고 있음을 조명한다. 한국에서도 운동이 침체하면서 민중예술, 사회주의 리얼리즘 예술이 저조한데 지금에 맞는 민중예술론, 사회주의 리얼리즘의 예술론이 발전하기를 기대해 본다.

번역글로는 두 편이 실렸는대 먼저 그리스 공산당 중앙위원회의 러시아 혁명 100주년에 즈음한 선언이 실렸다. "10월 사회주의 대혁명 100주년에 즈음한 그리스 공산당 중앙위원회의 선언"은 단지 일상적인 선언이 아니라 20세기 사회주의에 대한 총괄적인 평가를 담고 있는 중요한 문서이다. 20세기 사회주의가 무너졌다는 것이 사회주의의 필연성을 부정하는 것이 아니며 자본주의 또한 그것이 확립되는데 수백 년이 걸렸다는 점을 지적한다. 그리고 사회주의는 여전히 필연적이며 시의적절하고 현실적임을 선언하는데 그 근거로 자본주의의 내적 모순의 격화가 사회주의 필연성의 토대임을 말한다. 그리고 새로운 혁명은 그 것의 실현을 위한 혁명적 상황의 도래를 필요로 하며 그러한 상황의 도래는 필연적임을 지적한다. 이어서 10월 혁명의 승리를 향한 볼쉐비끼의 역정이 고찰되고 20세기 사회주의 운동의 전략이 분석되는데 이 부분이 그리스 공산당의 특유한 관점이 드러나는 대목이다. 꼬민떼른의 전술에서 제국주의 세력을 파시즘 세력과 민주주의적 세력으로 나눈 것, 자본주의 국가권력과 사회주의 프롤레타리아 국가 간에 중간 형태를 설정하는 것에 대해 강한 의문을 제기한다. 그리고 쏘련의 사회주의 건설에 대해 평가하는데 먼저 쏘련이 사회주의 건설에서 이룩한 거대한 성취를 지적하고 이어서 쏘련에서 반혁명이 어떻게 가능했는가를 분석하면서 쏘련 공산당 20차 대회가 "전환점"이었으며 공산주의 운동 전략, 국제관계, 경제건설에서 일련의 기회주의적 입장이 채택되었음을 지적한다. 특히 꼬시긴 개혁의 오류를 명백히 지적하고 있다. 이어서 그리스 공산당의 지금 시점에 있어서 변혁전략을 제기하고 10월 혁명의 경험을 통해 현대의 혁명이 전망을 찾을 것을 제기하고 있다.

다른 하나의 번역글은 세계 공산당과 노동자당들의 러시아 혁명 100주년에 대한 선언이다. "우리의 미래는 자본주의가 아니라 사회주의 혁명의 승리의 새로운 세계이고 사회주의-공산주의 건설이다"는 그리스 공산당을 비롯하여 러시아의 공산주의 노동자당, 유럽지역의 공산당과 노동자당, 아시아, 중남미까지 포함하는 당들의 공통의 선언이다. 이 글은 쏘련의 경험이 ≪공산당 선언≫에서 제출된 생산수단의 사회화라는 강령의 실현이며 시장경제로의 전환은 사회주의의 파괴를 초래한다는 것을 명백히 밝히고 있는데 이 점은 중국의 사회주의 시장경제에 대한 비판으로 읽힐 수 있다. 또한 쏘련에서 20차, 22차 당 대회에서 기회주의적 입장의 채택과 이데올로기적 타락이 시작되었다고 보고 뻬레스뜨로이까에서 반혁명이 완성되었다고 주장한다. 그리하여 '국제 공산주의 운동의 재배치, 오늘날의 위기와 후퇴로부터의 탈출구, 맑스-레닌주의와 프롤레타리아 국제주의에 기초한 통합된 전략의 형성, 쏘련의 역할과 공헌에 대한 승인, 자본주의의 혁명적 타도와 새로운 사회주의-공산주의 사회의 건설에 대한 필요성의 승인'을 긴급한 요구로 제기한다. 마지막으로 '우리의 가장 중요한 과제들 중의 하나는, 공산주의 운동 내부의 주요 위험요소로서 모든 형태의 수정주의와 기회주의에 맞서 흔들림없이 투쟁하는 것'임을 제기하는데 이러한 입장은 국제공산주의 운동의 흐름이 이데올로기와 전략의 면에서 상당한 통일을 이루어가고 있음을 보여준다.

2017년 12월 23일
연구위원장 문영찬

10월 사회주의 대혁명의 세계사적 의의

채만수 | 편집위원

20세기 사회주위 세계체제 해체 후의 세계

쏘비에뜨사회주의공화국연방, 즉 쏘련은 10월 사회주의 대혁명의 직접적 산물이었다. 그리고 제2차 세계대전을 계기로, 서로는 엘베강 이동의 구 동독으로부터 동으로는 태평양·베링해협까지, 유라시아 대륙의 동서에 걸쳐 광대하게 성립했던 20세기 사회주의 세계체제 또한 바로 그 10월 대혁명이 성장·전화한 것이었다.

그런데 그 원인·이유야 어떻든 20세기 사회주의 세계체제도, 그 기둥을 이루고 있던 쏘련도 해체된 지 벌써 4반세기가 넘는다. 그리하여 그 성과가 해체되어 사라진 지 오랜 조건 속에서 "10월 사회주의 대혁명의 세계사적 의의"라고 하는 문제를 제기할 때, 뜬금없다며 어이없어 할 사람들이 적지 않을 것이다. 독점자본의 대대적 대중조작의 희생자들인 순진한 대중의 정서가 우선 그러할 것이다. 그러나 대중의 정서만이 그러한 것이 아니다. 지식인들 대부분의 정서 또한 마찬가지이다. 자본주의 사회의 강단과 언론을 지배하는 주류 지식인들, 그러니까, 예컨대, 쏘련과 20세기 사회주의 세계체제가 해체되자 "역사는 끝났다"던 프랜시스 후쿠시마(Francis Yoshihiro Fukuyama) 류의 드러내놓은 자본의 지식인들이야 으레 그러려니 치더라도, 언필칭 '진보적' 지식인들조차 그 대부분이 사회주의·사회주의 혁명을 잊은 지 오래다. 그 역사적 사명과 수명을 이미 다하고, 최후의 몰락기에 들어선 지 이미 오래인 자본주의의 대공황·장기불황을 보면서, 그리고 그에 따라 심화돼가는 노동자 대중의 광범한 실업과 빈곤·고통을 목도하면서, 사회주의를 향해, 사회주의 혁명을 위해 투쟁하는 대신에, 예컨대, '기본소득 보장' 따위의 망상과 헛소리로 사회주의를 대체하는 것이, 그렇게 노동자 대중을 기망(欺罔)하고 오도하는 것이 오늘날에 유행하는 '진보적' 지식인의 표징의 하나가 아니던가? 다름 아니라 기존의 사회보장제도들조차 축소·해체돼가고 있는 마당에 말이다. 어디 그뿐인가? 과거 사회주의에의 굳건한 전망을 가지고 투쟁하던 노동운동의 수많은 활동가들이 쏘련과 20세기 사회주의 세계체제가 해체되자 부르주아·소부르주아 진영으로 전향해갔고, 일부는 심지어 유능한 극우 중의 극우로까지 변신해가지 않았는가?

이 모두는 언필칭 진보적 지식인들이나 노동운동의 지도자들조차 쏘련 및 20세기 사회주의 세계체제가 해체된 후, 이른바 '자본주의적 생산체제의 영구성'에 압도되어 사회주의로의 전망을 잃고 허우적대고 있는 모습 그것이다.

그러면, 20세기 사회주의 세계체제도, 쏘련도 해체된 지 벌써 4반세기가 넘는 지금 '10월 사회주의 대혁명의 의의'를 묻는 것이 얼마나 '뜬금없고' '어이없는' 일인지를 보기 위해서 그간의 특징적 정세 몇 가지를 간략히 짚어보자.

첫째로, 유고슬라비아연방의 해체와 그 과정에서의 전쟁들 — 수정주의와 그 귀결로서의 자본주의로의 이행이 얼마나 배타적 민족주의·종족주의를 부추기며 전쟁으로까지 발전하는가를 보여준 사건들이었다.

부르주아 언론은 유고연방의 해체와 그 과정에서의 전쟁들을 주로 "옛날부터의 민족적 적대" 때문이라고 설명하지만, 그것은 사실이 아니다.

실제로는, 제2차 세계대전 이후 45년 동안 유고슬라비아 사회주의연방은 그것을 구성하는 많은 민족과, 인민, 종족집단, 종교 간에 훌륭하게 작동하는 관계를 수립할 수 있었다. 유고연방은 또한, 이웃 알바니아와도, 그 지도자들과의 날카로운 정치적 견해의 차이에도 불구하고, 평화롭게 공존할 수 있었다. 민족적·종교적 차이들을 격화시켜 1991-1998년의 소동을 일으키게 한 것은 NATO의 간섭, 특히 독일과 미국이 조직한 [연방의: 인용자] 전복이었다.1)

둘째로, 아프가니스탄·이라크·리비아, 소말리아, 예멘, 시리아 등에서 벌였고, 벌이고 있는 미제국주의 주도의 침략전쟁과 신식민지화 — 쏘련 및 20세기 사회주의 세계체제라는 반제국주의 견제세력이 사라진 조건에서 미제국주의와 NATO로 묶인 서유럽 제국주의 국가들이 거침없이 벌인 제국주의 침략전쟁으로, 반제국주의 정권들을 전복하고 괴뢰정권들을 세워 신식민지화했다.2) 이들 침략전쟁과 신식민지 경영은 그 지역 인민들의 삶을

---

1) John Catalinotto and Heather Cottin, "*Behind the turmoil in Kosovo*", *Workers World*, 2004. 4. 1.
2) "만일 강대한 쏘련이 존재하지 않았다면, 다양한 대륙의 많은 나라에서 사회주의 혁명과 민족해방혁명이 저토록 성공리에 전개될 수 있었을까? 만일 쏘련, 기타의 사회주의 국가가 세계 제국주의의 주요한 세력을 억압하지 않고, 군사력까지를 포함하여 그에 충분한 힘을 가지고 있지 않았다면, 중국, 조선, 베트남, 쿠바, 아랍연합공화국, 알제리아 기타 일

대대적으로 파괴했고, 오늘날 서유럽의 극우화를 자극하고 있는 주요 요인의 하나인 '난민' 문제는 바로 그 업보, 즉 그들 침략 전쟁의 산물이다. 극동, 구체적으로 이 반도에서 그러한 비극적 전쟁이 벌어지고 있지 않는 것은 오직 북이 보유하고 있는 핵병기 때문이라고밖에 달리 어떻게 설명할 수 있겠는가? 미제국주의의 눈엣가시 중의 하나인 이란도 물론 마찬가지이다.

셋째로, 노동자계급에 대한 자본의 전방위적인 대대적인 공격으로서의 신자유주의 ― 두 말할 나위 없이 재격화된, 자본주의적 생산의 전반적 위기가 그 근본적 동인이지만, 쏘련을 위시한 20세기 사회주의 세계체제가 해체되지 않고, 그리하여 노동자계급이 혁명의 전망을 상실하지 않았더라면, 자본의 공격은 분명 그토록 노골적일 수 없었을 것이다. 제2차 세계대전 후 서유럽 각국에 확립된 이른바 '복지국가' 체제 그것은 1930년대의 대공황과 제2차 세계대전을 계기로, 특히 쏘련 경제와 그에 따른 쏘련 인민생활의 비약적인 발전 및 그에 기초한 히틀러 나치에 대한 쏘련의 승리에 자극받은 서유럽 노동자계급의 대대적인 사회주의 혁명 열기에 대한 독점자본의 대응, 포섭을 통한 체제 안정화 전략의 결과였다는 것을 상기해야 할 것이다.3)

련의 나라들은 복잡하기 그지없는 국제적 위기로부터 성공적으로 탈출할 수 있었을까?"(N. 이노젬체프, "10월 혁명, 국제관계와 인류의 사회적 진보", ≪세계경제와 국제관계≫(일본어판), 제1집, 1968년 6월, 도쿄, p. 12.)
3) "쏘련, 기타 사회주의 국가가 존재한다는 사실 자체, 사회주의 및 공산주의 건설에 있어서 이들 국가들이 달성한 성공들은 많은 자본주의 국가의 근로자가 자신의 생활수준을 높이기 위한, 사회적 보장을 위한, 노동조건과 생활조건을 개선하기 위한, 민주주의적 권리와 자유를 위한 보다 성공적인 투쟁을 촉진하고, 지금도 촉진하고 있다. 이 점에서도 10월의 승리로부터, 쏘련에서의 사회주의의 건설로부터 우리나라의 국민뿐

넷째로, 자본주의 세계의 정치지형의 극우화 — 신자유주의와 마찬가지로 이 역시 재격화된, 자본주의적 생산의 전반적 위기가 그 근본적 동인이며, 쏘련을 위시한 20세기 사회주의 세계체제의 해체로 인해 노동자계급이 그 혁명적 전망을 상실하고 배타적 민족주의, 쇼비니즘으로 내닫고 있기 때문이다. 이 극우화가 얼마나 심각하게 진행되고 있는가는, 비근한 예로, 지난 10월 22일에 실시된 일본의 중의원 총선 결과가 이를 극명하게 보여주고 있다. "자민·공명 집권 여당이 의석 3분의 2 이상을 차지하는 압승을 거둔"데에 자극받아 ≪한겨레≫의 조기원 도쿄 특파원은 "진자의 축은 어디까지" 우측으로 우측으로 "움직일까"(2017. 10. 27) 하고 묻고 있지만, 일본 정치의 극우화는 사실은 "3분의 2 이상"의 문제가 아니다. 그 훨씬 이상, 중의원 의원의 최소한 85% 이상, 혹은 90% 이상이 사실상 극우 정치인들이다. 총 465석 중 '리버럴'로 평가되는 입헌민주당이 55석(득표율 19.88%)를 획득했지만, 위 ≪한겨레≫의 기사가 적절히 지적하고 있듯이, "예전에 비해서 상황이 너무 심하기 때문에 그렇게" 즉, '리버럴'로 "보이는 것일 뿐"이지 "지금 리버럴(진보)로 보이는 정치인들도 리버럴이 아니"기 때문이다. 수정주의 내지 사민주의로 전락하여 이미 혁명성을 잃은 지 오래지만, 그나마 '좌파'랄 수 있는 공산당과 사회민주당4)은 총 465석 가운데

아니라 전세계의 노동자계급과 근로자도 이익을 얻었다고 완전한 근거를 가지고 말할 수 있다. 자본주의는 현재 2개의 세계체제가 공존하고 있다고 하는 사실에 적응하지 않을 수 없고, 인민대중에 대하여 책략을 이용하고, 사회적, 정치적 양보를 하지 않을 수 없도록 되어 있다. 사회주의 국가라는 실례의 힘은 계급대립을 격화시키고, 독점체에 반대하여 사회주의로 이행하기 위한 성공적 투쟁에 필요한 정치적 요인들을 성숙시키는 강력한 자극이 되었다." (N. 이노젬체프, 같은 글, pp. 11-12.)
4) "본래 노동자계급의 투쟁의 선두에 서서 '전위'로서의 의무와 책임을

각각 12석(득표율 7.90%)과 2석(득표율 1.69%)을 획득하는 데에, 그리하여 의석의 겨우 3%를 획득하는 데에 그쳐 사실상 전혀 그 존재감을 찾을 수 없다. 1990년대 초까지 사회당과 공산당이 총의석의 평균 35% 이상을 점유하며, 극우 자민당에 맞서던 시절과 비교하면 그 극우화가 얼마나 심각한지를 짐작할 수 있다.

그런데, 주지하다시피, 이런 극우화는 비단 일본의 문제만이 아니다. 사실상 전세계적이다. 미국의 트럼프 집권을 위시하여, 독일, 프랑스, 영국, 오스트리아, 폴란드, 헝가리 등등등 유럽 주요 국가들에서도 '좌파의 몰락'·'극우의 득세'가 하나의 대세로 되어 있지 않은가?

마지막으로, 이른바 '체제전환국가들', 즉 구 사회주의 사회의

수행해 야 할 일본 공산당은, 노동자계급의 세계관·역사관을 내던져 노동자계급의 당임을 그만두고, 도시소시민층에 영합하는 부르주아 의회당으로 변질해버렸다. 의회당으로의 변질과정은 프롤레타리아 국제주의의 방기, 부르주아 민족주의에의 굴복과 언제나 표리(表裏)를 이루었다. 그것은 1980년대 말부터 90년대 초에 걸친 사회주의 세계체제의 해체, 반혁명의 승리를 단서로 하여 개시된 것이 아니다. 그 기원은 그보다 훨씬 이전인 1960년대 초까지 거슬러 올라간다." "국회에 의석을 가진 두 개의 정치세력, 즉 일본 공산당과, 구 일본사회당으로부터 전환한 현 사회민주당은 이미 말의 엄밀한 의미에서의 노동자계급의 당으로서의 실질(實質)을 잃은 상태이다. 그럼에도 불구하고 이 두 당은 지배계급이 그 기회를 호시탐탐 노리고 있는 헌법개악에 반대하는 세력이기 때문에, 우리는 두 당의 공동투쟁의 실현을 핵심으로 하여 헌법개악의 저지라는 폭넓은 통일전선의 형성—그 중심축을 담당하는 것은 말할 것도 없이 노동자계급이 아니면 안 된다—을 목표로 내걸고 있다."
(야마시타 이사오(山下勇男), "일본 공산당의 변절 — 체제 내 '건설적 야당'으로의 전락의 궤적", ≪노동사회과학 제4호: 20세기 사회주의와 반혁명≫, 2011, pp. 133-134, 134.) — 이것이 바로 우리가 "그나마 '좌파'랄 수 있는 공산당과 사회민주당"이라고 말하는 소이(所以)이다.

인민들에게 닥친 비참하기 그지없는 불행들 —

　지난 80년 동안에 걸친 새로운 인류 문명의 모든 성과와, 새로운 유형의 사회를 건설하고 지키려는 사회주의 국가 근로인민의 수세대에 걸친 사심 없는 노력과 희생의 결과가 노동자계급의 계급적 적에 의해서 짓밟혀버린 것이다.
　이들 국가의 근로인민은, 수십 년에 걸친 자기희생 끝에, 자신들의 생활수준과 경제적·정치적·사회적 생활의 질이 향상되기를 기대하고 있었고, 또한 자기들 나라의 사회주의적 질서의 결함을 시정하기 위해서 진지하게 노력하고 있었다. [그런데: 인용자] 갑자기 그들에게 빈곤, 기아, 인플레이션, 실업, 주택 상실, 매춘5), 부정부패, 조직범죄, 민족분쟁, 내전, 조국의 분할, 정치·군사적 쿠데타, 그리고 무엇보다도 죄악으로는 제국주의 정부와 그들의, 국제적 기관에 의한 사회의 모든 경제적·정치적·사회적·군사적 지배라는 파도가 들이닥쳤다.6)

　쏘련을 위시한 20세기 사회주의 세계체제의 해체 후에 전개되고 있는 이러한 정세들에 비추어 볼 때, 지금 '10월 사회주의 대혁명의 의의'를 묻는 것이 참으로 얼마나 '뜬금없고' '어이없는'

---

5) "상품화된 러시아 여성들의 성 문제는 … 서구 전체의 '골칫거리'다. 1년에 서구에서 매춘에 종사하는 옛 소련지역 출신 여성의 숫자는, 거의 50만 명에 이른다. 그 중에서 상당수(약 30~50%)가 한국에서처럼 강요된 '빚'과 그에 의한 준(準)노예 신분, 과도한 착취, 상습적 폭력에 시달린다는 것이 가장 시급한 문제로 보인다." (박노자, "'밤의 나비' 골치는 아파도… —스칸디나비아 국가들이 러시아 매춘여성들을 대하는 정책에서 배울 점—", 《한겨레21》, 제353호, 2001. 4. 12, p. 89.)
6) 바만 아자드 저, 《영웅적 투쟁, 쓰라린 패배: 사회주의 국가 쏘련을 해체시킨 요인들》, 채만수 역, 2009, 노사과연, pp. 21-22.

일인가! "10월 사회주의 대혁명의 세계사적 의의"를 재확인하고, 혁명의 필연성을 다시 확인하지 않고는 노동자계급은 물론 인류 자체의 어떤 생존의 전망도 찾을 수 없는 정세 추이이니 말이다!

10월 사회주의 대혁명의 성과

≪영웅적 투쟁, 쓰라린 패배: …≫의 저자 바만 아자드는, "80여 년 전에 10월 사회주의 대혁명에 의해서 개시되었고, 세계 최초의 노동자 국가의 수립을 통해서 인류의 역사 발전 경로에 심대한 영향을 미쳤던 과정이 지금은 쏘련 및 동유럽 사회주의 국가들의 해체에 의해서 새로운 단계에 돌입하였다"[7]며, 10월 사회주의 대혁명의 성과를 다음과 같이 총괄하고 있다.

지난 세기에 사회주의 사상은 세계에 광범하게 확산되었다. 발전도상에 있던 사회주의는 단기간에 지구상의 광대한 지역에서 빈곤과 기아·실업·노숙을 일소하고, 의료와 교육을 정비하였다. 10월 혁명 후 쏘비에뜨 사회는 공업화와 경제적 발전을 향한 거대한 발걸음을 내딛었고, 불과 30년이 채 못 되어 스스로를 후진 자본주의 국가로부터 선진적인 공업사회로 오직 미국 다음의, 제2의 경제적 강국으로 변혁시켰다.

생산수단에 대한 사회주의적 소유를 확립함으로써 쏘련과 기타 사회주의 국가들의 인민은 전례 없이 많은 권리와 자유를 획득하였다. 이들 국가의 근로인민은 근로의 권리, 주거와 주택의 권리, 무상의 의료와 교육의 권리, 사회보장의 권리, 사회

---

7) 바만 아자드 저, 같은 책, p. 15.

주의 사회가 보장하는 다양한 문화적·예술적인 써비스를 무료로 즐길 수 있는 권리— 즉, 대부분의 자본주의 국가에서는 예전이나 지금이나 사실상 상상도 할 수 없는 권리 —를 보장받았다.

헌법과 법률을 통해 사회주의는 곧바로 여성의 평등한 권리를 전면적으로 승인하였는데, 이들 권리는 심지어 20세기 말에도 수많은 발달한 자본주의 국가들에서조차 충분하게 실현되고 있지 못한 것들이다. 쏘비에뜨 국가는 체계적으로 여성의 적극적인 경제활동 참여를 촉진하였고, 동일노동에 대한 동일임금을 보증하였다. 이미 1980년대 중반에는 사회주의 국가인 쏘련에서 여성은 그 사회의 경제 활동 인구의 51% 이상을 점하고 있었다. 많은 경제 분야에서는 여성이 남성보다 훨씬 앞서 있었다. 쏘련에서는 예컨대 여성은 의사와 의료노동자의 75%, 교사의 73%, 문화노동자의 70%, 무역 부문 노동자의 76%, 통신노동자의 68%를 점했다. 여성의 직장 진출과 사회생활의 모든 분야에의 그들의 적극적인 참여를 한층 더 촉진하기 위해서 사회주의 사회는 여성에게 직장에서의 보육, 충분한 임신·출산 휴가, 육아 여성노동자의 노동일 및 노동주의 단축, 유아 보육기간 동안의 재택노동 알선 등의 써비스를 체계적으로 제공하였다. 수세기에 걸친 여성 억압이라는 부정적인 유산이나, 특히 20세기 초의 러시아 사회의 후진성 때문에 여성의 상태가 '이상적인' 사회주의 사회에서의 그것과는 좀 먼 것이었을지도 모른다. 그럼에도 불구하고, 여성해방이라는 분야에서의 사회주의의 역사적 성과가 전례 없는, 부정할 수 없는 것이었음은 확신을 가지고 주장할 수 있다.

사회주의가 수립되고 그 사회주의 국가가 모든 민족의 동등한 권리를 승인함으로써 쏘비에뜨 연방에는, 그리고 나중에는 다민족으로 구성된 다른 사회주의 국가들에도, 모든 민족이 우호적이고 평화롭게 공존할 수 있는 가장 바람직한 조건들이 창출되었다. 사회주의 정권이 존재한 전 기간을 통해서 이들 국가들에서는 다양한 민족이, 그들의 모든 문화적·사회적 차이에도 불구하고, 그리고 그들 일부 사이의 과거의 갈등에도 불구하고, 평화롭게 그리고 국제주의적으로 서로 이웃해 살았다. 민족분쟁을 일으키는 물질적 조건을 제거하고 그들 모두의 복지를 보장함으로써, 사회주의는 민족 간의 증오나 분쟁은 문화적인 차이 때문이 아니라 빈곤과 저개발 때문에, 그리고 자원을 둘러싼 경쟁으로부터 기인하는 경제적·정치적인 경쟁 때문에 일어나는 것임을 증명하였던 것이다. 사회주의 체제가 붕괴된 후 이들 국가에서 재발하고 있는 전쟁과 민족분쟁은 이러한 사실을 생생하게 입증하고 있다.[8]

 10월 혁명은 세계적으로 이전의 식민지 지배의 붕괴를 이끌어내는 방아쇠가 되었다. 사회주의 진영의 도움으로 과거의 식민지 체제는 지구상에서 제거되었고, 많은 '제3세계' 국가들이 정치적인 독립과 어느 정도의 경제적인 자립을 획득했다.

 제2차 세계대전 중에 사회주의 세력, 그 첫 번째 주요 세력으로서의 쏘련은 파시즘의 위협을 타도하고, 인류의 존속을 위협하는 위험으로부터 인류를 구하는 데 결정적인 역할을 수행하였다. 파시즘에 대한 승리에서의 그 역할뿐 아니라 자신의 내부적 성과의 직접적인 결과로서 사회주의의 명성이 계속 높아지면서, 많은 나라의 민족해방투쟁이 사회주의를 지향하게 되었다. 중국, 쿠바, 베트남, 조선 등과 같은 나라에서는 사회주의 혁명이 성공하였다. 쏘련에 의해 제공된 사심 없는 경제

---

8) 인용자 주: 특히, 앞에서 언급했던, 유고연방의 해체과정에서 벌어졌던 비극적 전쟁들의 원인은 이에 비추어 판단되어야 할 것이다.

적·정치적·군사적 원조가 이들 국가의 경제적 발전과 사회적 진보에 중대한 역할을 수행하였다. 제국주의가 아직도 잔인하게 파괴하려고 하고 있는 쿠바의 사회주의 혁명은 사회주의가 달성한 그러한 성과의 생생하게 살아 있는, 부정할 수 없는 실례이다.

제2차 세계대전 이후의 시기에 사회주의는 세계평화를 유지하고, 제국주의 간의 대립이 파괴적인 전쟁으로 전화하는 것을 방지하는 데에서 중요한 역할을 하였다. 제2차 세계대전 이후만 보더라도, 쏘련과 기타 사회주의 국가들은 세계에 대해서 160번 이상이나 군축 및 핵실험 금지, 혹은 심지어 일방적인 핵무기 삭감을 제안했는데, 이것들은 모두 제국주의 열강에 의해서 무시되었다. 국가의 안전에 심각한 위협이 초래될지 모름에도 불구하고 1985년에 쏘련이 일방적으로 핵무기 삼축에 나섰던 일이나, 2000년까지 핵무기 없는 세계를 만들자고 했던 제안은 지금도 여전히 세계 평화를 지키고 국제관계에서 긴장을 제거하려고 하는 사회주의 국가들의 노력의 찬란한 실례이다. 이러한 노력 덕분에 세계의 평화를 사랑하는 사람들 사이에 사회주의에 대한 커다란 신뢰와 존경이 생겨났던 것이다.

이러한 성과와 세계 속에서의 사회주의의 물질적·정신적 권위의 끊임없는 증대는 자본주의 국가들의 경제적·정치적·사회적 생활에 중대한 영향을 미쳤다. 자본주의 국가에서의 노동자들의 투쟁과 사회주의의 성과가 자본주의 국가들의 지배계급으로 하여금 노동자들 사이에 사회주의 사상과 공산주의 운동이 확산되는 것을 막기 위해서 근로인민에게 최대한의 양보를 하지 않을 수 없도록 강제했던 것이다. 자본주의 세계 전체에서 노동자들의 단결권과 단체교섭권이 인정되었다. 자본주의 국가의 노동운동은, 대부분의 경우 사회주의의 국제적인 힘에 뒷받침되어, 새롭게 고양되었고, 자본주의적 질서에 심대한 경제적·사회적 개혁을 강제하였다. 미국에서 노동운동은 미국 공산당의 도움으로 지배계급에게 포괄적인 사회보장 제도와 실업보상 제도를 강제하는 데에 성공하였다. 서유럽에서 노동운동은 사회민주주의의 형태로 직접 정치의 영역으로 진출하여, 이들 사회의 교환양식을 주요하게 개혁하면서 자본주의 체제의 정치적 상부구조에 심대한 변화를 강제했다. 많은 자본주의 국가에서 사회민주주의가 정치 분야의 지배적인 조직 형태가 되었다. 많은 자본주의 국가에서 노동자계급이 획득한 경제적·사회적 제도는 이미 객관적인 현실의 불가결한 일부가 되었고, 그것들을 다시 탈취하려고 하는 이들 국가의 지배계급은 노동자계급으로부터의 격렬한 저항을 받아 중대한 곤란에 직면해 있다.

사회주의가 지구적 규모에서 달성한, 가장 중요하고도 역전시킬 수 없는 성과의 하나는, 기본적 인권이라고 하는 개념의 의미를 확대·심화시킨 것이다. 사회주의 국가들은 예컨대 근로·주택·의료·교육 등의 경제적 권리와, 모든 인류에게 가장 보편적인 권리로서의 평화와 사회정의라고 하는 원칙까지도 포함하도록 기본적 인권의 개념을 확장시켰다. 전 세계의 압도적인 다수 인민으로부터 환영을 받아온 인권 개념의 이러한 확대는 사회주의 사회의 실제의 성과에 기초하여 이루어졌다. 오늘날 이들 권리를 확보하는 것은 전 세계적으로 가장 기본적이고 양보할 수 없는 인민의 요구를 이루고 있지만, 그것은 자본주의 체제의 본질과는 양립할 수 없는 요구이다.

10월 혁명 및 사회주의 체제의 출현은 인류사회사의 새로운 장을 열었는데, 그 전체적인 영향은 아직 충분히 실현되지 않았다. 다양한 객관적·주체적 요인 때문에, 현존 사회주의 국가들이 직면한 모든 곤란에도 불구하고 의문의 여지없이 사회주의는 ― 자본주의 체제에 대한 그 우월성뿐만 아니라 ― 그 필연성을 바야흐로 증명하고 있다.9)

"쏘련의 붕괴와 21세기에 대한 그 의미"에 대한 ≪배반당한 사회주의: 쏘련 붕괴의 이면(裏面)≫의 저자들은 "쏘련이 성취한 것들을 간단히 개괄하면, [쏘련의 붕괴로: 인용자] 무엇을 잃었는가가 명확해진다"10)며, 그 성과를 다음과 같이 개괄하고 있다.

쏘련은 구체제(old order)의 착취계급들을 일소했을 뿐 아니라, 인플레이션, 실업, 인종적·민족적 차별, 가혹한 빈곤, 그리고 부와 수입, 교육, 기회의 심한 불평등도 종식시켰다. 50년 사이에 쏘련의 공업생산은 미국의 그것의 12퍼센트에서 80퍼센트로 되었고, 그 농업생산은 미국의 85퍼센트가 되었다. 쏘련의 1인당 소비는 미국의 그것보다 낮았지만, 일찍이 어떤 사회도 그토록 단기간에 그 인민 모두를 위하여 생활수준과 소비를 그토록 급속히 증대시킨 적이 없다. 고용은 보장되어 있었다. 모든 사람이 유치원에서부터 (일반·기술·직업) 중등학교, 대학, 그리고 은퇴 후 교육에 이르기까지 모든 교육을 무료로 받을 수 있었다. 수업료가 무료일 뿐 아니라, 대학생들부터는 생활비를 받았다. 보건의료는 모두 무료였고, 1인당 의사 수는 미국의 약 2배였다. 다쳤거나 건강이 안 좋은 노동자들에게는 직장이 보장되었고 질병수당이 지급되었다. 1970년대 중

---

9) 같은 책, pp. 15-21.
10) Roger Keeran and Thomas Kenny, *Socialism Betrayed: Behind the Collapse of the Soviet Union,* iUniverse, Inc.: New York, 2010, pp. 1-2.

반에 노동자들은 평균 21.2노동일의 휴가(1달 간의 휴가)를 즐겼고, 요양소나 휴양지, 이동 캠프는 무료이거나 보조금이 지급되었다. 노동조합은 해고를 거부하고 관리자들을 소환할 권한을 가졌다. 국가가 모든 가격을 조절했고, 기본적인 식료품비와 주거비를 보조했다. 주택 임대료는 가족의 총지출의 단지 2-3퍼센트였고, 수도료 등 공공요금은 단지 4-5퍼센트였다. 소득에 따른 주거의 차별은 전혀 존재하지 않았다. 일부 지역이 고위관료들 용(用)으로 분류되어 있었지만, 나머지는 공장의 관리자들, 간호사들, 교수들, 잡역부들이 서로 이웃해 살았다.

생활수준을 높이기 위한 정부의 노력에는 문화적·지적(知的) 성장도 포함되어 있었다. 국가의 보조금으로 책값이나 정기간행물 가격, 문화행사의 가격은 최소한으로 유지되었다. 그 결과, 노동자들은 흔히 서재(書齋)를 가지고 있었고, 가족마다 평균 4개의 정기간행물을 구독했다. UNESCO는 쏘련의 시민들이 세계의 다른 어떤 인민보다 더 많은 책을 읽고, 더 많은 영화를 본다고 보고했다. 매년 박물관을 방문하는 사람의 수가 전체 인구의 거의 절반에 달했고, 극장이나 콘써트, 기타 공연에 가는 사람들의 수는 총인구보다 많았다. 정부는 가장 후진적인 지역의 문자 해득률과 생활수준을 높이기 위해서, 그리고 쏘련을 구성하고 있던 100개가 넘는 민족 집단들의 문화적 표현을 고취하기 위하여 다양한 노력을 기울였다. 예컨대, 끼르기스스딴에서는 1917년에는 500명당 겨우 1명꼴로 읽고 쓸 수 있었으나, 50년 후에는 거의 모든 사람이 읽고 쓸 수 있었다.[11]

세계적인 맥락에서도 쏘련의 소멸은 헤아릴 수 없는 손실을 의미했다. 그것은 식민지주의와 제국주의에 대한 평형추

---

11) Roger Keeran and Thomas Kenny, *op. cit.* pp. 2-3.

(counterweight)의 소멸을 의미했다. 그것은, 새롭게 해방된 국가들이 어떻게 서로 다른 민족 구성원들과 조화를 이루며 살아가고, 어떻게 자신들의 미래를 미국이나 서유럽에 저당 잡히지 않고 스스로 발전해갈 수 있는가 하는 모델의 소멸을 의미했다.12)

자본주의적 착취, 불평등, 탐욕, 빈곤, 무지, 그리고 불의를 넘어, 보다 나은 세계가 가능하다고 믿는 사람들에게는 쏘련의 소멸은 막대한 손실이었다. 쏘비에뜨 사회주의는 많은 문제점들(…)을 가지고 있었고, 상상할 수 있는 유일한 사회주의 질서도 아니었다. 그럼에도 불구하고 그것은 맑스가 정의한 사회주의― 부르주아적 소유와 "자유시장", 자본주의적 국가를 전복하고 그것들을 집단적 소유와 중앙계획, 노동자들의 국가로 대체한 사회 ―의 진수(眞髓)를 체현하고 있었다. 게다가, 그것은 그 모든 시민들을 위하여, 특히 공장과 농장의 근로인민을 위하여 전례 없는 수준의 평등, 안전, 보건, 주택, 교육, 고용, 그리고 문화를 성취했다.13)

10월 사회주의 대혁명의 성과에 대해서 나는 이 이외에 무엇하나 더하고 뺄 것이 없다.
그러면 10월 사회주의 대혁명이 특히 쏘비에뜨 사회주의의 건설과 그 성과를 통해 입증한 그 역사적 의의는 무엇인가?

---

12) *op. cit.* pp. 4-5.
13) *op. cit.* pp. 3.

10월 사회주의 대혁명의 의의와 교훈

그것은 인류가 노동자계급의 혁명을 통해서 인간에 의한 인간의 착취가 없는 보다 고도의 사회, 즉 무계급의 공산주의 사회를 건설하고 발전시킬 수 있다는 것, 그리고 그것은 생산수단의 사적소유를 폐지하고 그것들을 공동체적 소유한 위에서 중앙집중적인 계획경제에 의해서, 그리고 정치적으로는 프롤레타리아트의 혁명적 독재를 통해서 달성된다는 것을 입증한 것이다.14) 즉, 무계급 사회로의 인류의 도약의 전형, 그 한 모델을 보여준 것이다.

이것은 쏘련과 쏘련이 주축을 이루었던 20세기 사회주의 세계체제가 해체된 것과는 무관한 세계사적 의의이다. 왜냐하면, 10월 혁명과 이후의 발전은 결코 소규모의 예외적인, 실험실적인 사건이 아니었고, 대규모의 국제적인 사건이자 70여 년의 장기간에 걸친 역사 그것이었기 때문이다. 더구나 그것도 러시아를 위시하여 노동생산력이 상대적으로 뒤떨어졌던 지역에서 막강한 제국주의의 포위·간섭·압력·파괴공작이라는 악조건들을 극복하면서 달성한 성과였기 때문이다.

10월 혁명과 그 발전상으로서의 쏘련은 실로 20세기 초의 후진 러시아와 같은 악조건 속에서도 현대에는 생산수단의 공동소유와 계획경제를 통해서 단기간에 노동생산력을 고도로 발전시

---

14) "10월 혁명은, 유일하게 진정으로 혁명적인 계급으로서 그 역사적 사명을 수행할 수 있는, 사회주의·공산주의를 건설하려는 최초의 시도를 지도할 수 있는 노동자계급의 잠재력과 역량을 증명하고 있다." (D. Koutsoumpas, GS of the CC of the KKE, "*The significance of the October Revolution in the era of the transition from capitalism to socialism-communism*", <http:// inter.kke.gr/>, 2017. 5. 23.)

킬 수 있고, 인민 모두의 전인격적 발전을 보장할 수 있는 사회를 건설하고 발전시킬 수 있다는 것을 입증하였다. 쏘련과 20세기 사회주의 세계체제가 해체된 오늘날이지만, 그 해체의 원인은 10월 혁명과 그 결과 건설된 무계급 사회로서의 사회주의 체제의 내적 본성, 그 고유한 본성에서 기인한 것이 분명 아니다.

그 해체의 직접적 원인으로서의 수정주의자들의 반혁명, 그리고 그 온상이었던 관료주의는 자본주의로부터 공산주의 사회로의 이행기로서의 사회주의 단계에 필수적인 프롤레타리아트의 혁명적 독재의 불철저, 즉 프롤레타리아트 대중의 민주주의적 역량의 동원의 불철저에서 기인한 것이었다.15) 그리고 이러한 프롤레타리아트 독재, 그 민주주의의 불철저는 다분히 경제적으로만이 아니라 정치적·문화적으로도 극히 후진적이었던 러시아 사회라는 특수한 조건에서 의해서, 그리고 특히 제국주의의 포위·압력·공작이라는 특수한 역사적 조건에 의해서 제약된 것이었다.

제국주의의 포위·압력·공작이라고 하면, 군사적 그리고 국제정치적 그것을 떠올리는 것이 일반적이다. 하지만, 그에 못지 않게 중요한 것이 프롤레타리아트의 혁명적 독재에 대한 제국주의와 진보 혹은 '맑스주의자'임을 자임하는 그 좌파 대리인들의 그것이었다. '공산독재'라는 이름으로, 특히 '쓰딸린(주의)의 독재'라는 이름으로 퍼부어진 중상·모략이 쏘련과 동유럽 인민민주주의 국가들 내부의 반혁명을 얼마나 고무·격려하고, 그 반동적·계급적 성격을 은폐했겠는가! 1956년 쏘련공산당 제20차

---

15) 쏘련의 후반기, 특히 흐루쇼프 이후의 '프롤레타리아트 독재', 즉 '프롤레타리아트 민주주의'의 불철저가 어떻게 쏘련과 20세기 사회주의 세계체제의 해체, 반혁명의 승리로 귀결되었는가는 이 책에 수록된, 권정기, "흐루쇼프 수정주의의 발생과 쏘련에서의 반혁명"을 참조.

대회에서 쓰딸린을 비난했던 흐루쇼프의 '비밀연설'은, 본인들이 그것을 의식했던 아니든, 바로 제국주의의 그러한 반프롤레타리아트 독재 캠페인의 반영이었으며, 쏘련과 동유럽 내부의 반혁명을 고무하는, 그리고 노동자 국제주의를 파탄 내는 결정적 계기였다.

그러나 10월 혁명 이후 100년이 지난 현재에는 노동자계급이 일단 혁명을 시작하면 그것을 결정적으로 되돌릴 어떤 경제적·정치적·국제적 조건도 존재하지 않는다.

우선 역사적 시기를 구분하는 경제적 사회구성의 토대가 되는 노동생산력을 보면, 주지하는 바이지만, 그것은 이른바 인공지능 및 스마트 공장이라는 사실상의 전면적 무인(無人)생산을 향해 줄달음치고 있다. 그런데 이렇게 사실상의 전면적 무인생산을 실현하기에 이르고 있는 고도의 생산력은 생산수단의 사적소유에 기초한 자본주의적 생산관계와는 절대로 조응할 수 없다. 그리하여 이 생산력과 생산관계 간의 격화될 대로 격화되고 있는 모순·충돌이 오늘날 당장은 공황과 장기불황, 대규모의 실업과 빈곤, 제국주의의 침략전쟁과 그 업보로서의 빈발하는 테러 그리고 서유럽의 '난민문제' 등으로 표출되고 있다. 하지만, 격화될 대로 격화되어 가고 있는 이 모순·충돌은 그 성격상 이윽고 낡은 생산관계를 깨부수고 새로운 사회로 도약하는 사회혁명으로 폭발할 수밖에 없다. 그런데 그 혁명의 장(場)이 될 발달한 자본주의 국가들 어디에도, 일단 사회주의로 이행한 후에 '자본주의로의 복귀'를 가능하게 할 '경제적 후진성' 따위는 존재하지 않는다. 그리고 그들 국가의 노동자·근로인민 어디에도 20세기 초의 러시아에서와 같은 정치적·문화적 후진성은 존재하지 않는다.

물론, 신문이나 라디오·TV방송 등 여론이라는 이름의 대중매체, 고도로 발달한 자본의 대중조작 기구들이 대중의 정치의식을 왜곡·지체시키고 있고, 또한 20세기 사회주의 세계체제의 해체로 많은 노동자들이 사회주의에의 전망을 상실한 상태에 있는 것이 당장의 현실이다. 하지만, 이렇게 조장된 허위의식이 말 그대로 격화될 대로 격화되고 있는 생산력과 생산관계의 모순을 덮어 해결할 수는 없는 것이다. 이 모순에 짓눌려 더 이상 그것을 감내할 수 없기에 이른 그들 노동자계급이 일단 혁명적 투쟁을 개시하면, 그 투쟁과정 자체가 동시에, 독점자본이 조장한 일체의 후진적 정치의식을 일소하는 과정일 것임은 지극히 당연한 이치이다.

게다가, 극도로 격화되고 있는 모순은 발달한 자본주의 국가들 일반, 제국주의 일반의 문제이다. 그 때문에 어디에서인가 일단 파열구가 나면, 조만간에 그것이 주요 제국주의 국가들로 확산될 수밖에 없다. 그리고 바로 그 때문에 지금까지와 같은 제국주의의 포위·봉쇄·압력·공작 따위는 분명 있을 수 없을 터이다.

조만간 필연적인 노동자 대중의 봉기·투쟁·혁명 과정에서의 있을 수 있는 것은 오직 크고 작은 전진과 후퇴, 즉 산고(產苦) 뿐이다.

따라서 당면의 문제는, 조만간에 어쩔 수 없이 터져 나올 수밖에 없는 노동자 대중의 이 투쟁을 목적의식적으로·과학적으로 조직하고 지도할 노동자계급의 정치적 참모부, 혁명적 정당의 조직 내지 재건이다. 자본주의적 소유·생산관계의 폐지와 새로운 사회로의 도약은 필연적이지만, 이 도약과정, 새로운 사회의 탄생과정의 산고를 줄이기 위해서!

그런데, 20세기 사회주의, 특히 쏘련을 되돌아보면, 주지하다시피 쏘련은, 러시아의 낮은 생산력 때문에 서유럽에서의 혁명과 그 국가적 지원이 없으면 러시아에서의 사회주의의 건설이 불가능하다는 뜨로츠끼 류의 이른바 '세계혁명론' 혹은 '영구혁명론'의 투항주의를 거부하고 극히 후진적인 생산력과 제국주의의 포위·압력·파괴공작 등을 극복하면서 훌륭하게 사회주의적 생산관계를 건설·발전시킬 수 있었다. 마찬가지로, 쏘련이 물려받은 경제적·정치적·문화적 후진성이나 제국주의의 포위·압력·파괴공작 등도, 20세기 사회주의가 보다 더 고도의 공산주의 단계로 이행하지 못하고 좌절할 수밖에 없는 숙명적 조건들은 결코 아니었다. 그 좌절은 그러한 조건들, 특히 제국주의와의 긴장·대립이라는 조건들 속에서 발생·배양·성장한 반혁명과의 투쟁에서의 패배였다.

21세기의 혁명은 그 경제적 따라서 사회적 모순의 격렬함 때문에도, 노동자 계급의 정치적·문화적 발전 때문에도, 그리고 제국주의 자체의 파열·몰락 때문에도, 그리고 무엇보다도 자본주의적 생산관계와는 절대로 조응할 수 없는 고도의 생산력 때문에 결코 반혁명의 승리를 허용하지 않을 터이다. 그러나 반혁명이 승리할 수 없다는 것과, 상당한 기간 동안, 즉 계급사회의, 자본주의의 일체의 잔재가 청산되고 보다 고도의 단계, 높은 단계의 공산주의로 이행하기까지 반혁명분자들이 역사를 뒤돌리기 위해서 끊임없이 준동할 것이라는 것은 전적으로 별개의 문제이다. 따라서 이행기로서의 사회주의, 낮은 단계의 공산주의는 이 반동분자들에 대한 프롤레타리아트의 혁명적 독재의 시기, 프롤레타리아 민주주의의 시기일 수밖에 없으며, 또 그러해야 하는 것이다. 실제로 20세기 사회주의 세계체제를 해체로 이끈 관료

• 수정주의자들의 반혁명은 '전인민의 국가'라는 이름으로 프롤레타리아트 독재를 왜곡·방기하고, 프롤레타리아트의 민주주의를 억압함으로써 성공할 수 있었다는 것은 이미 말한 대로이다. 다시 말하지만, 21세기에는 여러 조건상 그러한 반혁명의 성공은 불가능하지만, 그럼에도 불구하고 그 준동, 따라서 고도의 단계로 이행하기까지의 진통, 일종의 산고는 불가피하고, 따라서 철저한 프롤레타리아트 독재, 철저한 프롤레타리아트 민주주의는 필수적이다.

그런데도, 사회의 절대 다수의 구성원인 노동자계급에 의한, 계급사회를 재건하려는 극소수의 반동분자들에 대한 억압인 이 프롤레타리아트 독재는, 절대 다수를 억압하면서도 민주주의적임을 자처하는 자본의 이데올로그들이나 공공연한 소부르주아 민주주의자들에 의해서는 말할 것도 없고, 맑스주의자임을 자임하는 일부 천박한 소부르주아 학자님들에 의해서조차 타기되어야 할 것으로 매도되고 있다.

대표적으로, ≪자본론≫의 번역자의 한 사람으로 성가(聲價)가 높은 강신준 교수님의 말씀을 들어보자.

[기자의 질문]: 하지만 사회주의는 현실에서 실패하면서 퇴물 취급을 받았다.

[강 교수님의 답변]: 우리가 사회주의를 논하면서 주의할 것이 있다. 마르크스주의와 레닌주의를 동일시해서는 안 된다는 점이다. 고전적 마르크스주의는 1889년에 등장하는 제2인터내셔널에서 꽃을 피우게 되는데 이는 레닌주의와는 아무런 상관이 없다. 제2인터내셔널이 성공한 이유는 전 세계 노동대중으로부터 민주적 지지를 받았기 때문이다. 1889년 제2인터내셔널이 다음해 행동계획으로 정한 것이 5월 1일 총파업이었고, 그 핵심 요구안이

8시간 노동과 보통선거권이었다. 당시 유럽 대부분의 노동자들이 선거권을 가지지 못했는데 민주주의가 노동운동을 통해 달성된 것이다.

마르크스는 프랑스 대혁명은 정치적 민주주의를 달성했지만 경제적으로는 부르주아 독재로 갔고 이것을 다시 노동대중의 민주주의로 만드는 것, 부르주아 혁명을 완성하는 것이 사회주의라고 했다. 사회를 완전히 민주화시키는 것이 사회주의 운동이고 이 운동의 과학적 내용을 담은 것이 마르크스주의, 이를 서술해놓은 책이 ≪자본≫이었다. 마르크스주의는 민주주의다.

레닌주의도 처음 출발은 민주주의였다. 하지만 민주주의를 배신했다. 물론 역사적 조건이 있었다. 2월혁명 이후 구성된 임시정부의 임무는 몰락한 짜르 체제를 대체할 공화정체제를 수립하는 것이었다. 제헌의회를 구성해야 했는데 11월 선거에서 볼셰비키가 22%밖에 득표하지 못했다. 그래서 의회를 해산하고 독재로 갔다. 전까지는 전혀 알려지지 않았던 '프롤레타리아 독재' 개념이 등장했고 이것이 마르크스주의 핵심인 것처럼 레닌이 끌어다 썼다. '사회주의는 민주주의'라고 주장하던 세력은 모두 1차 세계대전으로 몰락했다. 제2인터내셔널 전통이 단절되고 소비에트만이 마르크스주의 적법한 계승자로 남게 된 것이다.

결국 볼셰비키가 만든 소비에트 정권은 1991년 투표에 의해 사망선고를 받았다. 민주주의에 의해서 없어진 것이다. 민주주의가 아닌 사회주의는 망하고 만다. 정통 마르크스주의는 제2인터내셔널에서 단절됐기 때문에 레닌주의가 무너졌다고 해서 마르크스주의의 유효성이 떨어진 것이 아니다. 자본주의의 대안을 찾는다면 여전히 마르크스주의에서 찾을 수 있다. 국내 진보진영도 레닌이 아니라 마르크스에게로 돌아가야 한다. (강조는 인용자)16)

눈물겨울 만큼 '마르크스주의를 옹호'하고 있는 것처럼 보이지만, 실제로는 그야말로 당구폐풍월(堂狗吠風月), 서당개가 풍월을 읊고 있다! 정말 제멋대로 사기를 치고 있다!

다른 헛소리들은 제멋대로 지껄이도록 놔두고, 두 가지에 대해서만 언급하자.

우선, "볼셰비키가 만든 소비에트 정권은 1991년 투표에 의해 사망선고를 받았다. 민주주의에 의해서 없어진 것이다."? ― "1991년 투표"란 분명 쏘련방의 존속 여부를 물은 1991년 3월 17일의 국민투표를 말할 것이다. 그런데 이 국민투표에는 지도부가 연방 잔류를 거부한 에스토니아, 라트비아, 리투아니아 등 이른바 발트3국과 아르메니아, 조지아, 몰도바 등 6개 공화국을 제외한 9개 공화국이 참가하였고, 그 결과는 연방 존속 찬성이 77.85%, 반대가 22.15%였다! 투표 참가를 거부한 6개국의 총 면적은 쏘련 전체의 2.53%, 1990년 현재 그 인구는 6.12%(약 1,781만 명, 쏘련 전체 인구는 약 2억9,100만 명)였다. 따라서 비현실적이지만 극한적으로 그 6개국 인민 전체가 연방 존속에 반대했다고 가정하더라도 쏘련 전체로는 찬성 비율이 73%를 넘는다. 그런데 이런 압도적 다수의 의견을 무시한 반동분자들의 쏘련 해체가 우리 강 교수님의 눈에는 "투표에 의해서 사망선고를 받"은 것이고, "민주주의에 의해 없어진 것"이다!

또 하나. "고전적 마르크스주의는 ... 레닌주의와는 아무런 상관이 없"고, 1918년 1월 제헌의회를 해산하기 "전까지는 전혀 알려지지 않았던 '프롤레타리아 독재' 개념이 등장했고 이것이 마르크스주의 핵심인 것처럼 레닌이 끌어다 썼다."? 결국, '프롤

---

16) 이승훈 기자, ""미국발 금융위기, 마르크스로 돌아갈 때   이명박 '나홀로 신자유주의' 파국맞을 것" [인터뷰] 마르크스 《자본》 독일어 원본 번역자 강신준 교수", 《오마이뉴스》 2008. 11. 24.

레타리아 독재' 개념은 레닌의 창작품이다? ― 그렇다면, 다음과 같은 글들은 언제, 누구에 의한 것인가요?

예문1: "부르주아 역사가들은 나보다 오래 전에 이러한 계급투쟁의 역사적 전개에 관해서, 그리고 부르주아 경제학자들은 이 계급에 대한 경제학적 해부학을 서술해 왔습니다. 내가 새로 한 것은, 1. 계급의 존재는 오직 생산의 특정한 역사적 발전단계와 결부되어 있다는 것, 2. 계급투쟁은 필연적으로 프롤레타리아트의 독재로 귀결된다는 것, 3. 이 독재 자체는 단지 모든 계급의 폐지와 계급 없는 사회로의 과도기를 형성한다는 것을 증명하는 것이었습니다."17)
(칼 맑스, 1852년) (강조는 원문대로.)

혹시, '사신(私信)이라서 1917년까지는 전혀 알려지지 않았다'고요? 그렇다면,

예문2: "착취자는 동일한 자, 즉 자본이다. 개별 자본가들은 개별 농민들을 저당과 고리대를 통해서 착취하고, 자본가계급은 농민계급을 국세(國稅)를 통해서 착취한다. 농민의 부동산소유증서는 자본이 지금까지 그를 주술(呪術)로 사로잡아온 부적(符籍)이고, 산업 프롤레타리아트에 반대하도록 그를 부추겨온 구실이다. 자본의 몰락만이 농민을 상승하게 할 수 있으며, 반자본주의적인 정부, 즉 프롤레타리아 정부만이 그들의 경제적 빈곤, 그들의 사회적 퇴화를 타파할 수 있다. 입헌 공화제, 그

---

17) "1852년 3월 5일에 맑스가 요셉 바이데마이어(Joseph Weydemeyer)에게 보낸 편지", *MEW*, Bd. 28, S. 507-508.(≪칼 맑스 프리드리히 엥겔스 저작선집≫ 제2권, 박종철출판사, 2005, p. 497.)

것은 연합한 농민 착취자들의 독재이고, 사회-민주주의적 공화제, 즉 붉은 공화제, 그것은 농민의 동맹자의 독재이다."18)
(칼 맑스, 1850년) (강조는 원문대로.)

아, 여기에도 "농민의 동맹자의 독재"인 "사회-민주주의적 공화제", "붉은 공화제"는 있어도, '프롤레타리아트 독재'는 없다고요? 다시 그렇다면,

예문3: "… 프롤레타리아트는 점점 더 혁명적 사회주의의 주변에, 즉 부르주아지 자신이 블랑끼(Blanqui)라는 이름을 고안해낸 공산주의의 주변에 집결하고 있다. 이 사회주의는 혁명의 영속선언이며, 계급차별 일반의 폐지를 위한, 이 계급차별이 근거하고 있는 모든 생산관계의 폐지를 위한, 이 생산관계들에 조응하는 사회적 관계들의 폐지를 위한, 이 사회적 관계들에서 기인하는 모든 관념의 폐지를 위한 필연적 과도기로서의 프롤레타리아트의 계급독재이다."19)
(칼 맑스, 1850년) (강조는 원문대로.)

"…를 위한 필연적 과도기로서의 프롤레타리아트의 계급독재 (die *Klassendiktstur* des Proletariats als Durchgangspunkt zur …)"! ― 이제 보셨지요, 강 교수님? 아차, "프롤레타리아트의 계급독재"이지 "프롤레타리아트 독재"는 아니라구요! 그렇다면, 다시

---

18) ≪1848년에서 1850년까지 프랑스에서의 계급투쟁≫, *MEW*, Bd. 7, S. 84.(≪칼 맑스 프리드리히 엥겔스 저작선집≫ 제2권, p. 88.)
19) 같은 책, *MEW*, Bd. 7, S. 89-90. (같은 책, p. 94.)

예문4: "자본주의 사회와 공산주의 사회 사이에는 전자로부터 후자로의 혁명적 전환의 시기가 있다. 그에 상응하여 역시 정치적 이행기가 있는바, 이 이행기의 국가는 프롤레타리아트의 혁명적 독재 이외의 그 어떤 것일 수 없다."[20] (칼 맑스, 1875년) (강조는 원문대로.)

자본주의 사회로부터 공산주의 사회로의 "혁명적 전환의 시기(die Periode der revolutionären Umwandlung)", "그에 상응하는 정치적 이행기(der entspricht ... eine politische Übergangsperiode)"의 국가로서의 "프롤레타리아트의 혁명적 독재(die revolutionäre Diktatur des Proletariats)"! — 어? 그런데 여기에도 역시 "프롤레타리아트의 혁명적 독재"는 있어도 "'프롤레타리아트 독재' 개념"은 없구나. 역시 "고전적 마르크스주의는 ... 레닌주의와는 아무런 상관이 없"고, 1918년 1월 제헌의회를 해산하기 "전까지는 전혀 알려지지 않았던 '프롤레타리아 독재' 개념이 등장했고 이것이 마르크스주의 핵심인 것처럼 레닌이 끌어다 썼"구나!

위 예문들은 모두 (엥엘스와의 공저도 아닌) 맑스의 저작들로부터 따온 것이다. 그런데도 "마르크스 ≪자본≫ 독일어 원본 번역자"이신 우리의 강신준 교수님께서는 '프롤레타리아트 독재 개념은 맑스와는 무관한 독재자 레닌의 것이며, 이 프롤레타리아트 독재 때문에 쏘련은 민주주의에 의해서 없어진 것이다'라고 주장하고 계신다.

---

[20] "고타 강령 비판", MEW, Bd. 19, S. 28. (≪칼 맑스 프리드리히 엥겔스 저작선집≫ 제4권, pp. 385-386.)

강 교수님, 무지를 자랑하는 것이 아무리 교수님의 장기라 해도, 순진한 대중을 상대로 사기는 작작 치시오!

그리고 '민주주의'도 그렇게 교수님께서 무지하고 천박하게 생각하시듯이 몰계급적인 것이 결코 아니라오. 예컨대, 위 '예문2'에서도 맑스는, "입헌 공화제", 즉 부르주아 민주주의는 "연합한 농민 착취자들의 독재", 즉 부르주아지의 독재이고, "사회–민주주의적 공화제, 즉 붉은 공화제", 다시 말해, 프롤레타리아트의 민주주의는 "농민의 동맹자의 독재", 즉 프롤레타리아트의 독재라고 언명하고 있지 않소? 아니 그렇소?

쏘련과 20세기 사회주의 세계체제의 해체·패배에서 우리가 얻어야 할 중요한 교훈은 자본주의로부터 공산주의로의 이행기로서의 사회주의 단계에서의 프롤레타리아트의 혁명적 독재의 절대적 필요성, 즉 프롤레타리아트 대중의 민주주의적 역량을 동원한 반혁명의 단호한 억압과 근절이다. 기층 노동자 대중의 민주적 역량을 동원한 단호한 억압과 근절이다.

임박한 혁명과 노동자계급

10월 혁명 100주년을 맞아 우리가 그 의의와 교훈의 문제를 제기하는 것이 '뜬금없고 어이없다'는 혐의를 받는 것처럼, 노동자계급운동은 후퇴할 대로 후퇴해 있고 독점자본의 지배가 일방적으로 관찰되고 있는 이 칠흑같이 어두운 정세 속에서 우리가 노동자계급의 혁명이, 그것도 불가역적이고 대대적인 세계적 혁명이 임박해 있다고 말할 때, 우리는 분명 '뜬금없고 어이없을'

뿐 아니라 '미쳤다'는 혐의를 받을 것이다.

그러나 그렇다면, 우리와는 정반대 편에 서 있는 자본 측의 발언을 들어보자.

인공지능의 경제에 대한 위협을 과소평가해서는 안 된다는 한 컴퓨터 과학자에 의하면, 향후 30년 이내에 기계가 전 세계 인구의 반(半) 이상을 일자리에서 내쫓을 것이다. (Machines could put more than half the world's population out of a job in the next 30 years, according to a computer scientist who said … that artificial intelligence's threat to the economy should not be understated.)21) (강조는 인용자.)

"향후 30년 이내에 기계가 전 세계 인구의 반(半) 이상을 일자리에서 내쫓을 것이다"! 그리하여 이 전문가(Moshe Vardi)는 '미국과학발전협회(American Association for the Advancement of Science (AAAS))'에서 말한다.

이 위협이 우리에게 닥치기 전에 사회가 이 문제에 대비할 필요가 있다고 나는 생각한다. 만일 인간이 할 수 있는 거의 모든 일을 기계가 할 수 있다면, 인간은 무엇을 할 것인가?22)

그리고 같은 기사에 의하면,

---

21) Alan Yuhas, "*Artificial intelligence (AI): Would you bet against sex robots? AI 'could leave half of world unemployed*", <https://www.theguardian.com/technology/2016/feb/13/artificial-intelligence-ai-unemployment-jobs-moshe-vardi> (2017. 2. 13.)
22) 같은 기사.

물리학자 스티븐 호킹(Stephen Hawking)과 하이테크 억만장자들인 빌 게이츠(Bill Gates)와 엘론 머스크(Elon Musk)도 작년[2015]에 유사한 경고를 했다. 호킹은 인공지능(AI)이 "인류의 종말을 초래할 수도 있다(could spell the end of the human race)"고 경고했고, 머스크는 그것이 "우리의 최대의 실존상의 위협(our biggest existential threat)"이라고 말했다.

이것이, 현재 인공지능이라는 떠들썩한 이름으로 급속히 전개되고 있는 과학기술혁명이 어떤 사회적 결과를 초래할 것인가에 대한 자본 측의, 그리고 경제적으로도 이데올로기적으로도 그 지배 하에 있는 수부르주아 전문가들의 인식이고 전망이다. 우리하고 다른 것은, 우리는 거기에서, 즉 과학기술혁명이 빠른 속도로 일자리를 없애며 대량의 실업을 초래하고 있는 데에서 사회혁명이 임박했음을 전망하는 데에 비해서, 저들은 "인류의 종말" 혹은 그 "실존상의 위협"을 전망하는 데에 있다. 저들이 그렇게 전망하는 것은, 저들이 이 자본주의에서 이른바 '역사의 종언'을 보고, 자본주의를 넘어선 보다 고도의 사회를 보지 못하고, 보려 하지 않기 때문이다.

아무튼 저들은 말하고 있지 않은가? "향후 30년 이내에 기계가 전 세계 인구의 반(半) 이상을 일자리에서 내쫓을 것"이라고! 그 전망이 다소 과장되어 있다고 해도 그것은 문제가 되지 않는다. 중요한 것은 그 추세이기 때문이다. 맑스는 이렇게 언명하고 있다.

"자유경쟁은 개별 자본가들에게 대하여 자본주의적 생산의 내재적 법칙들을 외적 강제법칙으로서 관철시킨다."23)

실제로 그렇다. 자본주의적 생산체제에서 경쟁에서의 성패는 그 자본의 생과 사의 문제이고, 그리하여 삼성전자 상무 출신의 민주당 최고위원 양향자 의원은 "반도체 전쟁서 중국에 지면 노예국가로 전락"한다고 목소리를 높이고, 일자리를 늘리겠다는 문재인 정부도 "혁신성장은 경제성장을 위한 핵심전략"이라고 떠들어대는 것이다. 그리고 이 모두는 "향후 30년 이내에 기계가 전 세계 인구의 반(半) 이상을 일자리에서 내쫓을 것"이라는 저들의 전망이 다소 과장되어 있을지는 몰라도 결코 빈말이 아니라는 것, 그 추세를 말하는 것이라는 것을 입증하는 것이다.

그런데 바로 이 추세, 즉 인공지능의 고도화·확산으로까지 발전하고 있고, 그리하여 일자리가 급속히 사라져가고 있는 이 추세를 자본 측의 이데올로그들과 그들의 지배 하에 있는 소부르주아 이데올로그들은 인류의 생존 자체와 충돌하는 것으로 파악하고 있다. 그러나 이러한 사고는, 다시 말하지만, 자본주의를 인류 역사의 최종적 단계로 보는 저들 특유의 비과학적이고 편협한 역사·사회관에서 유래할 뿐이다.

물론 순수하게 논리적으로는 인공지능이 "인류의 종말을 초래할 수도 있다"는 가능성을 전적으로 배제할 수는 없다. 만일 노동자계급이 끝내 무기력하게 자본의 노예상태를 벗어나지 못한다면, 제국주의는 결국 핵전쟁으로 치달을 것이고, 그렇게 되면 인류는 종말을 맞을 것이기 때문이다.

그러나 "만일 노동자계급 끝내 무기력하게 자본의 노예상태를 벗어나지 못한다면"이라는 가정으로 시작하는 논리 자체가 생동하며 투쟁하는 현실의 노동자상에 눈을 감은, 비현실적인 사변

---

23) ≪자본론≫ 제1권, *MEW*, Bd. 23, S. 286.

적 논리일 뿐이다. 과학·기술의 진보, 그리고 그에 따른 일자리의 감소에 대해서 맑스는 이렇게 언명하고 있다.

노동자의 절대수를 줄이는, 즉 국민 전체로 하여금 실제로 보다 적은 시간에 총생산을 수행할 수 있게 하는 생산력의 발전은 혁명을 불러일으킬 것이다. 왜냐하면, 그것은 인구의 다수를 용도폐기할(außer Kurs setzen) 것이기 때문이다. 여기에 다시 자본주의적 생산의 독특한 한계가 나타나고, 또 자본주의적 생산이 결코 생산력의 발전이나 부의 생산을 위한 절대적인 형태가 아니라, 오히려 일정한 시점에서 그 발전과 충돌하게 된다는 것이 나타난다.24)

그렇다. 오늘날 인공지능의 고도화·확산과 그에 따른 일자리 감소, 대량실업으로 대변되는 과학기술혁명의 성과는 "자본주의적 생산의 독특한 한계"를 드러내는 것이요, 자본주의적 생산체제의 위기를 조성하고 있는 것이지, "인류의 종말"이나 그 "실존상의 위협" 따위를 야기하고 있는 것이 아니다. 그것은 단지 대대적인 사회혁명이 임박했음을 의미할 뿐이다.

따라서 현 시점에서 제기되어야 할 문제는, 예컨대, 저들처럼 "만일 인간이 할 수 있는 거의 모든 일을 기계가 할 수 있다면, 인간은 무엇을 할 것인가" 따위가 아니다.

제기되어야 하는 문제는, 저들과 어떻게 싸울 것인가, 즉 어떻게 하여 시행착오와 그에 따른 희생, 산고를 최소화하면서, 이미 그 수명이 다한 인간에 의한 인간의 착취체제, 자본주의 체제를 극복할 것인가 하는 것이다. 이것이 10월 혁명 100주년을 맞는

---

24) 《자본론》 제3권, *MEW*, Bd. 25, S. 274.

오늘 우리가 의식적으로 제기해야 할 문제이다.

그리고, 헌법상의 화려한 소위 '기본권 조항들'에도 불구하고 노동자들을 폭압적으로 정치적 무권리상태에 묶어두고 있는 국가보안법의 지배 하에 있는, 즉 파쇼체제 하에 있는 한국의 노동자계급에게는 이 문제, 즉 어떻게 싸울 것인가의 문제가 더욱 절실하다.

구체적으로는 어떻게 해야 노동자계급 혁명의 정치적 참모부, 전위적 지도부를 획득할 것인가에서부터 수많은 크고 작은 문제들을 제기할 수 있지만, 여기에서는 절실하면서도 상대적으로 어렵지 않게 실천에 착수할 수 있는 하나의 문제만 제기해보자. — 부르주아・소부르주아적 국가・국민주의, 그 민족주의의 배격, 그리고 노동자 국제주의의 재건.

있을지 모를 오해를 방지하기 위해서 미리 못 박아 말해두자면, 부르주아・소부르주아적 민족주의를 배격해야 한다는 말은 민족문제, 즉 반(反)제국주의 문제를 나 몰라라 해야 된다거나 수수방관해도 좋다는 뜻이 결코 아니다. 그 정반대이다.

독점자본의 착취는 제국주의와 약소민족 간에는 여전히 약소민족의 종속・억압을 통해서 관철되고 있다. 오늘날과 같은 신식민지주의 시대에는 독립이라는 허울 속에 은폐되어 있지만, 주지하다시피, 그 종속과 억압, 착취는 현지인 대리통치를 통해서 관철되고 있고, 바로 그 허울 때문에 더욱 더 강고하게 관철되고 있다. 따라서 착취에 반대하고 그것을 극복해야 하는 약소민족, 신식민지 노동자계급에게 있어서 민족모순은 극복하지 않으면 안 되는 근본모순 중의 근본모순의 하나이다.

문제는 그 민족모순에 대한 투쟁이 대개의 경우, 특히 대중적인 차원에서 극히 왜곡된 형태로, 국가주의・국민주의적 형태를 띠고 나타나고 있는 데에 있다. 다시 말해서, 독점자본의 대중조작 기구들이, 부르주아·소부르주아 이데올로그들이 선동·조장하는 저 부르주아·소부르주아적 국가·국민주의, 그 민족주의적 형태로 나타나고 있는 데에 있다.

비근하게는, 최근의 이른바 '북핵문제'25)를 둘러싼 대통령 트럼프 등 미국 정부의 적대적 독설·거동이나 총리 아베 등 일본

---

25) '북핵문제'라고 하지만, 주지하다시피, 사실 이는 올바른 규정이 아니다. 실제로는 미국을 위시한 제국주의의 조선민주주의인민공화국에 대한 적대·위협의 문제이다. 극우 레이건 행정부의 재무성 경제정책실장(Assistant Secretary of the Treasury for Economic Policy)이었고, 월스트리트 저널의 편집자 중 한 사람이었던 인사조차 이렇게 얘기하고 있지 않은가? ― "믿든 말든, 러시아도 중국도, 미국으로부터 자신을 방어할, 그리고 미국의 불의의 일격에 쓰러져 이제는 가난에 시달리고 있는 아프가니스탄이나 이라크, 리비아, 소말리아, 예멘, 시리아, 세르비아, 우크라이나와 같은 또 다른 워싱턴의 희생물이 되지 않을 수단을 갖겠다는 소망 이외에는 어떤 죄도 없는 나라인 조선(North Korea)에 더 많은 그리고 더욱 가혹한 제재를 가하려는 유엔 안보리에 워싱턴과 함께 찬성표를 던졌다. (Believe it or not, both Russia and China voted with Washington on the UN Security Council to impose more and harsher sanctions on North Korea, a country guilty of nothing but a desire to have the means to protect itself from the US and not become yet another Washington victim like Afghanistan, Iraq, Libya, Somalia, Yemen, Syria, Serbia, and Ukraine overthrown in a US coup and now poverty-stricken.)" (Paul Craig Roberts, "*Russia and China Capitulated Out Of FEAR?*", <http://www.4thmedia.org/2017/09/have-russia-and-china-capitulated-out-of-fear/> (2017. 9. 15.)) (강조는 인용자.) 내친 김에 참고로 말하자면, 이 글의 필자 폴 크레익 롸버츠는 글을, 필시 기독교 성경에서 따왔을, "파랗게 질린 말을 보라, 기수(騎手)가 사신(死神)이다. (Behold a Pale Horse, and its Rider is Death.)"로 시작해서, 의미심장하게도, "보라, 파랗게 질린 말을, 기수가 워싱턴[미국 정부]이다. (Behold, a Pale Horse, and its Rider is Washington.)"로 끝내고 있다.

정부의 그것에 분개하는, 인터넷 댓글 등에서 확인할 수 있는, '의식 있는' 대중의 반응을 보라. 대개는, "미국놈들 …", "일본놈들 …"이고. 심지어는 "미국놈들 한 놈도 씨를 안 남기도 …" 하는 식이다.

얼마나 심각하게 독점자본의 대중조작 기구들이, 부르주아·소부르주아 이데올로그들이 선동·조장하는 저 부르주아·소부르주아적 국가·국민주의, 그 민족주의에 중독되어 있는가! 얼마나 몰계급적인가!

이러한 부르주아·소부르주아적 국가·국민주의, 그 민족주의는, 국내 문제에서의, 역시 저들 자본의 대중조작 기구가 음으로 양으로 선동·조성하는 지역주의, 특히 영·호남 간의 적대적 지역주의와 더불어, 타기되지 않으면 안 되는 노동자계급의 이데올로기적 적이다. 영·호남의 노동자·민중이 단결하지 않고는 이 땅에서 '수구세력'으로 불리는 극우세력을 극복할 수 없는 것처럼, 미국과 일본의 노동자계급과의 공동투쟁 없이, 그리고 토착 지배계급이야말로 제국주의의 동맹자요 하수인이라는 명확한 의식과 투쟁 없이 어떻게 미·일 제국주의의 지배를 분쇄·극복할 수 있겠는가?

부르주아·소부르주아적 국가·국민주의, 그 민족주의를 극복하고, 노동자 국제주의를 재건하기 위한 선진 노동자들의 목적의식적인 노력이 시급하고도 절실하다. 그리고 이 노력은 한국의 노동운동을 소위 '좌·우'로 가르고 있는 해묵은 분열을 해소하는 데에도 시급하고 절실하다. 노사과연

러시아 10월 사회주의 대혁명 승리의 제 조건

문영찬 | 연구위원장

머리말

2017년 올해는 러시아 혁명 100주년이 되는 해이다. 현 시점에서 노동자계급과 사회주의 운동을 둘러싼 이데올로기적, 정치적 조건은 열악하다. 쏘련 붕괴를 핵으로 하는 20세기 사회주의 진영의 몰락의 영향은 아직도 여전하며 운동진영은 청산주의, 뜨로츠끼주의, 현대 프랑스 철학 등 부르주아적, 소부르주아적 이데올로기의 영향을 많이 받고 있다. 또한 정치적 조건도 열악한데 파쇼적인 박근혜 정권 하에서 운동진영은 많은 탄압을 받았고 문재인 정권이 들어선 이래로도 국가보안법의 존재, 전쟁위기의 고조, 노동자계급에 대한 분열정책 등 노동자계급과 사회주의 운동의 발전을 위한 조건은 열악하다.

이러한 상황에서 노동자계급은 무엇을 움켜쥐어야 하는가? 노동자계급의 발전과 변혁적인 사회주의 운동의 발전을 위해서 움켜쥐어야 할 핵심고리는 무엇인가? 레닌은 노동자계급의 투쟁은 경제투쟁과 정치투쟁만 있는 것이 아니라 이데올로기 투쟁 또한 있으며 이 세 가지 투쟁이 종합적으로 발전할 필요가 있다는 것을 말한 바 있다. 그러나 지금과 같이 노동자계급의 이데올로기가 해체 상태에 있을 때 움켜쥐어야 할 가장 중요한 것은 사상, 이데올로기이다. 즉, 경제 투쟁과 정치투쟁을 수행해가는 가운데 가장 핵심적으로는 노동자계급의 이데올로기의 재정립, 과학적 사회주의의 재정립을 사활적으로 수행해 가야 한다. 왜냐하면 노동운동과 사회주의 운동은 사상을 먹고 자라는 것이기 때문이다.

이데올로기 투쟁의 특성은 부르주아 사회가 생산하는 온갖 부르주아적, 소부르주아적 이데올로기에 맞서서 그것들의 본질을 폭로하고 그것들을 지양하는 노동자계급의 이데올로기를 생산해야 한다는 점이다. 그러한 부르주아적, 소부르주아적 이데올로기 중에서 현재 노동자계급을 가장 짓누르고 노동자계급을 분열과 해체 상태로 몰아가고 있는 것은 반공주의를 비롯한 부르주아적 이데올로기와 더불어 20세기 사회주의 붕괴 후 밀려들어온 청산주의, 뜨로츠끼주의, 현대 프랑스 철학 등이라 할 수 있다. 그런 점에서 이들 사조들을 하나하나 체계적으로 비판할 필요가 있다. 그러나 이들 철학 사조들을 비판하는 것으로 이데올로기 투쟁이 완료되는 것은 아니며 노동자계급의 관점에서 20세기 사회주의의 성과와 한계, 그 약점을 체계적으로 살피는 것이 필요하다. 즉, 20세기 사회주의에 대한 노동자계급 독자의 견해를 완성해 가는 것이 필요하다. 쏘련 붕괴 직후 20세기 사회주의라는 쟁점은 운동의 해체에 기여하는 것이었다. 쏘련 붕괴의 영향으로 많은 활동가들이 사회주의 노선을 청산하고 운동을 떠나갔다. 그러나 이제는 대립물의 전화를 이룩해야 한다. 즉, 20세기 사회주의라는 쟁점을 운동의 약화가 아니라 운동의 재정립, 사회주의의 기치의 재정립에 기여하는 것으로 전화시켜야 한다. 20세기 사회주의에 대한 과학적 평가를 통해 이데올로기를 재정립하고 현실 운동과 투쟁의 무기가 될 사회주의의 기치를 다듬어야 한다.

이 글은 이러한 관점에서 일차적으로 러시아 혁명 자체에 대한 평가를 담고 있다. 그 중에서도 러시아 혁명이 성공할 수 있었던 제 조건, 객관적 조건과 주체적 조건에 대한 평가를 담고 있다. 이는 하나의 사회주의 혁명이 성공하기 위해서는 어떠한 조건이 필요한가에 대한 성찰이다. 이러한 성찰이 필요한 이유는 혁명은 대중투쟁의 한 번의 폭발에 의해 이루어지는 것이 아니며 혁명은 자연사적 필연성으로 관철되는 동시에 수많은 목적의식적 투쟁과 노력을 요구하기 때문이다. 여기서 자연사적 필연성으로서 혁명은 혁명의 객관적 조건을 말하며 목적의식적 투쟁과 노력은 주체적 조건을 말한다. 그 각각을 고찰하여 어떠한 객관적 조건이 혁명에 요구되는지, 또한 주체의 상태는 어떻게 변화, 발전해야 하는지를 가늠할 수 있다.

그러나 러시아 혁명 승리의 이러한 객관적, 주체적 조건을 분석하는 것은 한계가 있다. 왜냐하면 그 당시와 지금은 100년의 시간적 간격이 있으며 그동안 자본주의의 발전은 비할 수 없이 고도화되었으며 한국사회라는 특수성은 또한 그 자체로 고찰되어야 하기 때문이다. 그럼에도 한국사회에서 사회주의 변혁의 조건을 고찰하기 위해서는 사회주의 혁명의 원형이라 할 수 있는 러시아 혁명을 고찰하는 것이 절대적으로 필요하다. 그리고 러시아 혁명에 대한 고찰을 통해 사회주의 혁명에 대한 과학적 인식과 풍부한 영감을 얻을 수 있다. 그리고 이데올로기 측면에서는 한국 사회에서 매장되다시피한 레닌주의의 현실적 의미에 대한 인식을 확보할 수 있다. 그러면 러시아 혁명에 대해 그 승리의 객관적, 주체적 조건을 하나하나 살펴보도록 하자.

1. 러시아 10월 사회주의 대혁명 승리의 객관적 조건

1) 자유경쟁자본주의의 독점자본주의로의 전화

19세기 말에 자본주의 세계는 심각한 불황에 직면해 있었다. 약 30년간 계속된 경제적 침체는 자본주의 경제의 구조적 변화를 가져왔는데 자유경쟁 자본주의에서 독점자본주의로의 전화가 이때 이루어졌다. 이러한 독점의 발생은 자본 간의 경쟁이라는 자본주의 고유의 원리가 관철된 결과인데 자본의 집적, 집중이 일정 단계에 이르면 곧바로 독점자본으로 질적인 변화를 하게 되는 것이었다. 그리고 기술적 측면에서는 경공업 중심에서 철강, 석탄, 기계, 화학 등의 중화학공업으로 전화가 이루어졌는데 이러한 중화학공업은 거대한 투자를 요청하는 것이었고 이를 위해서는 독점자본의 대자본이 필요했다. 이러한 결과 20세기 초엽부터는 자본주의 세계에서 지배적인 것은 독점자본주의였고 제국주의는 이러한 독점자본주의에 기초하여 산업자본과 은행자본의 융합 결과 탄생한 금융자본의 지배를 의미했다. 그리고 그러한 금융자본은 이 세계의 모든 곳, 즉, 농업지역만이 아니라 산업지역도 병합하려는 열망을 가졌고 그 결과 제국주의 모순의 격화를 가져왔다. 자유경쟁 자본주의 하에서 부르주아지의 기치가 '자유'였다면 독점자본주의와 제국주의 하에서 부르주아지의 기치는 '지배'가 되었다.

그런데 레닌은 이러한 제국주의의 모순을 고찰하면서 중대한 결론을 이끌어내는데 제국주의 하에서는 자본주의의 불균등 발전이 불가피하며 그 결과 일국 혹은 몇몇 지역에서조차 사회주의 혁명이 가능하다는 것이었다.

독점자본주의 하에서, 제국주의 하에서는 왜 불균등발전이 불가피한가? 자유경쟁 자본주의 하에서는 산업 간에 자본의 자유로운 이동이 가능했고 따라서 평균적 이윤율의 법칙이 관철되었다. 그런데 독점자본주의 하에서는 독점의 지배가 주된 것이 되었다. 이러한 독점자본은 평균적 이윤율을 훨씬 넘어서는 독점 이윤을 추구하였고 수많은 자본들, 기업들을 하청계열화하였다. 그리하여 독점자본주의 하에서는 자본의 동시적이고 평균적인 발전보다는 특정 자본의 비약적 발전, 독점 자본의 가속적 발전이 특징적이게 되었다. 이에 따라 독점자본주의 하에서는 자본의 불균등 발전이 일반적 모습이 되었다. 그런데 이러한 불균등 발전은 국내적으로만 관철되는 것이 아니라 국제적으로도 관철되는 것이었다. 19세기 말, 20세기 초의 상황을 보면 영국과 프랑스라는 자본주의 국가의 발전 속도는 느려지는 반면에 독일과 미국이라는 후발 자본주의 국가의 발전이 비약적으로 이루어지고 있었다. 특히 독일의 경우 중공업을 중심으로 비약적으로 발전했는데 독일의 생산력은 세계 최고수준에 이르렀다. 그런데 영국과 프랑스는 생산력은 떨어지지만 축적된 자본이 많았다. 반면에 독일은 생산력은 영국과 프랑스를 능가하는 수준에 이르렀지만 축적된 자본이 적었고 대외적 측면에서 식민지가 영국과 프랑스에 비하면 매우 적었다. 이러한 모순들이 중첩된 결과 자본주의 세계는 제국주의 열강들 사이의 충돌, 제국주의 세계전쟁으로 나아가고 있었다.

그리하여 1914년에 제1차 세계대전이 발발했는데 레닌은 제국주의 전쟁의 와중에 ≪제국주의론≫을 써서 제국주의의 본질을 폭로하고 나아가 불균등 발전, 사회주의 혁명의 가능성을 도출하였다.

2) 제국주의 세계전쟁의 폭발

　제국주의 세계전쟁, 제1차 세계대전은 영국, 프랑스, 러시아 등을 한 축으로 하고 독일을 중심으로 하는 세력이 또 한 축이 되어 전개되었다. 제국주의 전쟁이 발발하기 전 전쟁의 기운이 감돌 때 유럽의 사회주의 세력은 공식적으로는 전쟁 반대를 외쳤지만 막상 전쟁이 발발하자 대부분은 조국방위를 외치며 의회에서 전쟁공채에 찬성표를 던졌다. 그리고 소수의 세력이 전쟁 반대를 고수했는데 레닌은 제국주의 전쟁의 반대, 제국주의 전쟁의 내전으로의 전화를 주장했다.

　제국주의 전쟁의 내전으로의 전화라는 레닌의 주장은 비현실적인 것으로 비쳐졌는데 실은 레닌의 주장이 가장 현실적인 것이었다. 왜 그런가? 제국주의 전쟁은 첫째, 제국주의 모순의 폭발을 의미하는 것이었다. 그런데 제국주의 모순은 제국주의 세력 간의 모순만 있는 것이 아니라 자본가계급과 노동자계급의 모순 또한 포함하는 것이었다. 뿐만 아니라 제국주의 전쟁은 자본가계급과 노동자계급 사이의 모순을 극단적으로 격화시키는 것이었다. 자본가계급은 전쟁을 통하여 거대한 부를 축적하지만 노동자계급은 전쟁에서 총알받이로 목숨을 내놓아야 하고 전쟁에 끌려가지 않는다 하더라도 극단적인 기아와 강제노동, 억압에 시달려야 했다. 즉, 제국주의 전쟁은 계급적 모순을 폭발시키는 조건으로 작용했다. 둘째, 제국주의 전쟁은 제국주의 열강들 상호간의 투쟁이라는 점에서 제국주의 세력 각각의 상대방을 현저히 약화시키는 것이었다. 거대한 군비 지출, 생산력의 파괴, 수많은 인명의 살상 등을 불러온 제국주의 전쟁은 초기에는 소위 조국방위라는 민족주의 구호로 사람들을 동원할 수 있었지만 전쟁이 지속됨에 따라 전쟁의 본질, 즉, 제국주의적 이익을 위한 약탈, 침탈이 전쟁의 목적이라는 것이 서서히 폭로되었다. 그리하여 제국주의적 지배계급은 전쟁이 지속됨에 따라 가속적으로 정치적, 경제적 힘이 약화되었다. 러시아에서 짜르가 단 며칠 간의 대중 시위로 인해 퇴진할 수밖에 없었다는 것은 전쟁의 지속이 지배계급을 현저히 약화시켰다는 것의 사례이다. 셋째, 인민들에 있어서 가장 절박한 것은 전쟁의 중단이었는데 전쟁의 계급적 성격이 제국주의 전쟁이라는 점은 전쟁의 중단을 위하여서는 제국주의 지배계급의 타도가 불가피하다는 주장에 설득력을 갖게 하는 것이다. 제국주의 지배계급의 타도 없이는 전쟁으로부터의 탈출구는 없다는 것으로부터 레닌의 정식화된 주장, 즉, '제국주의 전쟁의 내전으로의 전화!'라는 구호가 제출된 것이었다. 넷째, 제국주의 전쟁을 야기한 근본적 요소인 자본주의의 불균등 발전으로부터 도출되는 일국 혹은 몇몇의 나라에서 사회주의 혁명의 승리의 가능성은 제국주의 전쟁의 내전으로의 전화라는 레닌의 주장이 갖는 현실성을 뒷받침하는 것이었다. 그리하여 자본주의 발전이 가장 높은 수준으로 이루어진 나라가 아니라 제국주의 체제의 사슬 중에서 약한 고리에서 혁명이 발생한다는 레닌의 인식은 제국주의 전쟁과 맞물려 현실성을 획득하게 되었던 것이다. 그리하여 자본주의가 비교적 급속하게 발전하기 시작했지만 인민 대다수가 농민이었던 러시아에서 혁명의 가능성이 자라났던 것이다.

3) 러시아에서 자본주의의 발전

러시아 혁명이 가능했던 또 하나의 근본적인 조건은 러시아에서 자본주의가 농노개혁 이후 비교적 급속하게 발전하기 시작했다는 점이다. 러시아에서 자본주의 발전은 한편으로 자본가계급의 성장을 야기하지만 다른 한편으로는 노동자계급의 출현과 성장을 의미하는 것이기도 했다. 그러나 그러한 자본주의 발전은 봉건적인 짜르체제 하에서 이루어지고 있었는데 이로 인해 성장하는 자본주의가 낡은 봉건적 생산관계와 충돌하고 있어서 러시아는 객관적으로 부르주아 혁명을 앞두고 있었다. 이러한 상황에서 러시아의 운동 노선의 발전에 있어서 최대의 걸림돌은 나로드니즘이었다. 러시아가 자본주의 발전을 생략하고 농촌의 공동체에 기반하여 직접 사회주의 사회로 이행할 수 있다고 주장한 나로드니끼들은 짜르에 대한 암살 등 음모적 방식으로 혁명을 수행하고자 했다. 이러한 상황에서 레닌은 《러시아에 있어서 자본주의의 발전》을 집필하여 러시아에서 자본주의 발전이 객관적 상황이고 경향이라는 것을 논증하고 이를 기초로 농촌공동체가 아니라 자본주의 발전으로 인해 형성되고 있는 프롤레타리아트, 즉 노동자계급의 헤게모니를 중심으로 부르주아 민주주의 혁명과 사회주의 혁명을 수행하는 노선을 제출했다.

러시아에서 자본주의 발전은 후진 자본주의의 발전이라는 점에서 선진자본주의를 따라잡기 하는 방식으로 이루어졌는데 그로 인해 중공업 중심의 발전, 대공장 중심의 발전을 하고 있었다. 그런데 이러한 조건은 노동자계급의 대규모 집결과 그를 기초로 한 단결에 유리했다. 그리하여 노동자계급은 수에 있어서는 농민 계급과 비교할 때 매우 소수였지만 생산관계에서 차지하는 위치, 단결의 공고성 등에 있어서 변혁의 헤게모니 세력이 될 수 있었다.

러시아가 부르주아 혁명을 앞두고 있는 상황에서 러시아 부르주아 계급은 19세기의 서유럽의 혁명 당시와 비교할 때 매우 취약했다. 서유럽의 18세기, 19세기의 부르주아 혁명은 부르주아지와 인민세력의 연합으로 이루어졌는데 그 가운데 헤게모니 세력은 부르주아지였다. 인민들은 투쟁력에서는 강력했지만 자신의 고유한 이데올로기를 갖지 못했다는 점에서 헤게모니 세력이 될 수 없었다. 그러나 이 과정에서 노동자계급이 점차 역사의 전면에 등장함에 따라 부르주아지는 봉건세력보다 노동자계급을 더 두려워하게 되었고 부르주아지는 부르주아 혁명에 있어서 철저한 세력이 아니라 타협적 세력으로 변모하게 되었다. 왜냐하면 부르주아 혁명이 철저하게 수행되었을 경우 그것은 노동자계급과 인민세력을 강력하게 할 것이었기 때문이다. 19세기 중반 이후 서유럽의 상황이 이러했다면 20세기 초의 러시아의 상황은 부르주아지를 혁명의 선도세력이 아니라 비굴한 타협세력으로 만들고 있었다. 이리하여 러시아의 부르주아지는 혁명에 있어서 자신의 헤게모니를 행사하고 있지 못했다.

이러한 상황에서 레닌은 볼쉐비끼 당을 조직하여 러시아의 부르주아 민주주의 혁명을 노동자계급의 헤게모니 하에 농민과 동맹하여 수행하고 연속적으로 빈농과 동맹하여 사회주의 혁명을 수행한다는 전략을 제출했는데 이러한 전략은 서유럽의 부르주아 혁명과 다른 러시아 혁명의 특수성을 반영하는 것이었다.

4) 제1차 세계대전에서 전시 국가독점자본주의의 탄생

러시아 혁명 승리의 객관적 조건으로 중요한 또 하나의 점은 전시에 국가독점자본주의가 탄생했다는 것이다. 국가독점자본주의는 러시아만이 아니라 독일 등에서도 발생한 전반적인 현상이었는데 이는 전시의 동원을 위한 것이었다. 전시에 국가가 식량을 배급하고 각 기업의 생산과 원료의 공급을 통제하게 됨에 따라 19세기의 자유경쟁 자본주의와는 확연히 다른 경제체제가 성립했다. 기존의 자본주의 이데올로기는 경제는 자본가계급에 맡기고 국가는 야경국가, 작은 정부를 해야 한다는 것이었다. 그런데 전시 상황에서 국가가 경제에 전면 개입하는 사태가 벌어졌던 것이다. 더구나 자유경쟁 자본주의가 독점자본주의로 전화된 상태에서 국가와 독점자본은 긴밀하게 융합되는 모습을 보였다. 이러한 전시 국가독점자본주의의 출현에 대해 레닌은 날카롭게 분석하는데 국가독점자본주의는 사회주의의 입구이며 국가독점자본주의와 사회주의 사이에는 어떤 중간 단계도 존재하지 않으며 국가독점자본주의는 사회주의의 완전한 물질적 전제라고 파악했다. 레닌의 이러한 파악은 시의적절했는데 왜냐하면 국가독점자본주의는 제1차 대전이 종식된 후에 선진 자본주의의 일반적 모습이 되었기 때문이다. 1930년대의 대공황에 대처하기 위해 자본주의는 국가와 경제의 융합의 과정을 거쳤는데 이는 제1차 대전에서의 전시 국가독점자본주의를 발전시킨 것이었다. 레닌이 국가독점자본주의를 사회주의의 입구라고 파악한 것은 다음과 같은 이유에서이다. 첫째, 국가의 경제에 대한 전면적 개입은 사회주의의 물질적 전제를 의미하는 생산의 사회적 성격이 극대화되고 있다는 것을 의미했다. 자본주의의 근본 모순인 생산의 사회적 성격과 취득의 사적 성격 간의 모순이 국가독점자본주의에서 최고의 단계에 도달하는 것이다. 둘째, 국가의 경제에 대한 전면적인 개입은 경제의 발전과 관리에 있어서 자본가계급의 존재의 필요성을 부정하는 경향을 띠는 것이었다. 이전에 자본가계급은 자본가 없이는 경제운영이 불가능하다는 점을 들어 사회주의를 부정했다. 그런데 국가가 경제에 전면 개입할 수밖에 없는 상황은 자본가 없이도 경제의 관리가 가능하다는 것을 보여주는 것으로서 자본가계급의 그러한 주장을 부정하는 것과 다름없었다. 셋째, 국가독점자본주의의 등장은 독점자본주의의 취약성을 드러내는 것과 다름없었다. 독점자본은 이전의 자유경쟁 자본주의와 달리 자유가 아닌 지배를 원하며 사회의 모든 인적, 물적 자원을 지배하려는 열망을 가진다. 따라서 독점자본의 증식욕구는 사회의 유지가 불가능할 정도로까지 사회적 토대를 허무는 것도 마다하지 않는다. 바로 이러한 독점자본의 본성이 갖는 결함과 모순에 대처하기 위해 국가가 독점자본과 융합하는 것이 불가피해졌던 것이다. 그리고 레닌은 바로 이러한 성격을 간파하고 국가독점자본주의와 사회주의 사이에는 어떠한 중간 단계도 없다고 하였던 것이다. 국가독점자본주의에서 전형적으로 출현하는 공정거래법, 독점금지법 등의 경제법과 노동자계급의 권리를 승인하는 노동법, 그리고 사회보장 등을 내용으로 하는 사회법 등은 독점자본의 증식욕이 사회의 토대 자체를 허무는 것을 막는 장치와 다름없다.

이와 같이 국가독점자본주의와 사회주의 사이에는 중간의 계단, 단계가 존재하지 않는다. 그 사회가 국가독점자본주의 단계에 이르렀다는 것은 그 사회가 사회주의 혁명을 앞두고 있다는 것을 의미한다. 레닌은 가장 선구적으로 이러한 점을 파악했고 국가독점자본주의에 대한 정식화를 이루었고 이러한 관점과 인식을 러시아 혁명에 적용했다.

2. 러시아 10월 사회주의 대혁명 승리의 주체적 조건

이와 같이 러시아 혁명은 단지 볼쉐비끼 당이라는 주체에 의한 의식적 활동만으로 일어난 것이 아니라 러시아의 자본주의 발전, 그리고 제국주의의 출현과 제국주의 전쟁의 폭발로 인한 것이었다. 이러한 점은 한국사회의 변혁에 있어서도 상응하는 객관적 조건에 대한 면밀한 분석이 필요함을 말한다. 한국에서 자본주의 발전, 세계 자본주의에 대한 분석, 한국자본주의의 세계체제에서의 위치 등이 그러한 객관적 조건일 것이다.

그러면 객관적 조건에 대한 분석을 마무리하고 러시아 혁명의 승리를 가능하게 한 주체적 조건을 살펴보자. 그런데 주체적 조건은 단지 볼쉐비끼 당에 대한 분석만을 의미하는 것은 아니다. 사회주의 혁명은 노동자계급의 국제주의의 발전에 기초하는 것이다. 즉, 사회주의 혁명은 그것이 아무리 작은 나라의 혁명이라 할지라도 국제적 성격을 필연적으로 띨 수밖에 없다. 따라서 볼쉐비끼 당의 활동을 분석하기 전에 먼저 20세기 초반까지 사회주의 운동세력의 국제적 위치, 프롤레타리아 국제주의의 발전 정도를 파악하는 것이 필요하다.

1) 맑스주의적 사회주의 운동의 상승기

세계사적 차원에서 보면 1917년의 러시아 혁명은 맑스주의적 사회주의 운동의 상승기에 발생했다. 제국주의 전쟁의 참화로 인해 반동의 기운이 높았지만 객관적으로 보면, 세계사적 차원에서는 맑스주의 운동의 상승기였다.

맑스주의적 사회주의 운동의 발생을 사회주의 운동의 강령적 문헌인 ≪공산당 선언≫이 제출된 1848년을 기점으로 보면 러시아 혁명 전까지 부침은 있었지만 맑스주의적 사회주의 운동은 꾸준히 상승하고 있었다. 초기에 맑스주의는 프루동, 바쿠닌 등의 무정부주의 조류와 격렬한 투쟁을 하였고 빠리 꼬뮨을 거치면서는 정치적 전술과 조직노선을 발전시켰다. 그리고 제 1 인터내셔널의 성립과 발전은 유럽이라는 국제무대에서 맑스수의적 사회주의 운동을 크게 발전시켰다. 그리고 19세기 후반이 되면 맑스주의는 노동운동에서 다수파가 되고 각국에서는 노동당 혹은 사회주의당이 건설되어 의회에 진출한다. 그리하여 제 2 인터내셔널이 건설되어 맑스주의는 공고한 국제적 조류가 되었다.

레닌이 활동을 개시하던 1890년대는 이렇게 제 2 인터내셔널이 존재하고 있었고 유럽과 미국 등지에서 노동운동과 사회주의 운동이 발전하는 상황이었다. 이러한 상황에서 레닌은 우선적으로 러시아에서 자본주의 발전을 부정하는 나로드니끼들과 투쟁했다. 러시아의 자본주의 발전 자체에 의해 그리고 맑스주의자들의 투쟁에 의해 나로드니끼들이 패배함에 따라 맑스주의는 러시아 노동운동의 다수파가 되었다. 이어서 레닌은 노동운동 내 소부르주아 세력인 멘쉐비즘과 투쟁한다. 볼쉐비즘과 멘쉐비즘은 조직노선과 전술에서 근본적인 차이를 보였다. 강고한 전위

당을 건설할 것인가 아니면 느슨한 써클들의 연합으로 당을 건설할 것인가, 그리고 당면한 부르주아 혁명에서 노동자계급의 헤게모니를 인정할 것인가 아닌가, 또한 노동자계급의 동맹세력은 부르주아지인가, 아니면 농민인가 등에서 볼쉐비끼들과 멘쉐비끼들은 근본적으로 부딪혔다.

그리고 이러한 내부투쟁을 통하여 러시아의 노동자계급에서 맑스주의 조류는 강고하게 자리 잡았고 러시아에서 노동운동과 사회주의 운동의 발전은 러시아를 반동의 보루에서 변혁의 선진부대로 자리매김 되게 했다. 그리하여 러시아가 일본과의 전쟁에서 패배했을 때 짜르체제의 한계를 인식한 러시아 인민이 봉기하는 제1차 러시아 혁명이 발발했다.

2) 러시아의 1905년 1차 혁명의 경험

1905년 짜르가 러-일 전쟁에서 패배한 이후 러시아 인민은 자연발생적으로 봉기를 일으켰다. 도화선은 짜르에 대한 청원시위에 대해 군대가 발포하여 폭력적으로 진압한 것이었다. 이후 인민의 봉기는 러시아 전역으로 확산되었고 봉기는 단순한 시위를 넘어 무장봉기로까지 나아갔다. 그리고 러시아 인민은 봉기의 기관으로서 쏘비에뜨를 자연발생적으로 형성하기 시작했다. 노동자 쏘비에뜨 등이 형성되었는데 쏘비에뜨는 자연발생적인 대중조직이면서 동시에 봉기의 기관이었고 나아가 일종의 평의회로서 권력기관으로 발전할 싹을 가진 것이었다.

이 시기에 최대의 쟁점은 제헌의회의 소집 문제였다. 그것은 짜르체제를 종식시키고 헌법을 제정하여 민주공화국으로 이행해야 한다는 요구였다. 이러한 제헌의회의 요구에 대해 짜르는 그것을 자문기구로 제한하려 했고 부르주아 세력은 짜르와 타협을 추구하였다. 그리고 노동자계급과 인민세력은 짜르의 퇴진과 제헌의회의 소집을 요구했는데 볼쉐비끼는 제헌을 혁명적 방식으로 하기 위한 임시혁명정부의 수립을 요구했다. 제헌 자체가 대중의 광범한 지지를 받는 상황에서 제헌을 현실화시키기 위한 경로로 임시혁명정부를 요구했던 것이다. 그러나 멘쉐비끼는 제헌의회를 소집한다는 결의 자체를 혁명의 성공으로 간주한다는 입장을 가지고 있어서 임시혁명정부의 요구에 있어서 볼쉐비끼와 대립하였다. 이러한 차이가 발생하는 근본적 이유는 볼쉐비끼는 노동자계급이 헤게모니를 갖고 농민과 동맹하여 짜르를 타도하고 혁명적 민주주의 독재를 수립하고자 했던 반면 멘쉐비끼는 19세기의 서유럽 혁명처럼 부르주아 혁명이기 때문에 부르주아지가 헤게모니를 행사할 수밖에 없다고 보았기 때문이었다. 즉, 혁명적 상황에서 볼쉐비끼와 멘쉐비끼는 근본적으로 대립하고 있었던 것이다. 그리하여 노동자계급이 이렇게 통일되지 못함에 따라 짜르는 시간을 벌 수 있게 되었고 반동을 준비하여 혁명을 압살하게 된다.

그럼에도 러시아의 1905년 혁명은 커다란 교훈을 남겼다. 첫째, 짜르체제의 허약성, 반인민성이 대중적으로 폭로되었다. 바로 이 점 때문에 1905년 이후의 반동기를 볼쉐비끼 당은 견뎌낼 수 있었고 다시금 고양기를 맞이할 수 있었다. 둘째, 쏘비에뜨라는 봉기의 기관, 대안적 권력기관이 창출된 경험은 1917년 혁명에 커다란 영향을 미쳤다. 인민 스스로 권력기관을 형성할 수 있다는 것은 그것을 지키기만 하면 혁명의 승리가 가능하다는 인식을 갖게 하는 것이었다. 셋째, 러시아의 1905년 혁명은 러시아에 존재하는 각 계급 세력으로 하여금 다양한 전술을 전개하게 했는데 이를 통해 다양한 계급세력의 본성이 대중적으로 각인되었다. 부르주아지는 유약하고 타협적이라는 것, 볼쉐비끼는 봉기를 끝까지 책임지려 한다는 것이 확인되었다. 멘쉐비끼는 동요하는 세력이라는 것이 드러났는데 그리하여 멘쉐비끼는 이어지는 반동기에 조직의 대부분이 와해되게 되었다. 넷째, 혁명은 패배했지만 혁명과정에서 제출된 인민의 요구는 그 혁명을 압살한 짜르에 의해 일정하게 수행될 수밖에 없었다. 그리하여 극심한 반동기가 어느 정도 지나고 다시 고양기가 시작되면서 볼쉐비끼는 선거에서 노동자지구의 대부분의 지지를 받았고 또 일간신문을 발간하면서 당을 대중적으로 발전시킬 수 있게 되었다.

이렇게 1905년의 러시아 혁명은 1917년 혁명의 리허설이었다. 레닌 스스로 이 리허설이 없었다면 1917년의 혁명은 여러모로 어려웠을 것이라고 말한 바 있다. 또한 1905년 러시아의 혁명의 영향은 러시아 내부에만 머문 것이 아니라 유럽과 근동, 중국 등의 많은 지역에 미쳤다. 그리하여 그 지역의 노동운동과 사회주의 운동에 많은 영향을 미쳤고 또한 피억압 민족의 민족운동을 크게 자극하였다.

3) 러시아 노동자계급의 발전

노동자계급은 사회에서 차지하는 숫자가 아니라 생산에서의 지위에 의해 운동과 변혁에 있어서 헤게모니를 갖게 된다. 레닌이 활동을 개시하면서 가장 주력했던 것도 러시아에서 자본주의 발전의 필연성을 규명하여 러시아에서 자본주의 발전을 부정하는 나로드니끼들과 투쟁하는 것이었는데 이는 노동자계급의 헤게모니에 대한 이론적 기초를 구축하는 것이었다.

그리고 러시아에서 비록 짜르의 봉건적 체제 하에서였지만 자본주의의 급속한 발전은 노동운동의 고양을 가져왔다. 특히 뻬쩨르부르크, 모스끄바 등의 대도시에 있는 대공장의 노동자들은 노동운동의 주력이 되었다. 이러한 노동자계급의 집결과 단결의 조건은 노동자계급의 지적, 정치적 발전에 있어서 중요한 의미를 지니는 것이었다.

그리고 노동운동에 맑스주의가 보급되면서, 특히 볼쉐비끼와 멘쉐비끼의 투쟁이 전개되면서 러시아의 노동자계급은 대중적으로 훈련되는 과정을 거쳤다. 노동자 대중들의 자연발생적인 경제투쟁에 더하여 정치투쟁이 전개되고 나아가 이데올로기 투쟁 또한 치열하게 진개되었다. 이러한 동심원적인 전방위적인 투쟁경험의 축적이 러시아 노동자계급의 발전에 미친 영향은 지대한 것이었다.

특히 의회전술에 있어서 참여전술, 보이코트 전술 등 다양한 전술의 전개는 대중들이 어느 세력이 참다운 인민의 벗인가를 파악할 수 있게 하는 것이었다. 레닌은 1905년 혁명 과정에서 처음에는 선거의 보이코트 전술을 주장했다가 혁명의 퇴조 후에는 이를 교정하여 참여전술을 주장했다. 이렇게 시의 적절하게 전술이 전개됨에 따라 그러한 전술을 경험하는 대중들은 풍부한 정치적 경험을 갖게 되었다.

또한 노동자계급과 농민의 동맹을 강조하는 볼쉐비끼의 노선은 대부분이 농민출신이었던 노동자대중에게 있어서 충분히 승인이 가능한 것이었다. 노동자계급은 고립된 세력이 아니라는 것, 러시아의 광대한 농민대중이 노동자계급의 지지자이고 동맹이라는 인식이 러시아 사회에 스며들 수 있게 되었다. 이렇게 노동자계급과 농민의 동맹이 이론적으로, 그리고 정치적으로 선다는 것은 노동자계급의 선진부분들 가운데 노동자계급의 헤게모니라는 개념을 자신의 것으로 하는 부분이 증대한다는 것을 의미한다. 그리하여 노동자계급의 헤게모니는 이론적 의미를 넘어서서 정치적 현실성을 띠게 되었다. 그리고 이러한 노동자계급의 헤게모니 사상과 노선은 1917년의 두 차례 혁명에서 극적인 의미를 지니게 되고 10월 사회주의 대혁명의 승리로 이어지게 된다.

그리고 1900년대 초반은 볼쉐비끼가 써클에서 당조직으로 발돋움하는 단계였다면 1910년대의 볼쉐비끼는 대중적 세력으로 등장한다. 반동기 다음 다시금 고양기가 시작되었을 때 볼쉐비끼는 일간 신문을 발행하고 선거에서 노동자 지구 다수의 지지를 받아 의회에 의원단을 진출시킨다. 이러한 상황은 노동자계급이 써클 수준을 넘어 당적인 차원에서 조직되고 있었음을 말하는 것이다. 1905년 당시와 비교하면 노동자계급의 조직 수준이 비약적으로 발전하고 있었던 것이다. 일간 신문-당조직-대중조직의 발전이라는 입체화된 노동자계급의 발전은 제1차 세계대전의 엄혹함을 이겨내고 혁명의 승리가 가능했던 조건이었다.

4) 볼쉐비끼의 사회주의적 전위운동

러시아 혁명 승리의 주체적 조건의 핵심은 레닌으로 대표되는 러시아의 사회주의 전위조직운동의 존재이다. 볼쉐비끼들이라 불렸던 이 조직의 형성과 발전에 대한 고찰은 러시아 혁명의 승리를 해명하기 위해 반드시 필요한 부분이다. 자본주의 사회에서 자본과 노동의 대립은 자연발생적으로 혁명적 상황과 혁명을 발생시킬 수밖에 없다. 그러나 발발하는 혁명을 승리로 이끄는 것은 주체의 강고한 준비정도에 달린 것이다.

레닌의 탁월한 점은 러시아라는 조건에서 사회주의 운동의 보편성을 체현하면서도 러시아의 특수성을 투철하게 사고했다는 점이다. 이를 통해 레닌은 맑스주의를 한 단계 끌어올리면서 20세기 사회주의의 장을 열 수 있었다. 그러면 레닌으로 대표되는 볼쉐비끼의 노선, 전위 운동의 노선을 살펴보도록 하자.

맑스는 ≪공산당 선언≫에서 공산주의자는 노동자계급과 분리된 이해를 갖지 않으며 다만 공산주의자가 다른 정파와 다른 점은 "프롤레타리아트 전체의 공동 이해를 내세우고 주장"하며 "다양한 발전 단계들에 있어서 항상 운동 전체의 이해를 대변한다"는 점이라고 주장했다. 레닌의 전위 개념은 맑스의 이러한 인식을 계승, 발전시킨 것이다. 레닌은 맑스의 위와 같은 견해에 더하여 대중의 자연발생성과 전위의 목적의식성에 대해 전면적인 고찰을 하고 발전시킨 점에서 맑스와 차이가 난다. 목적의식성이라는 개념은 한편으로 과학적 인식을 기초로 하면서 다른 한편으로 자기 자신의 자유로운 선택에 의거한 의식적 활동을 조직한다는 것을 의미한다. 대중은 자연발생적으로 운동에 참가하지만 과학적 인식이 부족하다. 그리고 그러한 과학의 부재로 인한 한계를 넘어서지 못하면 부르주아 사회의 공고한 틀을 깰 수 없고 노동자계급은 노동조합주의적 활동에 머물 수밖에 없다. 반면에 목적의식성은 자본주의 사회, 그리고 특정한 사회구성체에 대한 과학적 인식을 토대로 하여 자유로운 선택에 기초한 투신과 헌신을 의미한다. 레닌이 이러한 목적의식성을 강조할 수밖에 없었던 것은 맑스 당시보다 자본주의 발전이 더 고도화되어 압제의 기제가 발전했다는 점, 그리고 러시아의 경우 짜르의 전제라는 엄혹한 상황이 특수하게 작용했기 때문이다.

레닌은 ≪무엇을 할 것인가≫에서 자연발생성과 목적의식성이라는 철학적 과제를 해명하는 것을 기초로 노동조합주의 정치와 사회주의 정치의 근본적 차이점에 대해 분석한다. 노동조합주의 정치는 노동자계급의 부르주아 정치라는 것, 그것으로는 결코 부르주아 사회의 한계를 넘어설 수 없다는 것을 제기하며 사회주의 정치에 대해 분석한다. 사회주의적 전위는 노동조합의 서기가 아니라 전체 인민의 호민관이 되어야 한다는 것, 사회주의 정치는 공장의 틀을 넘어서는 제 계급들의 상호관계, 그리고 그 계급들과 국가의 관계에 대한 포괄적인 정치폭로를 전제한다는 것을 강조했다. 이러한 레닌의 사회주의 정치관은 맑스가 ≪공산당 선언≫에서 강조한 것을 더욱 구체화시킨 것이다.

이렇게 목적의식성과 전위에 대한 철학적 정립과 사회주의 정치관을 정립하는 단계를 거쳐 레닌은 당 건설의 문제에 당면하게 된다. 당 건설의 문제에 있어서 레닌은 전국적 정치신문을 중심으로 한 당 건설, 그리고 당 대회를 통한 위로부터의 당 건설을 주장했다. 반면에 멘쉐비끼는 전국적 정치신문을 탁상공론이라 했으며 위로부터 당 대회를 통한 당 건설이 아닌 써클 질서를 온존시키는 써클 연합으로서 당 건설을 주장했다. 볼쉐비끼와 멘쉐비끼는 형식적으로는 중앙집권주의인가 아닌가로 부딪히고 있었는데 그보다 더 중요한 점은 레닌이 사상을 중심으로 당 건설을 제기했다면 멘쉐비끼들은 그렇지 않았다는 점이다. 전국적 정치신문이라는 당 건설 노선은 당 건설의 핵은 사상이라는 점을 전제로 하는 것이다. 또 당 대회를 통한 써클 질서의 해소를 주장한 점은 형식적으로는 써클 질서를 온존시킬 것인가 아니면 중앙집권적인 당을 건설할 것인가의 문제였다면 내용적으로는 사상에 기초한 권위를 건설할 것인가, 아니면 사상적 통일을 이차적인 것으로 남겨두고 느슨한 사상적 통일에 기초한 써클 연합을 건설할 것인가의 문제였다. 볼쉐비끼 당의 발생과 발전은 바로 이러한 과정을 거친 것이다. 지금 한국사회에서 레닌이 주장했던 바를 기계적으로 적용하는 것은 오류가 될 것이다. 그러나 레닌이 100여년 전 당시에 제기했던 바의 참다운 의미를 새기는 것은 여전히 중요하다.

전국적 정치신문 노선과 당 대회를 통한 위로부터 당 건설이라는 레닌의 당 건설 노선을 집약하면 '사상에 기초한 중앙집권주의의 건설!'이라 할 수 있으며 바로 이것이 바로 레닌주의의 당 건설 노선이다. 그리고 바로 이러한 과학적인 노선에 입각했기 때문에 1905년 혁명의 실패 후 반동기가 대두되었을 때 볼쉐비끼는 당조직을 유지했지만 멘쉐비끼들의 조직은 대부분 사라졌던 것이다. 그리고 반동기를 이렇게 이겨내었기에 1912년 이후 시작되는 고양기에 볼쉐비끼들은 일간신문-당조직-대중조직의 입체적 발전을 이룰 수 있었고 노동자계급을 혁명적으로 준비시킬 수 있었다.

5) 전쟁에 대한 올바른 전술

1917년 2월 혁명으로 짜르는 퇴위하였다. 1주일여 남짓의 대중시위의 물결로 짜르가 퇴위했는데 이는 이미 전쟁의 지속으로 인해 짜르체제가 내적으로 무너져 있었기 때문이다. 즉, 제국주의 전쟁이 러시아를 갈수록 약한 고리로 만들고 있었던 것이다. 2월 혁명의 결과 한편으로는 부르주아 임시정부가 구성되었고 다른 한편으로는 노동자, 병사 쏘비에뜨가 구성되었다. 부르주아 임시정부는 쏘비에뜨의 다수파였던 멘쉐비끼 등의 지지를 받고 있었다. 그런데 이 임시정부는 말로는 전쟁을 끝내겠다고 했지만 현실에서는 전쟁의 지속을 정책으로 하고 있었다. 그리하여 전쟁으로부터 탈출구의 문제가 러시아에서 최대의 쟁점으로 떠올랐다. 레닌은 이러한 상황에서 망명지에서 러시아로 귀국하자마자 4월테제를 발표하고 '모든 권력을 쏘비에뜨로!'라는 구호를 제창했다. 레닌은 당시 성립한 쏘비에뜨를 혁명적 민주주의 독재로 파악했다. 즉, 노동자계급과 군복을 입은 농민들의 연합권력으로 파악했다. 이렇게 쏘비에뜨를 노동자계급과 농민의 혁명적 민주주의 독재로 파악한다는 것은 러시아의 부르주아 민주주의 혁명이 일단락되었다는 것을 의미하며 따라서 혁명의 성격이 부르주아 민주주의 혁명에서 사회주의 혁명으로 전화되었다는 것을 의미했다. 레닌이 '모든 권력을 쏘비에뜨로!'라는 구호를 제기한 것은 혁명의 성격에 대한 이러한 인식에 기초한 것이었다. 그런데 그것은 단지 이러한 전략적 문제의 성격만 있었던 것이 아니라 전쟁으로부터 탈출하기 위한 전술적 성격 또한 있는 것이었다.

레닌은 쏘비에뜨와 부르주아 임시정부가 공존하는 상황에 대해 이중권력의 상황으로 파악하고 '모든 권력의 쏘비에뜨로의 이전'을 볼쉐비끼 전체의 노선으로 하는데 성공한다. 그리고 '모든 권력을 쏘비에뜨로!'라는 구호는 당시에 무력에 기반하는 봉기의 구호가 아니라 평화적인 선전의 구호였다. 이러한 평화적 노선이 가능했던 것은 당시에 무력이 임시정부가 아니라 노동자와 농민의 수중에 즉, 쏘비에뜨 측에 있었기 때문이었다. 노동자들이 무장하고 있었고 병사들이 쏘비에뜨로 조직되어 있는 상황이 평화적 이행노선을 가능하게 하는 조건이었다. 그런데 레닌은 이렇게 혁명적인 상황에서 1917년 7월까지 무려 4-5개월 간 평화적 이행의 노선을 취한다. 이 기간의 의미는 중요한데 왜냐하면 이 기간을 통해 볼쉐비끼가 쏘비에뜨에서 소수파에서 다수파로 변화하기 때문이다. 볼쉐비끼가 이 기간 동안에 다수파가 될 수 있었던 것은 전쟁으로부터의 탈출구를 명확하게 제시했기 때문이다. 권력이 쏘비에뜨로 이전될 때만 전쟁의 종식이 가능하다는 볼쉐비끼의 주장은 임시정부가 전쟁을 지속함에 따라 점차 대중적 영향력을 갖게 되었다.

그런데 임시정부는 그 계급적 성격으로 인해 전쟁을 종식시킬 수 없었다. 자본가계급을 대표하는 임시정부는 쏘비에뜨의 멘쉐비끼의 지지를 기초로 권력을 유지했는데 임시정부는 전쟁으로 막대한 이익을 얻고 있는 자본가계급의 요구로, 특히 러시아에 많은 자본을 투자하고 차관을 제공했던 프랑스 등 제국주의 열강의 요구로 인해 전쟁을 종식시킬 수 없었다. 이러한 상황에서 쏘비에뜨에서 볼쉐비끼에 대한 지지가 높아지자 반동세력이 쿠데타를 일으켰는데 그것이 꼬르닐로프의 반란이다. 꼬르닐로프는 전선에 있는 군대를 수도에 진입시켜 혁명을 진압하고자 했다. 그러나 볼쉐비끼의 요청을 받은 노동자들은 군대가 수도로 이동하는 것을 저지했고 쿠데타는 실패했다. 이 과정에서 임시정부는 볼쉐비끼를 불법화하고 레닌에 대해 수배령을 내려 레닌은 핀란드로 피신을 한다. 이후 레닌과 볼쉐비끼는 봉기의 때를 계산하는데 군대와 대중의 압도적 세력이 볼쉐비끼를 지지하게 되는 때를 기다려 10월에 봉기를 한다. 기술(art)로서 봉기를 주장한 레닌은 봉기 전야에 수도로 복귀하여 봉기를 직접 지도하고 봉기는 거의 무혈로 성공한다. 그리하여 역사적인 사회주의 혁명, 10월 혁명은 성공으로 막을 내린다.

2월에서 10월로 이어지는 혁명과정에서 가장 결정적이었던 것은 전쟁의 문제였다. '모든 권력을 쏘비에뜨로!'라는 구호는 단순한 당위를 주장한 것이 아니라 당시 정세에서 전쟁의 문제에 대한 레닌과 볼쉐비끼의 과학적인 대안이었다. 모든 권력이 쏘비에뜨로 이전될 때만 대중들이 가장 염원하는 전쟁의 종식이 가능하다는 것을 평화적으로 선전하는 노선을 혁명적 상황에서 무려 4-5개월 간 인내심을 갖고 밀고 나간 것! 바로 여기에 10월 혁명의 승리의 원인이 놓여 있었다.

6) 내전과 권력유지의 성공

10월 혁명 자체는 거의 무혈혁명이었다. 그러나 타도당한 부르주아지는 제국주의 세력과 연합하여 내전을 일으켰다. 적군과 백군의 내전이 발발하였고 그 과정에서 멘쉐비끼와 사회혁명당 세력도 볼쉐비끼에 반대하여 내전에 참가하였다. 멘쉐비끼들은 볼쉐비끼 권력의 유지가 불가능하다고 생각했다. 또한 사회혁명당 좌파도 볼쉐비끼와의 연합권력을 거부하고 반대세력으로 돌아섰다. 그리하여 3-4년 동안의 내전이 시작되었다. 이 기간 동안은 쏘비에뜨권력을 유지할 수 있을 것인가의 여부가 최대의 문제였다.

한편 혁명 직후 상황에서 혁명 러시아가 전쟁으로부터 철수하는 문제가 중요했는데 왜냐하면 전쟁의 문제는 임시정부의 타도를 가능하게 했던 핵심적 요소였기 때문이었다. 이에 대해 레닌과 볼쉐비끼 당은 독일에 양보하고 평화협정을 체결하고자 했으나 협정체결의 임무를 맡았던 뜨로츠끼는 독일에 대한 양보를 거부하여 독일군의 공세를 불러왔고 결국은 독일에 더 큰 양보를 하고 브레스뜨-리또프스끄 평화협정을 맺게 되었다. 많은 희생을 감수한 것이었지만 전쟁으로부터 철수는 러시아 전체 인민의 지지를 받았다.

제국주의 세력은 이 당시 상호간에 전쟁을 계속하였기 때문에 러시아 혁명에 대해 신속하게 개입할 수 없었다. 그러나 제국주의 전쟁이 종료됨에 따라 제국주의 열강들은 러시아 내부의 백군과 연합하여 개입전쟁을 벌였다. 거의 모든 제국주의 열강이 러시아의 영토의 일부를 점령했고 또 백군의 공세가 강화됨에 따라 쏘비에뜨 정권이 지배하는 지역이 줄어들었다. 식량공급이 위기에 처하고 물자들이 부족하게 되었다. 이러한 상황에서 볼쉐비끼는 군대를 조직하고 노동자를 조직하여 내전에 대응하였다. 그리고 모든 물자는 전선을 중심으로 하여 배치되었는데 이 당시의 경제정책이 후에 전시공산주의라 일컬어졌다. 예를 들면 농민들에게 증명서를 발부하고 잉여 식량을 징발하는 식이었다. 그럼에도 러시아의 노동자계급과 인민은 혁명이 가져다 준 전쟁의 종식, 평화와 토지분배 등을 지지하였고 서서히 내전의 형세는 볼쉐비끼에 유리하게 되었다. 그리고 1920년경이 되면 대부분의 백위군이 격퇴된다.
　그런데 이 당시 위기상황이 내부에서 발생했다. 즉, 끄론슈타트의 수병들이 볼쉐비끼 정권에 대해 반란을 일으킨 것이었다. 수병들은 곧 농민들이었는데 이 반란은 농민들이 볼쉐비끼 정권에 대해 이반을 시작했다는 것을 의미했다. 이것은 내전과 다르게 또 다른 차원에서 쏘비에뜨 정권의 위기를 불러오는 문제였다. 이에 대해 레닌과 볼쉐비끼당은 농민들에 대한 식량 징발 등을 내용으로 하는 전시공산주의를 멈추고 농민에게 최소한의 현물세를 내는 것을 조건으로 식량의 자유판매를 허용하는 정책을 시행했고 나아가 이러한 정책을 사회 전반의 정책으로 확대했는데 이것이 신경제정책(NEP)라 불리는 정책이었다.
　레닌과 볼쉐비끼 당이 이러한 결정을 내린 것은 한편으로 내전이 승리로 기울고 있다는 사정과 더불어 다른 한편으로는 쏘비에뜨 권력의 유지를 위해서는 노-농 동맹의 강화가 중요하다는 인식 때문이었다. 레닌은 내전 기간에 쏘비에뜨 권력의 유지를 위해 가장 중요한 것은 노동자계급과 농민의 동맹의 유지라는 것을 강조했고 전시 공산주의 정책의 불가피성을 인정하면서도 그 과정에서 농민과의 균열이 발생하는 것을 가장 염려했다. 그런데 끄론슈타트 수병들의 반란은 그러한 균열이 현실화되고 있음을 보여주는 것이었기 때문에 볼쉐비끼 당은 정책의 대전환을 가져왔던 것이다.
　그리하여 내전에서의 승리를 기초로 볼쉐비끼 당은 자본주의 경제의 일정한 용인, 농민들의 자유시장에서의 거래, 사회주의 기업에서 이윤원리의 도입 등을 내용으로 하는 신경제정책의 길을 걷게 된다. 이러한 전환에 대해 레닌과 볼쉐비끼 당은 그것이 불가피한 후퇴이지만 그것은 사회주의의 강화를 결과할 것이라고 보았는데 실제로 신경제정책은 1920년대 경제의 신속한 부흥과 쏘련 사회주의 강화를 가져왔다. 그리하여 러시아 혁명은 혁명의 근본문제인 권력의 문제를 성공적으로 마무리하고 이어지는 농업의 집단화, 공업화, 사회주의 생산관계의 확립으로 나아갈 수 있었다.

결론

러시아 혁명은 인류최초로 계급사회를 폐지한 혁명으로서 노동자계급과 인민에게 자본주의와는 다른 사회에서 사는 것이 가능하다는 전망을 안겨다주었다. 러시아 혁명은 계급의 폐지에 기초하여 비약적인 생산력의 발전, 무상교육, 무상의료와 같은 인민의 복지의 확대, 여성의 참정권의 보편적 실현 등 소수자의 권리의 보호, 문맹의 퇴치와 과학과 문화·예술의 높은 수준으로의 실현 그리고 그것에 대한 인민의 향유를 가능하게 했다. 또한 러시아 혁명은 프롤레타리아 국제주의와 레닌의 민족자결권의 원칙에 입각하여 러시아 내의 소수민족의 분리와 독립국가 형성의 권리 혹은 높은 수준의 자치를 보장했다. 또한 역사상 최초로 프롤레타리아 민주주의가 발전하여 공장은 민주주의의 기초단위가 되었다. 또한 러시아 혁명은 국제적으로는 서유럽의 사회주의 혁명 투쟁과 세계 각지에서 제국주의의 압제를 받는 민족들의 민족해방운동의 고양을 가져왔다. 제국주의 사슬의 약한 고리의 파열이 세계사를 대변전시키고 인류를 도약하게 했던 것이다.

이러한 러시아 혁명의 성공은 자본주의 사회의 모순, 노동과 자본의 모순의 첨예화에 기초한 자연사적인 성격을 갖는 것이었다. 제국주의 모순의 심화, 노동과 자본의 모순의 심화, 그러한 모순의 폭발로서 제국주의 전쟁의 발발, 국가독점자본주의라는 사회주의의 물질적 전제의 성숙 등이 결합되어서 러시아 사회를 사회주의 혁명으로 밀어올렸던 것이다. 이렇게 역사는, 인간의 역사는 하나의 자연사적 성격을 갖는다. 그러나 인간의 역사는 또한 인간의 의식적 행동으로 이루어지는 것이다. 1917년의 2월 혁명은 제국주의 전쟁의 결과 내적으로 무너지고 있던 짜르 체제를 1주일여의 대중시위로 무너뜨린 것이었다. 그러나 이후 10월 혁명에 이르는 기간은 고도의 목적의식적인 전술이 관철되는 과정이었다. 혁명의 성격이 부르주아 민주주의 혁명에서 사회주의 혁명으로 전화되었다는 것, 당시 정세에서 핵심 고리는 전쟁의 문제이며 이를 해결하기 위한 대안으로 권력이 쏘비에뜨로 이전되어야만 하다는 의식적 방침을 세운 것, 또한 그러한 방침의 수행이 즉각적인 봉기노선이 아니라 평화적 선전의 노선을 장기간 취한 것, 그리고 마지막으로 기술(art)로서 봉기를 조직하여 거의 무혈로 10월 혁명을 성공시킨 것 등에서 우리는 레닌과 볼쉐비끼 당의 목적의식성의 사례를 풍부하게 파악할 수 있다. 이를 요약하면 혁명은 자연사적 필연성으로 모순의 격화의 결과 발생하지만 발생하는 혁명을 승리로 이끄는 것은 목적의식적 요소라 할 수 있다.

그리고 마지막으로 레닌은 혁명의 근본문제는 국가권력의 문제라는 점에 입각하여 노-농 동맹의 유지를 골간으로 하여 내전에서 승리하여 권력유지에 성공할 수 있었다. 이는 쏘비에뜨 권력의 본질에 대한 통찰의 결과인데 쏘비에뜨 권력에서 헤게모니는 노동자계급이 갖지만 그것을 농민의 지지로 보충하지 않으면 쏘비에뜨 권력은 유지될 수 없다는 인식을 가졌기에 내전에서 승리가 가능했다. 그리고 그에 따라 노-농 동맹의 균열이 가시화될 조짐이 보였을 때 레닌과 볼쉐비끼 당은 노-농 동맹을 유지, 강화하는 것을 초점으로 하는 정책의 대전환, 신경제정책으로의 전환을 가져왔던 것이다.

 이렇게 혁명의 승리는 객관적 조건, 주체적 조건이 조응할 때 가능하다. 현재 세계사는 쏘련 붕괴 후의 반동기를 지나고 있다. 이 세계사적 반동기는 노동자계급이 다시금 세계사의 주역으로 등장할 때까지 지속될 것이다. 그러나 러시아 혁명의 승리의 경험, 그리고 러시아 혁명이 창조했던 20세기 사회주의의 경험, 그 역사적 성과와 한계 그리고 심지어 오류에 대한 고찰은 21세기의 사회주의를 꿈꾸는 사람들에게 풍부한 영감의 원천이 될 것이다. 노사과연

흐루쇼프 수정주의의 발생과 쏘련에서의 반혁명

권정기 | 소장

1. 시기구분

쏘련은 1917년 10월 혁명으로 태어나, 1991년 사라졌다. 74년이라는 전체 기간 동안 사회주의 사회였다. 사회주의는, 공산주의의 제1단계인 낮은 단계의 공산주의 사회이다. 이 단계에서는 생산수단(공장과 토지)이 국유화되어 계급이 사라진다. 그러나 수천 년 동안 존재했던 계급사회(노예제, 봉건제, 자본제)의 유산·잔재는 여전히 토대[1]·상부구조(의식, 도덕)에 남아 있다. 따라서 완전한 공동체 사회인 공산주의 사회로 나아가려는 지향·세력과 계급사회의 구습을 유지하고 계급사회를 부활시키려는 세력과의 계급투쟁이 진행된다. 그래서 지배 계급(노동자 계급)이 피지배 계급(패배한 자본가 계급)을 억압하는 기구인 국가 또한 존재하며, 그 국가의 성격은 프롤레타리아 독재국가이다.

'흐루쇼프 수정주의 발생과 쏘련에서의 반혁명[2]'이라는 우리

---

[1] 사회주의 초기에 중소자본가(공업, 상업, 농업)는 여전히 존재할 수 있다. 소부르주아는 상당히 오랜 기간 존재한다.
[2] 그리스 공산당, "사회주의에 관한 테제", ≪노동사회과학 제2호: 사

의 주제를 다루기 위하여, 쏘련의 역사를 다음과 같이 구분하여 볼 수 있다. 이 글에서는, 낮은 단계의 공산주의는 사회주의, 높은 단계의 공산주의는 공산주의로 표현한다.

1) 맑스-레닌주의 시대와 수정주의 시대

당과 국가를 지도하는 사상이 무엇이었는지에 따라, 두 시기로 크게 구분한다.

① 맑스-레닌주의 시대:
1917년-1956년. 레닌, 쓰딸린이 지도하던 시기. 프롤레타리아 독재시기.
쓰딸린은 1953년 3월에 사망했다. 그러나 쓰딸린의 후계인 말렌꼬프는 기존의 노선을 이어갔다. 때문에 같은 시기로 보았다. 흐루쇼프가 수정주의를 선포하는, 1956년 제20차 당 대회를 기준으로 시기를 나누었다.

회주의, 20세기와 21세기》, 노사과연, 2009, p. 363.

"우리는 '붕괴(collapse)'라는 말을 거부한다. 반혁명 활동의 정도를 과소평가하고, 사회주의 건설에서의 주체적 요인의 약점과 일탈에 의해서 반혁명 활동이 발전하고, 우위를 차지할 수 있게 되는, 그런 사회적인 기반을 과소평가하기 때문이다."

그리스 공산당은 붕괴 대신에 "반혁명의 승리"를 쓴다. 필자도 여기에 따른다. "붕괴"는 사회주의가 체제 자체의 한계 때문에, 무너졌다는 의미를 내포한다. 나아가 사회주의는 실현이 불가능한 이상일 뿐이라는 생각으로 발전할 수 있는 여지를 준다.

② 수정주의 시대:

1956년-1991년. 흐루쇼프, 브레즈네프, 고르바쵸프가 집권하던 시기. 1991년 반혁명이 발생.

프롤레타리아 독재가 부정되고, '전 인민의 국가', '전 인민의 당'으로 변질되어, 1991년 반혁명에 이르는 시기. 그 결과로 부르주아 독재국가(현재의 러시아, 우끄라이나 등등 자본주의 국가들)가 나타난다. 따라서 '전 인민의 국가'란 프롤레타리아 독재를 지향하는 세력과 부르주아 독재를 지향하는 세력이 대치하는 시기이다. 또한 부르주아 독재 경향·세력이 주도하면서 점차 자신을 강화하여 가는 시기라고 볼 수 있다.

반대로 1917년-1956년의 프롤레타리아 독재 시기는 프롤레타리아 독재를 지향하는 세력과 부르주아 독재를 지향하는 세력이 대치하는 시기이다. 또 프롤레타리아 독재의 경향·세력이 주도 혹은 압도하던 시기였다.

2) 맑스-레닌주의 시대

맑스-레닌주의 시대는 다시 세 부분[3]으로 구분할 수 있다.

---

[3] 쓰딸린, "제18차 당 대회에서 한 중앙위원회 사업 총화 보고", ≪쓰딸린 선집≫ 제3권, 조선로동당출판사, 1964, pp. 367-368.

10월 혁명 이후 우리의 사회주의 국가는 자기 발전에서 두 개의 주요한 단계를 경과하였다.

첫 단계는 10월 혁명으로부터 착취계급이 청산된 시기까지이다. 이 시기의 기본 임무는 전복된 계급들의 반항을 진압하고 외국 무력 간섭으로부터 나라를 보위하며 공업과 농업을 복구하며 자본주의적 요

① 정치권력의 수립기:

1917-1921. 10월 혁명과 내전시기.

10월 혁명으로 부르주아 임시정부는 타도된다. 1918-21년 동안 내전이 진행되었다. 1918년 제국주의 국가들이 혁명을 전복시키기 위해, 침략전쟁을 개시하였다. 타도된 구지배계급(짜르 군대, 지주, 자본가 계급)들이, 여기에 고무되어 전국에서 반란을 일으켰다. 정치적 수준에서, 국가권력을 소유하기 위해 벌이는 계급투쟁이, 이 시기의 주요한 측면이다. 그 결과 정치적 상부구조, 즉 쏘비에뜨 국가권력이 자리를 잡았다.

② 사회주의의 경제적 토대 구축기:

1921-1936년. 신경제정책(네프, 1921-29[4]), 제1차·제2차 5개년 경제계획을 거치며, 1936년 사회주의 헌법("쓰딸린 헌

소를 청산하기 위한 조건들을 준비하는 것이다 …

　둘째 단계는 도시와 농촌에서 자본주의적 요소가 청산된 시기부터 사회주의적 경제체계가 완전히 승리하고 새로운 헌법이 채택된 시기까지이다. 이 시기의 기본 임무는 전국적으로 사회주의 경제를 조직하고 자본주의적 요소의 잔재를 종국적으로 청산하며 문화혁명을 조직하고 나라를 보위하기 위해 현대적 무기로 충분히 무장된 군대를 조직하는 것이다.

4) 신경제정책이 언제 종결되었는지는 의견이 분분하다. 공식적 종결선언이 없기 때문이다. 이 정책은 도시에 있는 산업자본가, 상인, 그리고 농촌에 있는 자본가인 부농(꿀락), 소부르주아인 중소농에 대한 양보조치였다. 그런데 1929년에 시작된 제1차 5개년 계획과 농업 집산화 정책은 이들에 대한 총공세를 의미한다. 그래서 1929년에 사실상 신경제정책이 종결된 것으로 볼 수 있다.

반면 쓰딸린은 1936년을 "신경제정책이 종결"된 해라고 한다.

법")을 제정하는 시기.

정치적 상부구조(국가권력)를 지렛대로 하여, 사회주의의 경제적 토대를 구축하는 시기이다. 경제적·물질적 수준에서 여전히 남아 있고, 동시에 지속적으로 발생하고 있는 자본주의 세력과의 투쟁을 특징으로 한다.

당시의 경제적 상태를 보자. 도시의 공업에서 대자본은 국유화되었다. 그러나 중소 산업자본가, 상인은 남아 있었다. 농촌에서는 토지가 국유화되었고, 개인들에게 분배되었다. 토지는 매매나 저당은 금지되었지만, 농민들은 생산에 사용할 권리를 얻었다. 당시 인구의 80%가 농민이었기 때문에, 광범한 소농이 창출되었다. 계급분화가 진행되어 농촌 자본가인 부농(꿀락), 소부르주아인 중소농, 그리고 빈농이 출현하고 있었다. 사회주의의 경제적 토대를 건설하는 사업은 도시에서는 중소 산업자본가, 상인과의 투쟁을 의미했다. 농촌에서는 부농(꿀락)과의 투쟁을 의미했다.

신경제정책은 자본주의 세력들에게 양보하고, 이들의 활동을 제한된 범위에서 허용하는 조치였다. 제1차 세계대전과 내전으로 완전히 폐허가 되어버린 경제를 복구하기 위하여, 이들의 활력을 이용하기 위해서였다.

마침내 1925년, 파괴되었던 기존 공업시설을 복구하여 재가동하는 데 성공하였고, 공업생산은 제1차 세계대전 이전의 수준에 도달하였다. 이제는 경제를 복구하는 수준을 넘어서 사회주의 공업의 생산을 확장하여, 사회주의적 경제를 더욱 발전시키는 과제가 제기되었다.

당 내에서 경제건설 방법을 결정하기 위해서, 노선투쟁이 벌어졌다. 뜨로츠끼파는 처음에는 영구혁명론(혹은 세계혁명론)을,

이후에는 농촌을 수탈하는 경제건설 방법을 제기하였다. 영구혁명론에서, 뜨로츠끼는, 후진 농업국인 러시아는 "서유럽 프롤레타리아트의 직접적인 **국가적** 지원이 없이는, 러시아 노동계급은 정권을 유지하며 자기의 일시적 지배를 장구한 사회주의적 독재로 전화시킬 수 없을 것이다(강조는 쓰딸린)"5)라고 주장하였다. 따라서 세계혁명, 즉 서유럽 국가의 혁명 없이 러시아 혁명은 불가능하다는, 패배주의적인 결론에 도달한다. 이후에 경제건설 방법으로 제기한 '농민수탈론'(일명 '사회주의 본원적 축적론')은, 전체 농민에게 높은 과세를 거두어들이는 방법 등으로, 재원을 마련하여 공업을 건설하자는 것이다. 그런데 쏘련은 노농동맹이 국가권력의 지주였다. 따라서 농민을 수탈한다면, 국가권력이 유지될 수 없었다. 결국 초좌익적이고 급진적 주장을 하고 있지만, 객관적으로는 자본가계급의 이해를 대변하고 있다. 이를 좌익 기회주의6)라고 한다.

---

5) 쓰딸린, "보고 "우리 당 내의 사회민주주의적 편향에 관하여"에 대한 결론"(1926. 11. 3.), ≪쓰딸린 선집≫ 제2권, 조선로동당출판사, 1966, p. 165.에서 재인용.
6) 기회주의(Opportunism, 機會主義)
　　일반적으로 일정한 확고한 원칙을 세우지 않고 그때그때의 형세를 보아 행동하는 것을 말한다. 주로 노동운동의 용어로 사용되는데, 이 경우 기회주의란 한때의 전세(戰勢)나 부분적 이익에 이끌려, 노동자계급의 계급적 이익을 지배 계급의 이익에 종속시키는 반(反)노동자적 사상과 행동을 가리킨다. 그것은 노동운동의 내부에 침투한 부르주아적 또는 쁘띠 부르주아적 사상의 현상이다. 기회주의는 크게 우익 기회주의와 좌익 기회주의로 나누어지는데, 이들은 서로 대립하는 것처럼 보이면서도 반(反)노동자적 조류로서 서로 조장(助長)하고 서로 도와 주는 양쪽의 기회주의로서 나타난다. 이것을 극복하는 투쟁을 기회주의에 대한 두 개의 전선에서의 투쟁이라고 한다.

부하린은 부농들이 집단농장(협동농장)을 만들어, 사회주의 경제제도로 발전하여 갈 것이라고 전망하였다. 따라서 부농에게 "부자가 되라"고 주장하였다. 그러나 당시 쏘련은 사회주의적이고 공업적인 도시가, 부르주아적(부농)이고 소부르주아적(중소농)인 광대한 농촌에 포위되어 있었다. 중소농은 분해되어 부농과 빈농으로 분해되면서, 부농을 양산하고 있었다. 농업 자본가인 부농은, 농촌을 사실상 지배하고 있었다. 그런데 부하린은 부농의 발전을 제한하지 말고, 오히려 장려하고 있다. 이는 사회주의적인 도시를 자본주의적인 농촌이 포위하게 만들어, 결국 사회주의를 몰락시킬 것이 분명했다. 이렇게 부르주아지에게 굴복하여, 결과적·객관적으로 노동자계급에게 적대하는 경우, 이를 우익 기회주의라 하고, 수정주의라고도 부른다.

쓰딸린은 좌우익 기회주의와의 투쟁에서 승리했다. "일국 사회주의론"으로 뜨로츠끼를 격파했다. 노동자와 빈농·중농과 동맹(노농동맹)하여 부농을 격파한다는 노선을 제기했다. "급속한 공업화와 농업 집산화 정책"이 채택·추진되었다.

제1차 5개년계획은 1929년 시작되어, 목표가 1년 앞당겨 완료되어, 1932년 완료된다. 제2차 5개년계획은 1933년 시작되어

우익 기회주의는 계급협조의 사상과 행동을 그 특징으로 하고 있는데, 자본주의의 기본적 모순에 기초한 계급투쟁의 필연성을 부정하고, 특히 제국주의의 정책에 따르며, 목전의 이익을 위해 노동운동의 근본적인 이익을 희생시키는 한편, 노동자 계급을 지도계급으로 하는 인민의 혁명적 투쟁을 방기한다. 좌익 기회주의는 이것에 반발하여 과장된 혁명성을 주장하는 모험주의를 그 특징으로 하고, 노동운동의 합법칙적인 발전을 방해하는 도발에 의해, 지배 계급의 탄압 정책을 돕는 역할을 수행한다.
[네이버 지식백과] (철학사전, 2009., 중원문화)

1937년 완료된다. 농업 집산화는 1929년 시작되어 1936년이면 거의 완료된다. 그것은 인류의 역사상 유례가 없는 거대한 도약이었다.

1936년 사회주의 헌법이 제정된다. 1936년 쓰딸린은 "쏘비에뜨 사회주의 공화국 연맹 헌법초안에 대하여"라는 글에서 다음과 같이 말한다.

> 지금 1936년에 우리나라의 형편은 어떠한가?
> … 인민경제의 모든 영역에서 자본주의가 완전히 청산되는 시기이다. …
> 이제 와서는 인민경제의 모든 영역에서 사회주의 체계의 완전한 승리가 사실로 되고 있다. …
> 우리의 쏘비에뜨 사회는 이미 기본적으로 사회주의를 실현하였으며 사회주의 제도를 창설하였다. 즉 맑스주의자들이, 다른 말로 공산주의 첫 단계 혹은 낮은 단계라고 부르는 그것을 실현하였다.[7]

"사회주의를 실현"하였다는 것은, 20여 년이라는 기나긴 시간 동안, 엄청난 희생을 초래하고 얻은 눈물겨운 승리였다. 제국주의가 촉발시킨 내전 때문에 대기근이 발생하여, 1921년-1922년에 900만 명이 사망했다. 1932-33년에는, 우끄라이나에서 100-200만 명이 기근과 전염병으로 사망했다. 농업 집산화에 저항하는 부농들의 파괴활동과 가뭄이 겹쳐서 흉작이 발생했기 때문이었다.

---

7) 쓰딸린, "쏘비에뜨 사회주의 공화국 연맹 헌법초안에 대하여, 1936.11.25.", 《쓰딸린 선집》 제3권, 조선로동당출판사, 1964, pp. 210-211. p. 218.

그러나 쟁취한 사회주의란 계급투쟁의 끝을 의미하는 것이 아니었다. 새로운 형태의 계급투쟁의 시작이었다. 그래서, 쓰딸린은 이러한 거대한 승리는 "자기 힘에 대한 확신을 굳게 하며, **공산주의의 승리를 쟁취하기 위한 새로운 투쟁**에로 동원한다8)"라는 말로 자신의 글을 마친다. (이하 강조는 별도의 언급이 없는 경우 모두 인용자)

③ 건설된 사회주의의 성과 방어기:
1936-1956년. 맑스-레닌주의와, 관료주의(발생하고 있는 수정주의)와의 투쟁시기. 제2차 세계대전(1941-1945).
"공산주의의 승리를 쟁취하기 위한 새로운 투쟁"으로 전진하기 위해서는 넘어야 할 거대한 산이 있었다. 엄청난 시련이 닥쳐왔다. 외부의 적, 제국주의자들의 파괴활동이 1930년대 내내 지속되었다. 제국주의자들은, 쏘련 내부와 외부에 있었던 구지배계급(짜르시대 장교출신의 군부 내의 반혁명세력, 자본가, 지주, 부농, 부르주아 민족주의 세력), 청산된 기회주의세력(뜨로츠끼파, 부하린파)들을 포섭하였다. 이들 반혁명세력들은 군부 쿠데타 음모, 간첩활동, 산업파괴활동을 벌였다. 1941년, 독일은, 쏘련이 쟁취한 성과를 완전히 파괴하기 위해, 침략전쟁을 시작했다. 참혹한 파괴가 있었다. 그렇지만 1945년 전쟁을 승리로 끝내고, 1948-1949년이 되면 전후복구도 기적적으로 완료된다. 외부의 적으로부터는 승리했다. 그리고 이들의 하수인이었던 국내에 잔존하던 반혁명세력들 또한 제거되었다.
그러나 내부의 적이 부상하고 있었다. 계급사회의 물적 토대는 제거되었지만, 사람들의 의식 속에는 계급사회의 잔재가 여

---

8) 쓰딸린, 같은 글, p. 246.

전히 강하게 남아 있다. "공산주의의 승리를 쟁취하기 위한 새로운 투쟁"을 위하여, 의식 속에 남아 있는 부르주아 의식, 계급사회의 잔재를 없애기 위한 투쟁이 새로운 중요성을 가지고 떠오르게 되었다. 이러한 사회주의의 성격 자체가 가지는 약점으로 인해, 다양한 부르주아적 경향이 발생했다. 또한 거대한 성공은 거대한 부와 절대적 권력을 낳았다. 그리고 그 모두를 공산당이 장악하고 있었다. 그 부와 권력을 사유화하려는 세력이 고급관료들에서, 관료주의의 형태로 나타났다.

관료주의는 국가의 본질에서 유래한다. 국가란 피지배계급에 대한 지배계급의 폭력·억압기구이다. 계급사회에서 국가 관료는 인민을 억압할 수밖에 없다. 그것이 관료주의로 표현된다. 사회주의 국가 또한 폭력·억압기구이다. 그러나 부르주아지에 대해 그렇다. 그런데 만일 어떤 관료가, 주어진 권력을 가지고, 인민을 억압한다고 하자. 그는 관료주의자라고 불릴 것이다. 이때 관료주의의 계급적 성격은 무엇인가. 그 역할은, 부르주아 국가의 관료와 동일하다. 그래서 관료주의의 계급적 성격은 부르주아적이다. 즉 프롤레타리아트의 권력이 부르주아지의 권력으로 변질된 것이다. 관료들이 프롤레타리아 공동의 권력을 사유화하여, 프롤레타리아의 독재를, 프롤레타리아에 **대한** 독재로 변질시킨 것이다. 사회주의에서 관료주의란, 프롤레타리아 국가 기구 내부에서 자라나고 있는 부르주가 국가의 싹이다.

1930년대 성장한 관료(당관료, 국가관료, 기업의 경영진9))들은, 1956년부터 수정주의를 본격적으로 추진하는 주체들이다. 그래서 수정주의는 애초에 관료주의라는 모습으로 발생했다. 수

---

9) 기업이 국유기업이기 때문에, 경영진은 대부분 당과 국가의 관료가 맡는다.

정주의 시대를 연 흐루쇼프도 1930년대 부상한다. 1918년 당원에 가입하고, 1931년 모스끄바 시당으로 전근되었다. 1934년, 모스끄바 지하철 건설을 지휘한 공로로, 레닌훈장을 받았다. 1935년 모스끄바 시당 제1서기가 되었다. 이 자리는 권력핵심으로 통하는 요직이었다. 1938년에는 우끄라이나 공화국 당 중앙위원회의 제1서기가 되었다.10)

맑스-레닌주의 지도부와 관료주의자들과의 투쟁은 1937-1938년에 본격화된다. 그러나 임박한 전쟁 등으로 중단되었고, 전쟁 이후 다시 진행된다. 결과는 관료주의자들의 승리였다. 이들은 1956년부터 수정주의를 본격적으로 추진하여, 사회주의의 성과를 점점 더 사유화한다. 결국 사회주의 성과의 모든 것을 사유화하는 것, 즉 자본주의를 부활시키게 된다.

---

10) 브레즈네프(1906년 생)는 1931년 쏘비에뜨 연방 공산당에 입당하였다. 1935년에는 우끄라이나 동부의 제철소 기사가 되었다. 1936년에는 드니쁘로제르줸스끄 야금 교육원의 교장이 되었다. 1937년 우끄라이나 공산당 간부, 몰도바 당 위원회 제1서기, 1939년에는 드니쁘로뻬뜨로프스끄(현재의 우끄라이나 드니쁘로) 주 당위원회 서기에 올라 방위산업을 조직하였다.

2. 관료주의의 전개

1) 관료주의의 발생(1920년대)

  10월 혁명 당시 러시아 인구의 80%를 차지했던 농민들의 상태에 대해, 루도 마르텐스는 다음과 같이 말한다.

  러시아 농민의 특징
  농민 대중의 특징인 극도의 빈곤과 무지가 볼쉐비끼에게 있어서는 최악의 '적들' 중의 하나였다. …
  밀 요셉 딜론(Émile Joseph Dillon) 박사는 1877년부터 1914년까지 러시아에서 살았다. 여러 러시아 대학의 교수였던 그는 또한 러시아 신문의 수석 편집자였다. … 그는 먼저 대다수의 농민들이 물질적으로 비참하게 살고 있음을 서술한다.
  '러시아 농민들은 … 여섯시나 겨울에는 심지어 다섯 시에 잠자리에 드는데, 왜냐하면 그들은 등불을 밝히기에 충분한 기름을 살 돈이 없기 때문이다. 그들에게는 고기, 달걀, 버터, 우유, 종종 양배추도 없고, 검은 빵과 감자가 주식이었다. 생활? 그들은 검은 빵과 감자도 부족해서 굶어 죽는다.'
  그런 다음 딜론은 농민들을 속박하던 문화적, 정치적 후진성에 대해 적었다.
  '농민들은 … 중세적 관습을 가지고 있고, 난폭하고, 그리고 시대에 무척 뒤떨어진 사고방식을 가지고 있었다. 농민들은 [러시아 군인의 장화에 들어가 다리를 물어 군인들을 죽이는 세균전을 하여], 일본이 만주 전투에서 이겼다고 믿었다. 지방에서 전염병이 번졌을 때, 그들은 '우물에 독을 풀어 병을 퍼뜨렸다는 이유'로 종종 의사들을 죽였다. 그들은 여전히 기뻐하며 마녀들을 화형시켰고, 귀신을 쫓는다고 시체를 파냈으며, 부정한 부녀자들을 완전히 벗겨 수레에 묶고 마을을 돌면서 채찍질했다... 그리고 그러한 대중들을 질서 있게 유지한 유일한 구속력이 갑자기 사라지자, 공동체에 끼친 그 결과는 대재앙이 되지 않을 수 없었다. … 여러 세대 동안 인민과 무정부주의 사이에는 신과 짜르에 대한 원시적인 사고에 의해 형성된 허약한 (농촌이 무정부주의적 혼돈상태로 되는 것을 막아주는 — 역자) 경계벽이 있었다; 그리고 만주 전투 이래로 이러한 것들은 급속하게 사라져 버렸다.'11)

부르주아 혁명과 자본주의의 발달은, 개인들을 신분적 속박과 인격적 예속12)에서 해방시키고, 시민적(부르주아적·개인적) 권리의식 등을 발전시킨다. 여전히 후진적 농업 국가였던 혁명 러시아는 이러한 것이 부족했다. 그래서 "인구의 대다수인 농민들이 중세적 관습을 가지고 있고", 또 대다수가 문맹인 나라에서, 관료주의가 발생하는 것은 불가피했다. 또한 짜르정부는 유독 관료주의가 심했고, 이러한 역사적 유산도 단기간에 극복될 수는 없었다. 예를 들면,

　　관료주의적 태도, 관료의 편의주의적 요구에 대한 개인의 종속, 상투성, 그리고 강박관념은 (10월 혁명 이전: 인용자) 러시아 역사에서 항상적인 주제였고, 러시아의 보통의 인민들에게

---

11) Ludo Martens, *Another view of Stalin*, EPO, 1994, pp. 46-47.
12) 당시에 남아 있던 신분적 속박과 인격적 예속이라는 관습은, 사회주의 사회의 공동체적 성격과 결합하여 온존·강화되었을 가능성이 있다. 공산당의 성공에서 오는 권위도 이러한 경향을 낳았을 수 있다. 이것은 관료주의를 발생시키는 힘으로 된다.

항상적인 시련이었다. 쏘비에뜨 시기에도 이 '관료주의'는, 그 것을 제거하려는 진지한 노력에도 불구하고, 지속되었다.
<John N. Westwood(존 N. 웨스트우드), *Endurance and Endeavour—Russian History 1812-1986*(인내와 노력—러시아사 1812-1986), 제3판, pp. 48-49.>13)

쏘비에뜨 시기에 들어서는 1919년 3월 18일-19일의 러시아 공산당(볼)의 제8차 대회에서 처음 공식적으로 언급된다. 내전 이 관료주의를 발생시키는 역할을 했을 것이다.

1919년 3월 18일-19일의 러시아공산당(볼)의 제8차 대회는,
… 쏘련 내에서의 관료주의의 부분적 부활 (레닌, ≪전집≫ 제32권)
에 관해 솔직하게 언급하는 새로운 강령을 채택했기 때문이 다.14)

1920년대 초에, "노동조합과 관료주의"에 대해 뜨로츠끼와 논쟁하던 당시, 레닌은 다음과 같이 말했다.

관료주의의 해악을 극복하는 데는 수 십 년이 걸릴 것이다 (레닌, "노동조합의 역할과 임무에 대한 보고", ≪레닌전집≫ 제32권, pp. 56-57., 1921년 1월 23일.)15)

---

13) 토니 클라크(Tony Clark), ≪뜨로츠끼주의란 무엇인가?≫, 문영찬 역, 노사과연, 2009, p. 66.에서 재인용
14) 같은 책, p. 67.
15) 같은 책, p. 71.

(요술지팡이를 흔들어 간단히 관료주의를 종식시킬 수 있다고 말하는 사람은: 인용자) … 선동과 기만을 농(弄)하고 있는 것이다. 왜냐하면, 관료주의의 해악을 극복하기 위해서는 수백 가지의 조치들이 필요하고, 한 사람도 남김없이 책을 읽을 수 있게 되고, 한 사람도 남김없이 문화적으로 되고, 한 사람도 남김없이 노농감독부(the Workers' and Peasants' Inspection)의 활동에 참여할 필요가 있기 때문이다. (≪레닌전집≫, 제32권, p. 68.)16)

레닌의 말처럼 관료주의는 종식시킬 수 없었다. 1928년, 쓰딸린은 관료주의와 투쟁할 것에 대해 말한다.

'관료주의는 우리의 전진을 막는 최악의 적의 하나이다. 그것은 우리의 모든 조직에 존재한다. … 문제는 그것이 구시대의 관료주의자들의 문제가 아니라는 것이다. 그것은 새로운 관료들, 쏘비에뜨 정부에 동조한 관료들, 그리고 마지막으로, 공산주의 관료들의 문제이다. 공산주의 관료는 가장 위험한 유형의 관료들이다. 이유는? 왜냐하면 그는 당원의 직함으로 자신의 관료주의를 감추기 때문이다.'

…

'우리 당 조직의 일부에서의 부패와 도덕적 타락이라는 이러한 부끄러운 사례는 무엇을 이야기하는가? 당의 독점이 불합리한 정도로까지 진행되었고, 일반인들의 목소리가 억압당하고, 당 내부의 민주주의가 폐지되고, 관료주의가 만연되었다는 사실. … 나는 당원 대중에 의한 아래로부터의 통제를 조직하고

---

16) 같은 책, p. 87.

또한 당 내부에 민주주의를 불어 넣는 것 이외에는, 이러한 해악과 싸우는 다른 방법은 존재하지 않고 존재할 수도 없다고 생각한다. 이러한 부패 분자들에 맞서서 당원 대중의 격분을 깨워 일으키며, 그들에게 이러한 분자들을 통째로 쫓아낼 기회를 주는 것에 대해, 어떤 반론이 있을 수 있나?'

…

'노농감독부, 당 중앙위원회 등에 의한 비판 등등, 상부로부터의 비판들이 있다. 물론, 그것 모두 매우 바람직하다. 그러나 그것은 여전히 충분함과는 거리가 있다. 더욱이 그것은 현 시기 결코 주요한 것이 아니다. 지금 주요한 것은, 관료주의에 반대하고, 특히 우리의 사업상의 결점을 극복하기 위한, 광범위한 비판의 물결을 전반적으로 일으키는 것이다. 오직 그럴 때에만 … 우리는 관료주의에 맞선 성공적인 투쟁의 전개와 그것의 근절을 기대할 수 있다.'[17]

"공산주의 관료는 가장 위험한 유형의 관료들이다. 이유는? 왜냐하면 그는 당원의 직함으로 자신의 관료주의를 감추기 때문이다"라는 언급은 매우 중요하다. 이들이 이후에 수정주의를 추진한다.

그러나 "당원 대중에 의한 아래로부터의 통제를 조직하고 또한 당 내부에 민주주의를 불어 넣"기에는, 당원과 인민들의 정치의식이 여전히 너무 낮았다. 루도 마르텐스는 말한다.

1928년에서 1931년 사이에, 140만 명의 신규당원들이 당에 입당했다. 이러한 사람들 중에서 많은 이들이 사실상 정치적

---

17) Ludo Martens, *Op. Cit.* p.103.에서 재인용.

문맹자들이었다. 그들은 혁명적인 감성은 가지고 있었으나, 실질적인 공산주의 지식은 없었다. 꿀락들, 이전의 짜르시대 관리들, 여타의 반동분자들이 당에 쉽게 침투했다. 조직화 업무에 어느 정도 능력을 보유했던 모든 이들이 자동적으로 당에 받아들여졌는데, 이는 당에 간부들이 거의 없었기 때문이었다.[18]

당원 대중들의 "관료주의에 맞선 투쟁"이 성공적이지 못했다는 것은, 1930년을 전후한 농업 집산화 과정에서 여실히 드러난다. 쓰딸린 지도부는 집산화를 돕기 위해 대공장 출신의 2만 5000명의 숙련된 공업 노동자(당원, 공산주의 청년 동맹원))들을 농촌으로 파견했다. 다음은 이들이 관료주의에 대해 고발한 내용이다.

2만 5000명 중의 한 명인 자하로프(Zakharov)는, 농민들에 대한 어떠한 (집산화를 위한: 인용자) 예비 작업도 이루어진 적이 없었다고 썼다. 그 결과, 농민들은 집산화에 대한 준비가 되어있지 않았다. 많은 사람들이 농촌 간부들의 불법적 행위와 만행을 하소연했다. 마꼬프스카야(Makovskaya)는 '농민들에 대한 간부들의 관료적인 태도'를 비난했으며, 그녀는 관리들이 '손에 연발 권총을 쥐고' 집산화를 이야기했다고 말했다.[19]

관료주의적으로 집산화가 추진되는 것을 비판한 쓰딸린의 글, "성공으로 인한 현훈증"에서도 관료주의에 대해 말한다.

---

18) *Op. Cit.* p. 102.
19) *Op. Cit.* p. 58.

북부 소비지대의 여러 지방에서는 꼴호즈를 조직하기 위한 준비 작업은 하지 않고, 오히려 빈번히 꼴호즈 운동을 하라고 관료주의적으로 명령이나 하면서, 꼴호즈를 장성시키자고 종이장 위의 결정이나 하고, 종이장 위의 꼴호즈나 조직하는 것으로 대치하고 있다. 그런데 실지는 이러한 꼴호즈가 아직 없고, 있다면 꼴호즈가 "있다"고 자랑하는 결정의 무더기뿐이다.

뚜르께르스딴 지방들에서는, 아직 꼴호즈에 들어오려고 하지 않는 농민들을 무력으로 위협하거나, 관개 용수와 농업제품을 주지 않겠다고 위협하는 방법으로, 쏘련의 선진지방들을 "따라잡고 앞서려고" 하는 시도가 이미 있었던 것이다. …

이러한 왜곡, 꼴호즈 운동에 대한 이러한 관료주의적 명령, 농민들에 대한 이러한 당치 않은 협박이 그래 누구에게 필요한 것인가[20]

위의 두 글들은 극심한 관료주의가 있음을 분명히 말해주고 있다. 그러나 반대의 측면도 동시에 주목할 필요가 있다. 관료주의가 대중들에게 잘 먹히지 않고, 따라서 그것이 일정 수준에서 억제되고 있을 것임을 동시에 보여주고 있다. 첫째, 농민들이 관리들의 관료주의적 명령에 고분고분 따른다면, "'손에 연발 권총을 쥐고[21]' 집산화를 이야기"할 필요가 없다. "관개 용수와 농업

---

20) 쓰딸린, "성공으로 인한 현훈증", ≪쓰딸린 선집≫제2권, 조선로동당출판사, 1966, pp. 696-697.
21) 내전시기에 농민출신들이 붉은 군대에서 복무하다, 당에 입당한다. 이들이 내전이 끝나자 농촌에서 사업을 하게 된다. 군사적 명령체계("군사문화")에 익숙한 이들은 농촌사업에서 관료적 고압적 태도를 종종 보이게 된다.

제품을 주지 않겠다고 위협"할 필요도 없다. 인민들이 고분고분 따른다면, "꼴호즈 운동을 하라고 관료주의적으로 명령이나 하고", "꼴호즈를 장성시키자고 종이장 위의 결정"만하면 꼴호즈가 만들어질 것이다. 둘째로 위와 같이 폭력적이거나 거짓말을 하는 관료주의자들은 상부나 하부에서 쉽게 발각되고 공격당한다.

그런데 관료주의적 명령에도 대중이 고분고분 따르고, 종이장 위에서만 결정해도 실제 일이 이루어지고, 따라서 폭력을 사용할 필요가 없어져서 상부에 발각되지도 않고, 그 결과 노동자 농민들의 피와 땀의 대가로 관료주의자들이 고속으로 출세를 하는, 그러한 시기가 출현했을 것으로 보인다.

2) 관료주의의 성장(1930년대)

1930년대는 사회주의가 승리한 시대이다. 마리오 소사는 "1930년대 쏘련에서의 계급투쟁"에서 '1930년대에 관한 진실들'에 대해서, 그 성과를 정리한다.

1930년대에 관한 진실들

그렇지만 그에 앞서 독자들에게, 쏘련 역사에서 사실상 결정적인 시기였던 1930년대의 쏘련의 모습을 보여 주는 것으로부터 시작하자. 무엇보다도 1930년대는 제1차 및 제2차 5개년 계획이 실행되고 농업 집산화가 일어난 시기였다. 1929년에 2천9백만 루블이었던 국민소득은 1938년에는 1억5백만 루블로 증가했다. 10년간 360%가 증가한 것으로서 이는 산업화 사상 유례가 없는 일이었다! 고용노동자 수는 1930년의 1천450만 명에서 1938년에는 2천8백만 명으로 증가하였다. 산업 노동자들의 평균 연봉은 1930년의 991루블에서 1938년에는 3,447루블로 증가하였다. 국가예산상의 사회적·문화적 교부금은 1930년의 약 20억 루블에서 1938년에는 350억 루블로 증가하였다. 1930년대로 접어들면서 전체 산업부문이 최대 7시간 노동일(광부 및 유사 직종의 노동시간은 더 짧았다)로 이행했는데, 이 개혁 조치는 1930년대 말엽에 나찌 독일의 전쟁 위협에 대비하기 위해 어쩔 수 없이 폐기되었다.

 1930년대에 쏘련의 생산은 인류 역사상 전례가 없는 속도로 증가했다. 1930년 초 쏘련의 산업생산 총액은 2천1백만 루블이었다. 8년 뒤 산업생산액은 1억 루블 이상이었다(두 수치는 모두 1926-27년의 가격 기준임). 국가의 산업생산액이 8년 사이에 거의 5배로 증가한 것이다! 1930년 초 파종면적은 1억1천8백만 헥타르였는데, 1938년에는 1억3천6백9십만 헥타르에 달했다. 동시에 농업의 완전한 집단화를 달성했고, 농업의 집단화 및 현대화와 관련된 거대한 문제들을 경험하고 해결했다. 1930년 초에 쏘련에는 3만4천9백 대의 트랙터가 있었다. 1938년에는 48만3천5백 대로, 8년 사이에 거의 14배나 증가했다! 같은 기간에 콤바인수확기는 1천7백 대에서 15만3천5백 대로, 수확기는 4천3백 대에서 13만8백 대로 증가했다.

 1930년대에는 쏘련의 문화 역시 비약적으로 발전했다. 1929년의 각급 학교의 학생 수는 약 1천4백만 명이었다. 1938년에는 그 수가 약 3천4백만 명으로 증가하였고, 동시에 시간제 강의만 듣는 학생들까지를 포함하면 4천7백만 명 이상에 달했다. 전체 국민의 거의 3분의 1이 학교 교육을 받고 있었던 것이다. 1930년대 초에는 인구의 33%(1913년에는 67%)가 여전히 문맹이었으나, 1938년에는 그 수년 전부터 문맹이 완전히 근절된 상태였다. 이 기간 동안 고등교육을 받는 학생 수는 20만7

천 명에서 60만1천 명으로 거의 3배로 증가했다! 도서관은 1933년에 4만 곳이었던 것에 비해, 1938년 7만 곳이 되었다. 도서관의 총 장서 수도 1933년에 8천6백만 권이었던 것에 비해 1938년에는 1억26만 권이라는 엄청난 수에 이르렀다.

  1930년대에는 쏘련의 이념적 물질적 활력과, 모든 시민을 평등하게 대우하려는 의지를 입증해 주는 또 다른 조치도 실행되었다. 전반적이고 의무적인 초등교육이 전국의 모든 민족들에게 그들 고유의 언어로 시행되었던 것이다. 이는, 이전에는 기록된 형태로는 거의 존재조차 하지 않았던 언어들로 된 수많은 새 책과 교과서들, 기타 학습 자료들을 만드는 엄청난 문화적 작업을 의미했다. 처음으로 자신의 언어로 문헌이 출판된 민족도 여럿이었다. 이것이 앞으로 고찰할 1930년대 쏘련에서의 계급투쟁의 배경이다. 이 글을 읽는 동안 이 사실을 상기하도록 하자. 22)23)

  그러나 모든 사물에는 명(明)이 있으면 암(明暗)도 있다. 이러한 성과는 동시에, 관료주의가 성장하는 유리한 조건을 만들어내었다. 그것은 다음과 같다.

  첫째, 당과 국가, 그리고 경제기관의 관료(지도자)들의 권력과 권위가 강력해졌다. 1934년 1월, "승리자 대회"라고 명명된 제17차 당 대회에서, 쓰딸린은 공업화・집산화・레닌주의가 승리하여 사회주의가 승리했음을 선언한다. 그리고 그 결과에 대해

---

22) 원주: *J.V. Stalin, Works*, vol. 12, Moscow 1955, p. 242;
    J.V. Stalin, Works, vol. 13, Moscow 1955, p. 288;
    J.V. Stalin, Problems of Leninism, Peking 1976, p. 874.
23) 마리오 소사(Mario Sausa), "1930년대 쏘련에서의 계급투쟁—쏘련 공산당(CPSU)의 숙청과 정치재판", ≪진실이 밝혀지다—쏘련 역사에 대한 거짓말≫, 채만수 역, 노사과연, 2013, pp. 68-70.

말한다.

　우리의 당, 정권기관, 경제기관 및 기타 여러 기관들과 그 지도자들의 힘과 권위가 전에 없이 제고되었다는 것을 알아야 할 것이다. 그들의 힘과 권위가 전에 없이 제고되었기 때문에 바로 지금 모든 것, 거의 모든 것이 다 그들의 사업 여하에 달려 있는 것이다. 소위 객관적 조건을 구실로 삼는 것은 옳지 않다. 당 정치 노선의 정당성이 다년간의 경험에 이해 증명되었고 이 노선을 지지하려는 노동자, 농민의 각오가 명백해진 지금에 와서는 이른바 객관적 조건의 역할이 최소한도로 국한되었다. 그러나 반면에 조직들과 그 지도자들의 역할은 결정적이고 절대적으로 되었다. 이것은 무엇을 의미하는가? 이것은 이제부터 우리사업에서의 결함과 부족점들에 대한 책임의 십중팔구가 "객관적 조건"에 있는 것이 아니라 우리들 자신에 오직 우리들에게 있다[24])는 것을 의미한 것이다.[25])

　둘째, 정치사업(맑스-레닌주의 교양)과 프롤레타리아 민주주의를 경시하는 풍토가 나타났다. 1937년 당시에, 뜨로츠끼주의자들과 제국주의자들의 앞잡이들이 당과 국가기구에 파고들었고, 파괴활동을 조직하였다. 그러나 당의 지도자들은 그들에 대해 무사태평하고 안일하였다는 것이 드러났다. 여기에 대해 쓰딸린은 당 지도자들을 비판하면서, "경제적 성과의 부정적인 면"에

---

24) 이 말에서 다음을 도출할 수 있다; 먼 훗날 벌어진 쏘련에서의 반혁명의 원인은, 당과 국가 간부들의 관료주의적 탈선과 수정주의 때문이다.
25) 쓰딸린, "연맹 공산당(볼) 제17차 대회에서 한 중앙위원회 사업 총화보고", ≪쓰딸린 선집≫ 제3권, 조선로동당출판사, 1964, p. 166.

대해 말한다.

왜 우리 사람들은 이러한 것(뜨로츠끼주의자들의 파괴활동: 인용자)을 보지 못하였으며, 왜 그들은 이러한 모든 것을 모두 잊었는가? …
문제는 우리 당원 동지들이 최근 시기 경제 사업에 완전히 사로잡히고 경제적 성과에 극도로 도취되었으며, 이러한 일에 도취되어 다른 모든 것을 다 잊었으며 다른 것을 다 포기한 데 있다.
문제는 그들이 경제적 성과에 도취하여 이것이면 만사가 다 되는 것으로 보고 쏘련의 국제적 지위, 자본주의의 포위, 당 정치사업의 강화, 해독행위와의 투쟁 등등과 같은 문제에는 전혀 주의를 돌리지 않거나, 이런 문제는 다 2차적인, 아니 3차적인 문제라고까지 생각하게 된 데 있다.
우리의 성공과 성과는 물론 위대하다. 사회주의 건설 분야에서 거둔 우리의 성과는 참으로 거대하다. 그러나 세상의 모든 일이 다 그러하듯이 성과에도 자체의 부정적인 면이 있다. 정치에 경험이 적은 사람들은 큰 성공이나 성과로 하여 무사태평, 안일, 자만, 지나친 자기 과신, 자고자대, 교만 등에 빠질 수 있다. 여러분은 최근 시기에 우리들 가운데서 자만가들이 무수히 자라났다는 것을 부인할 수 없을 것이다…
(자만가들은 말한다: 인용자) 당 규약, 당 기간 선거제, 당원 대중 앞에서의 당 지도자들의 보고제라고? 도대체 이러한 것이 다 필요하겠는가? 우리나라에서 경제가 장성하고 노동자, 농민의 물질적 형편이 더욱 더 개선되고 있는데, 대체 이러한 사소한 일에 매달릴 필요가 있겠는가? … 모스끄바와 당 중앙에는 괴상한 사람들이 앉아 가지고, 그 어떤 문제를 생각해 내며,

그 어떤 해독행위(파괴활동: 인용자)에 대해 떠들면서, 자기들도 자지 않고 남들도 자지 못하게 만든다26). …
 바로 이것이 경험이 적은 우리의 일부 동지들이, 경제적 성과에 도취하여, 정치적 암둔성에 쉽사리 또 "맹랑하게" 물젖는 뚜렷한 실례이다.27)

 셋째, 관료가 수적으로 늘어나고 관료체계가 발달한다. 자본주의에서는 사적 개인이 기업을 경영한다. 그러나 사회주의 사회에서는 국가관료가 경제를 계획하고, 기업을 직접 경영한다. 당연히 관료체계가 거대하다. 예를 들어 경제조직의 단면을 살펴보자. 한국에서 장관(長官, minister)이 책임지는 부(예, 국토교통부, 재정경제부 등등)에 해당하는 것이, 쏘련에서는 인민위원부이고, 책임자를 인민위원이라 부른다. 자본주의와 다르게, 인민위원부는 기업 경영자를 임명하고, 기업을 관리하였다. 쏘련 전체의 경제계획은 국가계획위원회(고스쁠란, Gosplan)에서 담당하였고, 인민위원부는 실행부서이다. 인민위원부의 확대 과정을 보자.

 (1930년대의 경제성장에 따라: 인용자) 경제분야에서 인민위원부의 수는 급속하게 늘었다. 1934년 말에 모든 제조업 및 광업은 4개의 인민위원부, 곧 중공업·경공업·목재·식량 인민위원부가 관장하였다. 가장 큰 중공업 인민위원부는 곧 좀더

---

26) 당의 중간 간부(주로 쏘련을 구성하는 공화국들의 지도자)들이 쓰딸린 등의 최상층 지도부의 지도를 거부하는 것을 말하다.
27) 쓰딸린, "당 사업의 결함과 뜨로츠끼 및 기타 양면(two-faced)주의자들을 청산할 대책에 대하여", 《쓰딸린 선집》 제3권, 조선로동당출판사, 1964. pp. 260-262.

세분화할 필요가 있게 되었다. … 세분화는 더욱 더 진행되었다. 1939년경에는 섬유, 군수, 일반 기계제작, 석탄, 화학, 비철야금 등의 이름을 가진 무려 21개나 되는 공업 관련 인민위원부들이 있었다. 이것은 1940년-41년에 더욱 세분화되었다.28)

즉, 경제분야에서만 장관(인민위원)이 4명(1934년)에서, 21명(1939년)명으로 늘어난 것이다. 관료들은 행정과 경영 지식을 쌓아나가고 독점하게 된다. 이것은 관료들의 힘을 강화하고, 관료주의의 기반이 될 수 있다.

넷째, 경제가 성장하면, 각종 과학과 인문학 분야에서 전문지식을 가진 인텔리겐챠 또한 증가한다. 당시에 과학기술이 너무나도 절실하였기 때문에, 인텔리겐챠를 집중적으로 양성하고, 물질적 유인을 주기 위해 특별히 우대하였다. 이들과 관료층은 정신노동을 담당한다. 때문에 육체노동을 담당하는 기층 대중(노동자, 농민)과 모순 관계에 있다. 이들 전문가 집단은 지식과 기술을 독점하며, 배타적 세력을 형성하고, 그 힘을 이용하여 자신의 사회적 몫을 가능한 늘리려는 경향을 가진다. 인텔리겐챠층은 1930년대 후반부터 당에 대거 유입된다. 1939년 제18차 당 대회에서, 신입당원을 받을 때 노동자를 우대하던 기존의 제도를 폐지하고, 노동자, 농민, 인텔리겐챠의 입당 조건을 단일화하였다. 그 결과 당원에서 인텔리겐챠가 급증하기 시작했다. ≪소련공산당사≫ 일본어판 번역자는 다음과 같이 적고 있다.

---

28) 알렉 노브(Alec Nove), ≪소련 경제사≫, 김남섭 역, 창작과 비평사, 1998, p. 299.

종래의 노동자, 농민, 인텔리겐챠 구별을 폐지하고, 모두 1년의 후보기간을 거치며, 세 명의 당원의 추천을 받을 것을 규정한 제18차 당 대회(1939년)의 새 당 규약(이 채택됨: 인용자).
 이 결과 1939년 1월-1940년 1월에 전체 당원 수는 230만 6973명에서 한꺼번에 339만 9975명으로 늘어났다. 이 가운데 인텔리겐챠의 수가 얼마인지를 보여주는 자료는 없지만, 지방의 통계에 의해 당시의 추세를 추적해 볼 수 있다. 예를 들어 첼랴빈스크 주에서는, 1941년과 1942년의 첫 2개월 동안에, 각 노동자 660명, 집단농장농민 289명, 화이트칼라 2025명의 당원후보와, 노동자 903명, 집단농장농민 399명, 화이트칼라 3515명의 당원 입당을 허용했다. 이처럼 대략 당원후보와 정식 당원의 70% 이상이 새로운 인텔리겐챠임을 알 수 있다.29)

 신입 당원의 70% 이상이 인텔리겐챠라는 것은, 인구에서 차지하는 이들의 비중을 볼 때 대단히 높은 것이다. 이후에 이들이 테크노크라트(기술관료)라 불리며, 수정주의의 주요세력을 구성한다. 한편 이에 대해, 1969년에 나온 ≪소련공산당사≫에서는 "쏘비에뜨 사회의 선진적인 사람들이 입당하는 경우가 늘었다"30)고 평가한다. 자화자찬이다.
 다섯째, 1930년대의 급속한 성장을 위해서, 1920년대에 비해서 노동자의 권리와 노동조합의 민주주의를 약화시키고, 관리자의 권한을 강화시켰다. 이것은 분명히 위험을 내포하고 있었다. 그러나 선택의 여지가 없었다.

---

29) B. N. 포노말료프 외, ≪소련공산당사≫제4권, 거름 편집부 역, 거름, 1992, p. 196.의 각주 26)번.
30) 같은 책, p. 227.

... (경제 일꾼들: 인용자) 여러분은 최단 기간에 조국의 낙후성을 청산하고, 조국의 사회주의적 경제 건설 사업에서, 진정한 볼쉐비끼적 속도를 내야 한다. 다른 길은 없다. 바로 그렇기 때문에 레닌은 10월 혁명의 전야에 "죽는냐, 그렇지 않으면 선진적인 자본주의 나라들을 따라 잡고 앞서느냐"라고 말했던 것이다.

우리는 선진적인 나라들보다 50-100년이나 뒤떨어졌다. 우리는 이 간격을 10년 동안에 달음질쳐 나가야 한다. 우리가 이것을 해내든가, 그렇지 않으면, 우리가 짓밟혀 버리든가, 둘 중의 하나이다.31)

쓰딸린은 이 연설을 1931년 2월에 하고 있었다. 그리고 바로 10년 후, 1941년 6월에 독쏘전쟁이 터졌다. 그는 예언처럼, "10년 동안에 달음질쳐 나가야 한다. 우리가 이것을 해내든가, 그렇지 않으면, 우리가 짓밟혀 버리든가, 둘 중의 하나이다."라고 말하고 있었다. 경제건설은 전쟁의 또 다른 형태였던 것이다.

노동조합의 권리 약화; 1920년대에는,

국영기업에서 노동조합 위원회의 서기는 경영자 및 당서기와 나란히 중요한 역할을 수행했다. 이러한 유의 '삼두' 경영은 20년대 내내 거의 유지되었다. ...

노동자들을 얼마간 좀더 직접적으로 참여시키는 전통이 있는 상황에서 '생산회의들'과 1924년에는 '생산위원회들'도 설치되었으며, 후자는 공장 내의 피고용인을 대표하는 상설자문기관이었다. 이 기관들은 경영에 그다지 많은 영향력을 발휘한 것

---

31) 쓰딸린, "경제일꾼들의 과업에 대하여", ≪쓰딸린 선집≫ 제3권, 조선로동당출판사, 1964, p. 11.

처럼 보이지는 않지만, 교육적인 목적을 가지고 있었다. 곧 이 기관으로 진출한 노동자들 가운데서, 새로운 유형의 미래의 경영자들이 많이 선출되었다. 이들은 더 이상 '부르주아' 출신이 아닌 새로운 간부를 양성하는 교육과정을 밟았다.32)

그러나 1929년부터,

 1929년 9월 5일 단독경영 원리가 (공산당: 인용자) 중앙위원회의 한 결정서에서 강력하게 주장되었다. 공장의 당 조직은 관리자의 책임에 관여하지 않게 되었으며, 노동조합은 '노동자들의 일상적인 문화적·위락적·경제적 욕구를 지지하면서도, 동시에 '생산활동 및 노동대중이 가진 창의성의 열정적인 조직가'여야 했다. 관리자는 원칙적으로 단독 책임을 졌다. 1929년 12월 25일 또 하나의 결정은 기업이 '공업을 관리하는 기본단위'여야 하며, 경제적 혹은 상업적 회계원리는 적절한 재정적 자율성과 법인을 가지는 기업33)에 바탕을 두어야 한다고 규정하였다.34)

---

32) 알렉 노브(Alec Nove), ≪소련 경제사≫, 김남섭 역, 창작과 비평사, 1998, pp. 131-132.
33) 기업별 독립채산제를 말한다. 기업의 성과를 평가하여, 책임을 묻고, 생산을 독려하기 위하여 사용했다. 상부에서의 계획에 의해서, 주어진 원료와 기계, 노동력을 최대한 효율적으로 사용하여 최대한의 생산물을 만들어 내는 것을 목표로 하고 있다. 계획이 생산물의 양과 종류를 결정한다. 이윤을 위해 생산하는 자본주의하에서의 독립채산제와는 의미가 전혀 다르다. 자본주의에서는 이윤이 생산물의 양과 종류를 결정한다.
34) 알렉 노브, 같은 책, pp. 239-241.

생산성 향상을 위한 노동규율 강화와 차등임금제;
1920년대 후반에 추구되었던 임금평준화 정책은 1931년 들어서서 파기되었다.

성과를 얻기 위해서는 안정된 노동력이 필수적이었다. '빈번한 직장 변경자'와 무단결근자들을 물질적으로 처벌하는 캠페인이 시작되었다.

1930-33년에 제정된 일련의 규칙과 포고령들은, 해고를 시키고 공장숙소에서 쫓아내며 갖가지 혜택을 박탈함으로써, (습관적 음주의 결과로 너무나 만연해 있던) 무단결근을 처벌하였다. 1931년 쓰딸린은 임금의 '평등주의'에 대해 유명한 비판을 가하였다. 그 목적은 한자리에 꼼짝 않고 앉아서, 기술을 습득하는 사람들에게 보상을 하려는 것이었다. 그 결과 가장 저급한 수준의 미숙련 노동자와 고도로 숙련된 노동자 사이에 1:3.7의 비율로 임금률을 달리하는, 새로운 임금표가 정해졌다. 이것은 숙련노동자가 극히 부족한 시기에는 어느 정도 경제적으로 정당화될 수 있었다[35]

(1931년부터: 인용자) 성과급의 영역이 더욱 확장되어, 1930년 후반 경까지는 전 노동자의 3/4에 달하는 인구가 이 체계에 따라서 급료를 지불받았다. … 그 당시 도급의 공통적인 형태는 소위 "누진성과급제도"로서 산출이 어떤 비율을 넘으면, 수입도 크게 오르는 제도였다. 예를 들어 단위시간당 표준산출양이 여러 직업에 대해 각각 결정된다. … 이 표준치를 초과하는 생산량에 대해서는, 그 직업의 규정 도급률보다

---

35) 알렉 노브, 같은 책, pp. 235-256.

50%를 더하여 임금이 지불된다.36)

"노동에 비례하여 보수를 받는다"라는 개념은 자본주의 사회로부터 방금 태어난 사회주의 사회에서는 불가피하다. 그러나 이것은 등가물의 교환이라는 부르주아적 권리이다. 사회주의는 이러한 부르주아적 권리 위에 서 있다. 따라서 자신의 발이 아니라 남의 발로 서 있는 불안정한 사회이다. 이것이 유지·강화되는 것은 부르주아적 의식의 유지·강화를 의미하고, 그만큼 사회주의는 더욱 불안정해진다. 예를 들어, 공산주의적 분배, 즉 사회보장의 확대는 노동의욕을 감소시킬 수 있다. 소득격차의 확대는 노동자 간의 단결을 저해한다. 평등주의가 후퇴하여, 관리자나 전문가 등 정신노동자들의 특권과 고소득(근로 인민의 공동소유물에 대한 수탈)을 용인하게 만든다.37)

---

36) 모리스 돕(Maurice Dobb), ≪소련 경제사≫, 임휘철 역, 형성사, 1989, pp. 515-516.
37) 모리스 돕, 같은 책, pp. 517-518.
　후일 전후시기, 누진도급제와 특별작업에 대한 큰 규모의 상여급 제도는 점점 더 인기를 잃게 되었다. 이 제도는 노동자들의 관점에서는 보너스의 많은 부분까지 포함하는 소득 수준에 익숙해짐에 따라, 노동자의 통제 밖에 있는 조건에 의해서 산출이 떨어지는 경우에는 [예를 들어 공장의 생산흐름이 흔들릴 때(원료 공급 등이 부족해서 생산이 불가능할 때: 인용자)] 기본임금이 하락하지 않을 수 없다는 점에서 불리한 것이었다. 관리자의 관점에서는 이미 보았듯이 비용을 상승시키는 경향(생산성은 전반적이고 지속적으로 향상되는 경향을 가지는데, 여기에 따라 임금이 상승: 인용자)을 갖는다는 점에서 불리한 것이었다. 1950년대에는 누진적 보너스의 급격한 증가를 감소시키는 방향으로 운동이 발전하였다. 나중에 그것은 대체로 최고 수준을 향상시킴으로 임금차별을 감소시키는 경향과 함께, 점차적으로 폐

관리자의 권한과 특권 강화;

어떤 경우에는 소위 "성공의 척도(success indicator)"와도 같은 (상부에서 채택되며, 단위 기업의 성과를 측정하는 지표로 제시된 특정한: 인용자) 양적지수를 달성하기 위해서, 일부 관리지표에 강한 압력이 가해졌다. 그러나 여기에 계획 달성에 대해 지불되는 실질적인 보너스의 영향이 부가되었다. 즉 이에 따른 영향은 이윤으로부터 조달된 이른바 관리자기금이 갖는 영향을 압도하게 되었다.38)

기업에서 발생하는 이윤39)의 사용에 대해서 살펴보자.

(이윤의 ; 인용자) 일부는 세금으로 예산에 편입된다. (사실 이것은 어떤 경제에서든 기업이 만든 이윤의 일부는 예산형성을 목적으로, 전체 공동체로 돌려진다는 것을 의미한다). 또 일

기되어 갔다. 1956년에는 산업노동자의 40%가 '누진도급제'에 포괄되어 있었으나, 1960년경에는 이 제도는 중공업에서는 거의 사라지고 다른 부문에서도 급격히 줄어들었다.
38) 모리스 돕, 같은 책, p. 418.
39) 자본주에서의 이윤과 사회주의에서의 이윤
자본주의: 이윤이 생산의 모든 것을 결정한다. 이윤을 위해서 계획이 존재한다. 어디에다 어떤 공장을 짓고, 어떤 원료를 얼마나 구입해서, 노동력은 얼마나 구입해서, 어떤 상품을 만들어 얼마에 어디에 팔지에 대한 계획은 모두 다 이윤이 결정한다.
사회주의: 사회의 필요를 충족시키려는 목적이 존재하고, 계획은 이를 실현하기 위해 존재한다. 계획이, 무엇을 얼마나 어떻게 생산할지를 결정한다. 원칙적으로 판매는 존재하지 않는다. 노동에 따라 분배된다. <u>생산이 완료되면, 이윤은 이 계획이 효율적으로 실행되었는지 여부를 판단하는 척도로 봉사한다.</u> 이윤이 계획에 봉사한다.

부는 산업 내의 자본의 축적을 위해 산업은행으로 들어간다. 그리고 나머지는 앞에서 설명한 관리자기금 부분으로 들어간다. 이것은 특정하게 명명된 어떤 목적을 위해 기업의 자유재량에 따라 사용되는데. 간부들에 대한 상여금, 피용자를 위한 복지시설, 주택마련 등이 이에 속한다. (계획이윤을 넘는) 얼마간의 추가적 이윤이 생기면, 이 후자의 목적으로 사용될 수 있는 부분이 훨씬 많다는 점에서, 최소한 계획이윤만을 올리는 경우보다 매우 큰 중요성을 갖는다. 따라서 (공장의: 인용자) 효율을 높여서 특별이윤을 올리게 되면 (관리자 기금이 많아지고: 인용자), 이것은 각 공장의 구성원들에 대해서, 그리고 개개의 사업에 대해서 "계획을 앞지르자"라는 집단적 유인의 역할을 한다.40)

멘쉐비끼의 아들인 알렉 노브는 비난조로 말한다.

쓰딸린은 또한 공업 간부들에게 더 많은 봉급과 특권을 부여하는 정책을 장려하였으며, 당원은 숙련노동자보다 더 많이 받아서는 안 된다는, 레닌이 세운 오랜 규칙을 포기하였다. …
선택된 노동자 부류든, 관리든, 주어지는 특권은 당시에는 '부수입' 형태, 곧 '폐쇄'상점41)에 들어가는 것, 좋은 주택을 배당받는 것, 좋은 의복을 살 수 있는 허가증42) 등등의 형태를 취하는 경향이 있었다. 전반적으로 부족이 만연한 상황에서 당

---

40) 모리스 돕, 같은 책, pp. 438-439.
41) 일부 사람들에게만 개방된 상점. 예를 들어, 개별 공장에 부속된 상점이 있었는데, 그 공장의 직원들만 이용할 수 있었다.
42) 1930년대까지도 물자부족이 심각하여, 부족이 심한 상품은 허가증(+돈)이 있어야 살 수 있었다.

국이 제공하거나 허용할 수 있는 어떤 추가적인 것 없이, 화폐만으로는 할 수 없는 것이 매우 많았다.[43]

계획을 달성하고, 또 초과달성하기 위해서, 기업의 "생산관리 지표에 그것을 실행하라는 강한 압력이 가해"지면, 관리자는 압박을 받고, 그 압박은 다시 노동자에게 향할 것이다. 또한 관리자가, 더 많은 봉급과 보너스, 관리자기금의 관리, 여러 형태의 특권을 가지고 있음을 확인할 수 있다.

이 문제를 조금 더 파고 들어보자. 소유의 형식과 내용이라는 측면에서 사태를 해석해보자. 생산수단을 국유화하여 전 인민적 소유로 만든 것은 공산주의의 소유형식이다. 그러한 소유의 형식으로 담겨지는 내용은 무엇인가. 첫째, 착취의 폐지이다. 이제 타인의 노동의 성과를 자신의 것으로 만드는 사람은 없다. 둘째, 생산의 목적은, 인민의 복지를 증진시키는 것(사회적 필요의 충족)으로 변화한다. 이윤을 위한 생산은 사라진다.

만일 사회주의(낮은 단계의 공산주의) 사회에서, 기업 관리자(경영자)가 자신이 사회에 투여한 노동보다 몇 배의 보수를 얻는다면, 자기노동을 초과한 몫은 타인의 노동의 결과물이다. 관리자기금은 이윤의 일부이고, 기금의 일부를 관리자들이 가진다. 타인의 노동의 결과물을 자신의 소유로 한다는 의미에서 착취와 동일한 결과가 나온다. 그만큼 공산주의라는 형식(그릇)에 자본주의적 내용이 담기는 것이다. 형식과 내용은 충돌한다. 그러나 초기에는 그들이 공짜로 가져가는 양은 미미했을 것이고, 그만큼 충돌은 심각하지 않았을 것이다. 진보적 측면도 있다. 이것은 물질적 동기로 작용하여 생산력을 증대시키는 작용, 즉 사회 전

---

43) 알렉 노브, 같은 책, p. 236.

체적으로 생산물과 잉여생산물의 양을 늘리는 작용을 했을 것이다.

그러나 부르주아적 요소인 이러한 내용은 이후에 계속 자라난다. 1930년대를 건너 뛰어 흐루쇼프 집권시대(1956-1964)로 가보자. 알렉 노브는, 흐루쇼프의 시대에 발생한 경제계획의 위기에 대해서 말하며, 다음과 같은 예를 든다.

계획이 톤으로 잡혀 있고, 얇은 철판에 대한 고객의 주문을 받아들이는 것이 계획의 수행을 위협하였기 때문에, 강철판은 너무 두껍게 만들어졌다. 도로 운송차량은 톤-킬로미터로 표시된 계획을 수행하기 위해, 쓸모없는 여행에 나섰다. 흐루쇼프 자신도 가구산업에서 만든 무거운 샹들리에(톤으로 계산되는 단위)와 너무나 큰 소파(루블로 표시된 계획들을 완수하는 가장 손쉬운 길)의 사례들을 인용하였다.44)

기업 관리자가 더 많은 보수를 받으려면, 계획을 초과달성하여야 한다. 상부의 계획부서로부터, 강철판을 총10톤을 만들라는 기준목표가 제시된다. 관리자는 10톤 이상을 만들어야 보너스를 받을 수 있다. **사회적으로 필요한 강철판**은 얇은 1톤짜리이다. 그런데 1톤짜리 얇은 강철판을 10개를 만드는 것보다, 2톤짜리 5개를 만드는 것이 훨씬 쉽다. 관리자는 2톤짜리 5개를 만들고, "10톤 생산 목표 달성!"이라고 상부에 보고한다. 여력으로 이제 3톤짜리 하나를 만든다. 그리고 "30% 초과 달성!"이라고 상부에 보고한다. 그리곤 보너스를 두둑히 받는다. 창고에는 두꺼운 강철판이 재고로 쌓여 있다.

---

44) 같은 책, p. 397.

이 관리자에게, 그리고 결과적으로 이 공장의 생산의 목적은 무엇이 되었나? <u>사회적으로 필요한</u> 강철판은 만들어지지 않았다. 이제 생산의 목적은 관리자의 개인적 축재로 되었다. 사회적 소유형태가 담으려는 내용의 또 하나가 부정되었다.

생산의 목적을 관리자의 개인적 축재로 변화시킬 수 있음이 발견되었다. 이제 그의 욕망은 사태를 더욱 전개시킨다. 두꺼운 강철판이 재고로 쌓여 있어, 시중에는 1톤짜리가 부족해 아우성친다. 몰래 1톤짜리를 만들어, 암시장에 팔면 1만 루블을 얻을 수 있다. 간부들에게 조금 떼어줘도, 자신은 5천 루블을 얻는다. 부의 입구에서는 머뭇거릴 수 없다! 이제 생산의 목적만이 아니라, 생산의 결과물까지 자신의 치부 수단이 되었다. 생산의 목적이 생산의 결과물을 복종시킨 것이다.

내용이 하나씩 하나씩 모두 부정되면서, 사회적 소유형태는 더 이상 사회에 봉사할 수 없어진다. 공장은 개인의 치부를 위한 수단으로 변질되었다. 사회적 소유물이 사적 소유물처럼 기능한 것이다. 자본주의는 내용적으로 부활했다. 공장의 공산주의적 소유형태와 부르주아적 내용(부르주아적 사용)은 전면적으로 충돌한다. 부르주아적 내용은 자신에 맞는 옷을 입어야 한다. 부르주아적 소유형태를 부활시켜야 한다. 관리자는 사적 소유물처럼 기능하는 생산수단(공장)을 사적소유로 전환시켰다. 내용은 자신에 맞는 형식을 획득했다. 이에 대해 에릭 홉스봄은 고르바쵸프 시대의 "사회주의의 종식"을 다루면서 다음과 같이 확인한다.

> 고르바쵸프는 경제간부들에게서 … 뻬레스트로이까에 대한 꽤 확고한 지지를 받았다. … 게다가 그들은 자신의 활동을 수

행하는 데에 당을 필요로 하지 않았다. 당 관료층이 사라지더라도 그들은 그 자리에 계속 있을 것이다. … 실제로 그들은 쏘련이 무너진 뒤에도 계속 그 자리에 있었다. 공산주의가 무너진 뒤 그들은 이전에 법적 소유권이 없이 지휘해온 기업들의 (잠재적인) 법적 소유자로서, 새로 생긴(1990년) '산학연합(産學聯合, NPS)과 그 후속단체들의 내의 압력집단으로 조직되었던 것이다.45)

그러나 홉스봄은 좀더 분명히 말해야 했다. "경제간부들"이 누구를 위해, 어떻게 기업을 "지휘해온" 것인가를 밝혀야 했다. 그들은 법적 소유권이 없이도, 법적 소유권이 있는 것처럼, 즉 사적이익을 위해 "지휘해온" 것이다. 그들이 법적 소유자로 된 것은, 내용을 승인하는 절차였고, 내용에 의해 강제된 결과일 뿐이다. 예를 들어, 어떤 미국인이 몰래 한국에 들어와 불법체류하고 있다고 하자. 그는 법적으로는 미국에 있다. 그렇다고 그가 미국에 있는 것이 아니다. 그는 한국에 있다. 또 그가 한국에 신고를 하고 법적으로 한국에 등록한다고 해서, 법적 등록이 그를 한국에 존재하게 만드는 것도 아니다. 그가 한국에 이미 있었기 때문에 법적 존재로 인정을 받은 것이다. 법은 존재를 단지 승인한 것이다. 창조한 것이 아니다. 기업의 법적 소유권 문제도 동일하다.

사회주의 원리는 노동에 **따른** 분배이다. 즉 100만큼 일하면 50은 공동의 재산(축적기금, 비노동인구 부양기금, 보험기금)이 되고, 50을 개인이 받는다. 애초에 관리자들은 110을 받았다. 그

---

45) 에릭 홉스봄(Eric Hobsbawn), 《극단의 시대: 20세기의 역사》 하권, 이용우 역, 까치글방, 2016. pp. 662-663.

들은 노동자보다 다소 많은 봉급이라는 형태로, 사회 공동의 재산 중에서 소비품(소비수단)을 조금 빼앗은 것이다. 이때는 좀 도둑에 불과했다. 그러나 바늘도둑이 소도둑이 된다. 마침내 그들은 생산수단을 빼앗은 것이다.

개인적 부에 대한 욕망은, 인간의 가장 저열하지만 가장 강력한 욕망이다. 급속한 공업화를 위해, 강력한 노동동기가 필요했다. 개인적 부에 대한 욕망을 이용하여야 했다. 그래서 노동자 사이에, 노동자와 관리자 사이에 보수의 차이를 늘렸다. 그러나 이것이 노동자들에게 미치는 효과와, 관리자들에게 미치는 효과는 다르다. 노동자는 아무리 많이 받아도, 자신의 노동 이상을 받을 수 없다. 그가, 개인적 부에 대한 욕망에 자극을 받아 노동을 하더라도, 그만큼 사회적 부를 증가시키는 결과를 낳는다. 그래서 착취와 수탈에 대한 욕망을 낳지 않는다. 그러나 관리자는 다르다. 그는 자신의 노동 이상을 받는다. 그는 더 일할수록, 사회적 부를 개인적 부로 만들 수 있다. 이는 착취와 수탈에 대한 욕망을 발전시킨다.

참고로 알렉 노브가 예로 든 사례에서, 부르주아 경제학자들은 계획경제의 비효율성, 나아가 불가능성을 말한다. 그리고 시장의 효율성을 말한다. 그러나 위의 사례들이 말하고 있는 것은 다른 것이다. 자본주의 사회를 예로 들어보자. 그것은 사적 소유에 대한 승인 없이는 불가능하다. 이는 법적으로도 보호를 받는다. 그러나 법만 가지고는 안 된다. 만일 대다수 사람들이 사적 소유는 부정한 것이고, 사회적 소유를 당연하게 여긴다면, 자본주의 사회는 유지될 수 없다. 사회적 소유의식이 완전히 지배한다면, 그리하여 모든 것은 공유되어야 한다고 사람들이 생각한다면, 교환(시장)마저도 불가능해진다. 마찬가지로 계획경제는,

사람들이 사회적 소유를 거의 무의식적으로 당연하게 여길 때, 그만큼 가능해진다. 그럴 때는, 톤 단위로만 계획목표지시가 내려와도, 사회에 필요한 1톤짜리 강철판을 생산할 것이다. 사회적 소유와 "사회에 필요한 생산"은 불가분 결합되어 있기 때문이다. 사회적 소유라는 의식이 강화될수록 자본주의가 불가능해지듯이, 사적 소유라는 의식이 발전할수록 사회주의(계획경제)는 그만큼 불가능해진다. 따라서 위의 예는, 흐루쇼프 시대에 관리자들에게 사적 소유 의식이 발전하여, 이것이 계획경제와 사회주의에 적대하고 있음을 보여주는 것이다. 계획을 보다 정확하게 해서 해결해야 할 문제가 아니다. 또한, 쏘련에서 진행되었듯이, 1965년에 시행되고 1970년대에 최고조에 달했던 꼬시긴 개혁처럼, 시장경제원리를 도입해서 해결되어야 할 문제도 아니었다. 그것은 잠재적 자본가였던 경영관료들의 이해를 대변하는 정책이었다. 이는 사적 소유 의식을 더욱 발전시켜, 문제를 더욱 악화시킨다. 그 반대로, 사적 소유의식과 관료들과 투쟁해서, 사회적 소유의식을 발전시키는 것이 유일한 해결책이었다.

3. 관료주의와의 투쟁(1937-38년 대숙청46))

위에서 1930년대의 성과를 정리한 마리오 소사의 인용문에서 알 수 있듯이, 경제성장은 문화혁명을 낳았다. 생산력이 발달하면서, 여가시간(피교육과 문화활동시간)이 주어지고, 육체와 정신이 전면적으로 발달할 가능성이 생겨났다. 정신노동과 육체노동의 모순을 극복할 가능성이 생겨났다. 문맹이 사라지고 의식수준이 급격히 상승했다. 인민들이 경영과 정치에 참여할 수 있는 능력과 의지가 발생했다. 관료주의를 극복할 가능성이 발생하고 있었다.

1937년, 쓰딸린은 당 중앙위원회 전원회의에서, 주로 가맹 공화국들의 지도자급들에서 나타나고 있는 관료주의와의 투쟁을 선언한다.

(당 지도자들 중 많은 사람들이: 인용자) 일꾼들을 객관적 표징에 의해 선발하지 않고 우연적이며 주관적이며 속물적인 소시민적인 표징에 의하여 선발한다. 말하자면 친척, 친우관계, 동향관계, 개인에 의거하는 사람, 아첨쟁이들을 그들의 정치적 준비와 실무능력에는 관계없이 종종 선발하고 있다.

그리하여 책임적 일꾼들의 지도적 집단 대신에, 친지들의 소가정이 이루지고 있으며, 서로 화목하게 살며, 서로 모욕하지 않으며, 집안 허물이 밖에 나가지 않게 하며, 서로 칭찬하며, 그리고 때때로 중앙에, 성과를 거두고 있다는 공허하고 불쾌한 보고를 보내려고 애쓰는 동업조합이 나타나고 있다.

---

46) 1937-38년 대숙청은, 반혁명 활동으로 적발된 부하린과 르이꼬프 집단에 대한 숙청, 그리고 군부쿠데타를 모의한 뚜하체프스끼(Tukhachevskii) 원수에 대한 숙청을 포함한다. 이 글에서는 이 부분은 생략한다.

이러한 가족적 분위기에서는 사업상 결함에 대한 비판도, 지도자들의 자기비판도 있을 여지가 없다는 것은 이해하기 어렵지 않다.

이러한 가족적 분위기가 아첨쟁이를 길러 내며, 자존심을 잃어 끝내는 볼쉐비즘과 인연을 끊는 사람들을 길러내기에 알맞는 환경을 조성하는 것은 당연한 일이다.

미르조얀과 와이노브를 예로 들어 보자. 전자는 까자흐스딴 변강47) 당 단체 비서이며, 후자는 야로슬라블 주 당 단체 비서이다. 이 사람들이 우리들 가운데 제일 낙후한 일꾼들은 아니다. 그런데 그들은 어떻게 일꾼들을 선발하였는가? 전자는 그가 전에 사업하던 아제르바이잔과 우랄에서 30-40명의 "자기" 사람들을 까자흐스딴으로 데려다가, 그들을 까자흐스딴의 책임적 지위에 배치하였다. 후자는 그가 전에 사업하던 돈바쓰에서, 야로슬라블로 10여명의 역시 "자기" 사람들을 데려다가, 그들을 또한 책임적 지위에 배치하였다. 따라서 미르조얀은 그의 동업조합을 가진 셈이다. 와이노브에게도 동업조합이 있는 셈이다. … 이 동지들은 개인에 의거하는 사람들을 일꾼으로 선발함으로써 지방 사람들에 대해서나 중앙위원회에 대해서나 얼마간의 독자적인 환경을 자기들이 가지려고 한 것 같다.48)

---

47) 쏘련의 가맹 공화국의 행정단위. 예를 들어 러시아 공화국은 몇 개의 주·변강·거대 도시(예, 모스끄바, 레닌그라드)로 구분된다. 이들은 같은 급이다. 한국의 경우와 비교하면 도·광역시(서울, 대구)에 해당한다. 주와 변강을 구분하는 기준은 아마도, 외국과의 경계지방을 변강으로 특별히 명명하는 것 같다. 한국의 시·군·구에 해당하는 것은 "구역 혹은 지구"라 번역된다. 주·변강·거대 도시의 지도자급(중간수준간부)에서 관료주의자들이 특히 많았다.
48) 쓰딸린, "당 사업의 결함과 뜨로츠끼 및 기타 양면(two-faced)주의자들을 청산할 대책에 대하여", ≪쓰딸린 선집≫ 제3권, 조선로동당출

또한 과거에 있었던 숙청사업49)의 결함에 대해 책임자들을 비판한다. 그동안의 숙청사업은 주로 평당원을 대상으로 하여 진행되었다.

나는 개별적인 당원들의 운명, 당원들의 출당, 또는 출당된 당원들의 권리 회복 문제에 대한, 일부 우리 당원 동지들의 형식적이고 냉담한 관료주의적 태도를 염두에 두고 있다. … 그들이 당원들과 당 일꾼들을 평가함에 있어서 개별적으로 대하지 않기 때문에, 그들은 보통 되는 대로 행동한다. 즉 그들을 덮어놓고 요란하게 칭찬하는가 하면, 또 덮어놓고 호되게 내려치며, 당에서 수천 수만 명씩 몰아낸다. 이러한 지도자들은 대체로 수만 명에 대하여는 생각하려 하나, "한 사람", 개별적인 당원, 그들의 운명에 대해서는 무관심하다. 그들은, 수천 수만 명씩 당에서 몰아내면서도 우리 당은 2백만 명의 당원을 가지고 있으므로, 수만 명을 당에서 내보내는 것은 당의 형편을 조금도 건드리지 못하리라고 자위하면서, 그 일을 대수롭지 않게 여기고 있다. 그런데 실지에 있어서 극히 반당적인 분자들만이 당원들을 이렇게 대할 수 있는 것이다. …

소위 열성부족 때문에 대부분이 제명되고 있다. 그러면 열성부족이란 무엇인가?

보건대 당원들이 당 강령을 파악하지 못하였다면 그는 열성부족이요, 따라서 제명되어야 한다고들 간주한다. 그런데 동지들, 이것이야말로 옳지 못한 것이다. … 만일 이대로 나간다면,

---

판사, 1964. pp. 280-281.
49) 대규모 숙청은 1919년, 1921년, 1928년, 1929년, 1933년, 1934년, 1935년, 1937-38년에 이루어졌다. 1937-38년을 제외하고는, 평당원을 대상으로 진행되었다.

당에는 다만 인텔리와 일반적으로 학식 있는 사람들만 남게 될 것이다50). … 우리에게는 … 당원자격에 대한 레닌적 원칙이 있다. 이 원칙에 의하면, 당 강령을 승인하고 당비를 납부하고 당의 어느 한 조직에서 일하는 자는 당원으로 인정된다. …

노동자, 당원이 오류를 조금 범하거나, 한두 번 당 회의에 늦어지거나, 어떤 이유로 당비를 지불하지 못하면, 그는 즉시로 당에서 내쫓긴다. …

동지들, 이러한 무법천지를 끝장 낼 때는 이미 온 지 오래이다.51) (강조는 쓰딸린)

"극히 반당적인 분자", "무법천지를 끝장 낼 때", 최고 권력자가 이런 표현을 쓴다는 것은 매우 이례적인 것이다. 이는 관료주의자와의 전쟁을 선포하는 것이다. 지도부는 "당원 대중의 격분을 깨워 일으키며", 투쟁을 촉구하였다. 중간 간부들을 숙청하기 위해, 아래로부터의 광범위한 투쟁이 발생했다. 중국의 "문화대혁명"의 원조라고 할 만한 대격동이 발생했다. 제도적 정비도 있었다. 엄격한 민주주의 규정을 따르는 당 총선거를 전국적으로 실시할 것이 결정되었다. 자기비판, 당 내에서의 민주주의, 그리고 간부급 당 관리들에 대한 통제에 대해서, 언론에서 논쟁도 시작되었다. 루도 마르텐스는 게티(미국의 역사 교수 J. Arch Getty)의 글로 다음과 같이 정리한다.

---

50) 이 지적은 중요하다. 위에서 보았던 것처럼 이후에 인텔리겐챠의 비중이 늘어났다.
51) 쓰딸린, "당 사업의 결함과 뜨로츠끼 및 기타 양면(two-faced)주의자들을 청산할 대책에 대하여", ≪쓰딸린 선집≫ 제3권, 조선로동당출판사, 1964, pp. 291-294.

게티는 이렇게 적었다:

'중앙당은, 평당원 활동가들이 중간 수준의 기관을 비판하는 것을 확대시키려고 노력하고 있었다. 위로부터의 공식적인 재가나 압력이 없었다면, 일반 당원들이 그들 스스로 직속상관들에 맞서서, 그러한 운동을 조직하여 유지하는 것은 불가능했을 것이다.'(게티)

여러 지방 기관에서, 관료들의 관료주의적이고 전횡적인 경향은, 그들이 행정 경험을 사실상 독점하고 있다는 사실에 의해 강화되었다. 볼쉐비끼 지도부는 평당원들이 이러한 관료주의적이고 부르주아적인 경향에 맞서 투쟁하도록 격려했다. 게티는 다음과 같이 적었다:

'아래로부터의 대중 운동은 단순한 것이 아니었다: 오히려, 그것은 성과는 없었으나, 그러나 일반 당원들을 동원하여 지역의 폐쇄적 기관들을 부수고 열려는 진실한 시도였다.'(게티)

1937년 초에, 서유럽 국가 만큼이나 넓은 영토의 서부지역을 통치한 루먄체프(Rumiantsev)와 같은 지방총독은, 평당원들의 비판으로는 퇴위시킬 수 없었다. (그러나: 인용자) 그는 우보레비치(Uborevich, 군사반혁명 음모자: 인용자)에게 협력한 자로서, 군사적 음모에 연루되었다는 이유로, 중앙당에 의해서 면직되었다.

'1930년대의 이러한 두 가지 급진적 흐름은 1937년 7월에 하나로 모아져, 그 결과 관료주의를 파괴하는 격동이 일어났다. 쥐다노프(Zhdanov)의 당 부흥 운동과 예조프(Ezhov)의 적들에 대한 추적이 결합하여, 이제 당을 휩쓰는 혼란스러운 '대중적 테러(populist terror)'를 만들어냈다....'(게티)

'반(反)관료주의적 대중주의와 경찰테러는 공무원은 물론이고 여러 기관까지 파괴하였다. 급진주의는 정치기구를 뒤집어엎었

고 당의 관료주의를 파괴했다.'(게티)52)

대숙청의 물결은 노동조합운동에도 퍼져나갔다. 1937년 봄에 노동조합중앙평의회 회의에서, 서기인 쉬베르니끄(Shvernik)는 조합 내의 비민주적 사례들을 비판하였고, 모든 노동조합기관에서 간부들이 밀실합의로 위원회의 공석을 메꾸는 일을 중단하라고 지시했다. 반드시 공정한 비밀선거를 실시할 것을 지시했다.

1937-1938년 대숙청은 공산당에서 27만8818명이 추방되는 것53)으로 끝났다. 그러나 이후에 관료주의가 승리하는 것으로 보아, 게티의 평가처럼 "아래로부터의 대중 운동은 성과는 없었"던 것 같다.

그 이유를 생각해보자. 숙청의 동력은 평당원과 최상층 지도부였다. 첫째, 평당원은 이제 겨우 읽고 쓰는 것을 배운 수준이었다. 그것과 맑스-레닌주의를 이해하는 것과는 차원이 다른 문제이다. 더구나 맑스-레닌주의를 익혀서 현실에 적용하는 것은, 또 다른 차원의 문제이다. 그들은 여전히 정치적으로는 문맹자였다. 노련한 간부들을 상대하기 어려웠다. 둘째, 숙청을 지휘했던 핵심인물인 내무인민위원 예조프가 심각한 오류를 범했다.

---

52) Ludo Martens, *Op. cit.* pp. 163-164.
53) Ludo Martens, *Op. cit.* pp. 167-168.
리터스폰(Rittersporn)에 의하면, '대숙청' 기간인 1937-1938년 동안에 공산당에서 27만8818명이 추방되었다고 한다. 이 수치는 이전년도보다 훨씬 적다. 1933년에 85만4330명이 추방되었고, 1934년에는 34만2294명, 1935년에 그 수치는 28만1872명이었다. 1936년에는 9만5145명이었다. 그러나 우리는 이 추방이 이전 기간의 추방과 완전히 다르다는 것을 강조해야 한다. '대숙청'은 주로 간부들에 집중되었다. 대숙청 이전 해에는 공산주의와 관련 없는 인사들, 일반 범죄자들, 주정뱅이들, 당 규율 위반자들이 추방된 이들의 다수를 구성했다.

그는 무고한 사람을 대량으로 숙청하였다. 숙청이 시작되고 불과 수개월 만에, 쓰딸린은 그를 억제54)하여야 했고, 그 과정에서 숙청사업 또한 억제되었다. 셋째, 1937-38년은 제2차 세계대전이 사실상 진행되고 있었다. 1936년에는 스페인 내전이 발발하고, 1937년에는 일본이 중일전쟁을 시작했다. 1938년 9월에는 뮌헨조약55)이 체결된다. 이러한 준전시 상황에서 대규모 숙청사업을 계속할 수는 없었을 것이다. 넷째, 그 동안 광범위하게 성장했던 "공산주의자 관료주의 세력"이 강력한 진지를 구축하고, 저항했음을 짐작케 해준다.

1939년 3월 열린 제18차 당 대회에서는 대량 숙청을 폐지하는 규약을 채택한다. 이에 대해 ≪소련공산당사≫에서는, 그 이유를 다음과 같이 말한다.

> 대량 숙청은, 과도기에는 당의 구성을 개선하는 수단이었지만, 사회주의가 승리함과 동시에 의의를 잃었던 것이다.56)

---

54) 예조프는, 1938년 11월 25일에 내무인민위원에서 해임된다. 그 자리에는 베리야가 임명된다. 1939년 3월, 예조프는 공산당의 모든 지위에서 해임되었고, 4월 10일 체포되었다. 1940년 2월 4일, 처형되었다.
55) 뮌헨 조약은 제2차 세계대전을 앞둔 히틀러를 달래기 위한 시도였으나 실패로 끝난 조약이다. 독일은 1938년 3월 오스트리아를 합병한 뒤 독일인이 다수 거주하고 있는 체코슬로바키아의 수데텐란트를 합병하려 했다. … 1938년 9월 29일과 30일, 영국의 체임벌린 수상은 프랑스의 달라디에 총리와 함께 독일의 히틀러, 이탈리아의 무솔리니와 회담을 가졌다. 이 회담에 체코는 참석하지 않았다(때문에 오늘날 체코와 슬로바키아에서는 이 조약을 뮌헨 늑약 혹은 뮌헨의 배신이라고 부른다). 이 회담에서 영국과 프랑스는 독일에 대한 유화책으로 독일의 수데텐란트 합병을 승인한다. 그러나 뮌헨 조약에도 만족하지 않은 히틀러는 1939년 체코슬로바키아를 점령하기 위해 군대를 일으켰고, 9월 1일 폴란드로 진격하면서 제2차 세계대전이 시작되었다. [다음 백과]

쓰딸린도 당 대회 보고에서 "우리는 더는 대중적인 숙청사업을 이용하지 않을 것이다57)"라고 말한다. 숙청 일반이 아니라 **"대량** 숙청"이라는 단서가 붙어 있다. 그럼에도 불구하고, 이후의 사태전개로 보아, 이는 오류가 아니었나 생각된다. 오히려 전후에 대량 숙청이 절실하게 필요했던 것으로 생각된다. "사회주의의 승리"는 공산주의가 아니고, 사회주의의 연속이다. 그리고 사회주의는 계급투쟁을 여전히 필요로 한다. 그것은 공산주의로 가는 "과도기" 사회이다.

이러한 규약이 만들어진 것은, 당 내에서 관료주의자들이 강력한 세력을 이미 형성하고 있었다고 보아야 한다. 맑스-레닌주의 지도부는, 그들의 주관적 생각이 어떠한 것이었든지 간에, 결과적·객관적으로 보아 그들과 타협할 수밖에 없었다. 이는 관료주의자들과의 투쟁에서 승리할 가능성이 흐려지고 있음을 보여준다.

관료주의자와 쓰딸린 지도부의, 결과적으로 발생한 타협은, 필연적인 것이었다고 생각된다. 혁명 이후에 행정·경영·조직 업무 등에 있어서, 능력 있는 사람들이 너무나 부족하였다. 1920년대에 자본가 출신 경영자를 기용하고, 구 정부 출신 공무원을 사용할 수밖에 없었다. 그들에게서 얻는 것이, 그들에게 주는 것보다 많았기 때문이고, 그것이 너무도 절실하였기 때문이었다. 1930년대 들어, 점차로 그들은 당원들로 교체된다. 그러나 인민

---

56) B.N. 포노말료프 외, ≪소련공산당사≫ 제4권, 거름 편집부 역, 거름, 1992, pp. 196-197.
57) 쓰딸린, "제18차 당 대회에서 행한 전 연맹 공산당(볼) 중앙위원회 사업 총화 보고"(1938. 3. 10.), 쓰딸린, ≪쓰딸린 선집≫ 제3권, 조선로동당 출판사, 1964, p. 351.

들의 정치적 문맹은 여전했고, 이른바 "공산주의 관료주의자"들이 내부에서 자라났다. 흐루쇼프가 모스끄바 지하철 건설로 최고훈장인 레닌훈장을 받듯이, 이들은 사업능력이 있었다. 이들 또한 자본가 출신 경영자처럼 각종 특권을 누리며 가져가는 것이 많았지만, 주는 것이 더 많았다. 물론 그들이 "주는 것"이란, 그들이 짜낸 근로 인민의 고혈이지만, 어쨌든 그러하다.

혁명 이후 제2차 세계대전이 1945년 끝나고, 복구가 완료된 1950년경까지는 쏘련은 전 기간이 전쟁기간이었다. 단지 고강도의 전쟁(내전, 제2차 세계대전)이냐, 아니면 저강도의 전쟁이냐의 차이가 있었을 뿐이다.

내부와 외부의 적대 세력과 끝없는 전쟁을 수행하기 위해서는, 관료주의자들과도 본의 아닌 연대가 절대적으로 필요했다. 목적은 다르지만, 그들도 부강한 조국이 필요했다. 중국에서는, 일본제국주의와 전쟁을 위해, 공산당은 국민당과 손을 잡았다(국공합작). 쏘련에서는 제국주의자들과 또 그들이 앞잡이가 되어버린 반대파(뜨로츠끼파, 부하린파)들과 싸우기 위해서, 관료주의들과 손을 잡을 수밖에는 없었을 것이다.

4. 전쟁(1941-1945년 세계대전)과 관료주의의 강화

1941년 6월, 독쏘전쟁이 발발했다. 오직 살아남기 위한 투쟁이 모든 것을 압도했다. 사회는 거대한 군대가 되었다. 그 군대를 지휘하는 당과 국가의 관료체계는 더욱 거대해지고 강력해진다.

참고로 국방비의 변화를 살펴보자.

국가총예산에서 국방비가 차지하는 비율(%)[58]

연도(년)	33	34	35	36	37	38	39	40
비율(%)	3.4	9.1	11.1	16.1	16.5	18.7	25.6	32.6

국방비의 액수를 보면, 1933년 1,421백만 루블에서, 1940년 56,800백만 루블로 약 40배가 늘어났다. 1939년이 되면, 국방비가 예산중 25.6%로 급격하게 상승하며, 사실상 전쟁상태로 들어갔음을 알 수 있다.

노동자들의 권리는 1940년부터 전면적으로 후퇴했다.

1940년의 포고령들의 ... 핵심사항은 다음과 같다.
① 갖가지 부류의 전문가들('엔지니어, 기술자, 십장, 사무원, 숙련노동자')에 대한 노동지침의 부가.
② 훈련을 위해 100만 명에 이르는 젊은 학교 중퇴자들을 '노동예비학교'로 강제소집하는 것.
③ 직장을 무단결근하는 자는 범죄자로 취급되어 최고 6

---

58) 알렉 노브, 같은 책, p. 257.

개월에 이르는 '고용장소에서의 강제노동'(최고 25%의 감봉과 함께 부과되는 일종의 중노동근무)이라는 형사처벌을 받았다. … 한 번 더 규칙을 위반할 때는 위반자를 '빈번한 직장변경자'로 '간주'하였으며, 그리하여 만일 이런 일이 최초의 형이 집행되고 있는 기간에 일어나는 경우에는 무조건 투옥판결을 받았다.

④ 작업에 20분 이상 늦는 자는 누구든지 무단결근자로 취급되었다. 여기에는 점심시간에 늦게 되돌아오거나, 일찍 퇴근하는 것도 포함되곤 하였다. 규칙을 두 번 위반할 경우, 그것은 다시 한 번 '빈번한 직장변경자'로 간주되어 감옥행을 의미했다.

⑤ 어느 누구든 허가 없이 자신의 직장을 떠날 수 없었다. … 누구든 규칙을 위반하고 작업장을 떠나면, 형사처벌 대상이 되어 '빈번한 직장변경자'로 투옥될 것이었다. 4개월 형은 매우 흔한 일이었다.

⑥ 노동일이 7시간에서 8시간으로, 노동주가 6일 중 5일[59])에서, 7일 중 6일(일요일은 정상적인 휴일이 될 것이었다)로, 임금을 추가로 지급하는 일이 없이 길어졌다.[60])

점차로 이러한 조치들은 더욱 강화되었다. "전쟁수행과 연관 있는 공업의 노동자들은 동원된 다음, 군사적 규율하에 놓여졌다. 운송노동자들도 동일했다. 휴일은 없어졌다. 어느 누구도 자기 마음대로 일터를 떠날 수 없었다."[61])

---

59) 포고령 이전까지는 5일을 일하고 하루를 쉬었다.
60) 같은 책, pp. 293-294.
61) 같은 책, p. 314.

당원들의 손실은 거대했다. 전쟁전야에 당원이 약 400만 명이었다. 1941년 말경에 붉은 군대에 130만명의 당원이 소속되어 있었다. 그런데 전쟁초기의 반년 동안에만 50만 명 이상의 당원이 전사했다.62) 그런데 가장 앞장서서 헌신적으로 싸울수록 사망할 확률은 높다. 그렇게 볼 때, 이들은 가장 단련되고 선진적인 당원들이었을 것이다.

그러나 손실은 훌륭한 당원을 잃은 것만이 아니었다. 전후에, 문제를 야기할 일들이 발생하고 있었다.

(당원들의 손실을 보충하기 위해: 인용자) 전 연방 공산당 중앙위원회는 1941년 8월 12일, 전선 장병들의 입당 요건을 완화하는 중요한 결정을 내렸다. 탁월한 전공을 세운 병사와 지휘관은 … 당원의 추천에 의해 입당할 수 있었다. 그리고 3개월간의 당원 후보기간이 설정되었다. 입당을 결정하는 권한은 최하급 당 조직의 사무국이 가지게 되었다. …
1941년 후반기 중에, 일찌감치 20만 명의 장병이 입당하고, 1942년에는 약 140만 명이 입당했다.63)

당 대열이 급속히 늘어났다. 1944년에 … 112만 5000명이 (신입: 인용자) 당원이 되었다. … 전쟁 중에 입당한 사람들이 전체 당원의 거의 2/3를 차지했다. 그러나 당 조직은 이데올로기 활동에 대한 관심이 약해져 있던 터였다.64)

---

62) B.N. 포노말료프 외, 《소련공산당사》 제5권, 거름편집부 역, 거름 1992, 여기저기에서.
63) 같은 책, p. 29.
64) 같은 책, p. 86.

1944년에, 전쟁 중에 입당하는 당원이 전체 당원의 거의 2/3를 차지했다고 한다. 물론 군인들이 대부분이었을 것이다. 그 결과 1945년 1월 1일 현재 576만 명이라는 전례 없이 많은 당원 수를 기록한다. 전쟁 중에는, 당내 민주주의와 비판과 자기비판이 제한된다. "이데올로기 활동에 대한 관심이 약화"되는 것 또한 필연이다. 당의 이데올로기는 심각하게 약화될 수밖에는 없다.

위에서 전쟁 직전 1930년대 후반에, 당에 인텔리겐챠가 대거 유입되었다고 밝혔다. 여기에다 전쟁 중에 군인들이 대거 유입되었다. 당은 그 구성에서는 노동자·농민의 당이 아니라, 인텔리겐챠와 군인들의 당으로 바뀌고 있었다. 이들은 전문가적인 성격을 가지고, 인민들에 대해 배타성을 쉽게 가질 수 있다. 군부가 더 폐쇄적이다.

군부를 대표하는 인물인 게오르기 주꼬프를 보자. 그는 전쟁 중에 총사령부 최고 사령관, 전쟁 후에는 쏘련 국방상, 당 중앙위원, 중앙위 간부회(정치국) 후보위원이었다. 흐루쇼프가 권력을 잡는 데, 결정적인 역할을 했다. 국가와 당의 최고 간부 중의 한 명인 그가 인민들의 피의 대가인, 국가의 재산을 횡령한 증거를 보자.

1948년에, 주꼬프는 실제로 강등을 당했다. 그러나 그것은 그의 죄가 발견되었기 때문이었고, 그는 자신의 죄를 시인했다. 그는 쏘비에뜨 정부의 재산인 독일 전리품 중에서 상당히 많은 귀중품을 불법적으로 횡령했다. …

극비
쏘련 각료회의

쓰딸린 동지에게

··· 올해 1월 8-9일 밤에, 모스끄바 근처 루블레보(Rublevo) 마을에 있는 주꼬프의 별장을 비밀리에 조사했다.

조사 결과, 별장의 두 개의 방이 창고로 개조되어 있었고, 그곳에는 여러 종류의 상품들과 귀중품들이 엄청나게 많이 저장되어 있었다.

예를 들어:

모직물, 비단, (금은실을 섞어 짠) 비단, 벨벳, 기타 등등 - 모두 4000미터 이상;

모피 - 흑담비, 원숭이, 여우, 물개의 모피, 새끼양의 곱슬한 털의 검은 모피(양질의 양모) - 모두 323개;

최고 품질의 새끼염소 가죽 - 35개;

포츠담(Potsdam)과 궁전들 그리고 독일 가정들에서 가져온 고가의 카페트들과 커다란 고블렝 양탄자들(Gobelin rug) - 총 44개, 몇몇 개는 여러 방들에 깔려 있거나 걸려 있었고, 나머지는 창고에 있었다. 별장의 방들 중의 하나에 있던, 커다란 카페트는 특별히 기록할 가치가 있다;

예술적 액자에 담긴 고가의 매우 커다란 고전주의 풍경화들 - 총 55개, 별장의 여러 방에 걸려 있었고, 몇몇은 창고에 있었다;

매우 고가의 테이블과 차 세트(예술적 장식이 있는 자기(磁器), 수정) - 커다란 상자 7개;

은 테이블과 차 세트 - 2상자;

호화로운 장식이 있는 아코디언들 - 8개;

고틀란트(Gotland) 회사의 독특한 사냥총들과 기타 종류의 사냥총 - 총 20개;

이러한 물품들이 51개의 트렁크와 여행가방에 들어 있거나, 쌓여 있었다.

그 외에도, 별장의 모든 방들에, 그리고 창문, 계단, 테이블, 테이블 옆에는, 청동과 자기로 만든 수많은 꽃병과 예술 조각상, 그리고 온갖 종류의 외국제 장신구와 골동품들이 있었다.

조사했던 사람들의 선언―주꼬프의 별장은 사실상 실내 전체에 값진 다양한 작품이 널려 있는 골동품 창고 혹은 박물관이다―에, 나는 주목한다. …

(주꼬프 개인의: 역자) 아파트에는 결코 어울리지 않고, 국가의 재산으로 박물관에 보관되어야 마땅한 매우 값진 수많은 그림들이 있다. 거의 모든 방의 바닥에 20개 이상의 커다란 카페트들이 깔려 있다.

가구, 카페트, 그릇, 장식품에서, 창문의 커튼까지 모든 것들이 외국산으로 주로 독일산이다. 그 별장에는 문자 그대로 단 하나의 쏘비에뜨 제품도 없다. …

그 별장에는 단 하나의 쏘비에뜨 책자도 없다. 반면에 책꽂이에는 금으로 부각(embossing)된, 아름답게 장정된 책들이 많이 있었는데, 예외 없이 독일어 책이다.

당신이 그 집에 간다면, 독일이 아니라 모스끄바 근처에 왔다고 상상하기가 힘들다. …

우리가 주꼬프의 아파트와 별장에서 발견한 몇몇 귀중품들 ―옷감과 여러 품목들―의 사진들을 이 편지에 동봉한다.

아바꾸모프(Abakumov)
1948. 1. 10.[65]

---

65) 그로버 퍼(Grover Furr), *Khrushchev Lied*(흐루쇼프가 거짓말했다), Erythros Press Media, LLC *Corrected Edition*, 2011, pp. 363-365.

수천만 명이 사망66)하는 인류역사상 최대의 비극이 진행되고 있었다. 그 한복판에 있었지만, 그 참혹함도 "제2차 세계대전의 영웅"의 부에 대한 탐욕을 잠재울 수 없었다. 일찍이 엥엘스는 이렇게 적었다.

(원시 공산사회를 계급사회로 발전시킨: 인용자) 문명이 시작된 첫 날부터, 오늘날에 이르기까지, 노골적인 탐욕이 문명을 추동해왔다. 첫째도 부요, 둘째도 부요, 셋째도 부, 그것도 **사회의 부가 아니라 탐욕적인 개개인의 부**, 이것이야말로 문명의 유일하고 결정적인 목표였다 67)

쏘련은 1930년대에 거대한 부를 축적했고, 제2차 세계대전에서는 찬란한 승리를 쟁취했다. 관료주의자들 또한 거기에 크든 작든 분명히 기여를 했다. 그러나 무엇이 그들을 추동했는가? 주꼬프는 말하고 있다. "첫째도 부요, 둘째도 부요, 셋째도 부, 그것도 사회의 부가 아니라 탐욕적인 개개인의 부, 이것이야말로" 관료주의자들의 "유일하고 결정적인 목표였다". 그러한 그였기에 "탐욕적인 군부집단의 부"를 위해, 군비를 늘리기 위해 온 힘을 기울였다. 그래서 군비 축소를 주장하는 말렌꼬프와, 이후에는 흐루쇼프와 대립했다.

전쟁 중에, 발달된 무기를 개발·생산하기 위해, 과학기술 전문가 집단을 우대했고, 그들의 세력이 성장했다. 이들과 군부가 결합하였고, 이들은 전후에도 국방비 지출삭감에 저항했다. 다음

---

66) 쏘련 인민은 2천만 명 이상 죽었고, 1천만 명이 불구가 되거나 부상을 당했다.
67) 엥엘스, "가족, 사적소유 및 국가의 기원", ≪칼 맑스 프리드리히 엥겔스 저작선집≫ 제6권, 박종철 출판사, 2000, pp. 194-195.

은 고르바쵸프 시대에 대한 언급이다.

> 국방비 지출의 삭감은 저항에 부딪쳤다. …
> 그리하여 로기노프(V. Loginov)는 '기계제작단지'에 고용되어 있는 1650만 명의 사람들 가운데, 3분의 1에 불과한 560만 명만이 민간부문(비군사부문) 관련 성[68]들의 관할하에 있는 기업에서 일하였다.[69]

즉, 고용인원의 3분의 2인 1090만 명이, 군사관련부문에서 일하고 있다. 이들이 군비만을 생산하는 것은 물론 아닐 것이다. 예를 들면, 민간용 트럭과 군수용 트럭을 함께 생산하는 경우도 많을 것이다. 그렇다 하더라도 엄청난 재원이 낭비되고 있다.

쏘련의 군사비의 증가에 대해, 바만 아자드는 다음과 같이 이유를 밝힌다.

> 1960년대 이후에 쏘련의 군사지출이 증가한 주요한 이유를, 단지 당 지도부의 낙관적인 태도에서만 찾아서는 안 되고, 증대하고 있던 국가 관료층의 이해관계에서도 이를 찾지 않으면 안 된다. 국가 관료의 관점에서 보면, 군비확장 경쟁은 사회주의 체제와 자본주의 체제 간의 생존을 건 역사적인 투쟁이라기보다는, 오히려 쏘련 정부와 서방측, 특히 미국 정부와의 대립이었다. 이들 관료층은 당과 사회주의의 장기적인 이익보다는 자신들의 이익을 우선시했고, 또 그렇게 행동했다. 실제로 군비확장 경쟁을 계속하면서 군사부문에 대한 지출을 늘리는 것

---

68) 한국과 비교하면 장관이 관장하는 부서로, 재정부나 국토교통부 등에 해당한다. 예전에는 인민위원회로 불렸으나 개명되었다.
69) 알렉 노브, 같은 책, pp. 440-441.

은 단지 이들 관료층의 권력기반으로서의 국가 기구를 강화하는 것이었다. 그것은 또 관료층을 경제적·정치적으로 강화했다. 바로 그 때문에 이들 증대하던 관료층은 사회주의의 군사지출을 삭감할 어떤 동기도 가지고 있지 않았을 뿐 아니라, 실제로는 그러한 정책이 자신들의 객관적인 이해에 반한다고 생각했다. 그리하여 제국주의는 "쏘련 자신의 쏘비에뜨 이데올로기까지도 위협할" 정도의 군비확장 경쟁 전략을 사회주의에 강요하는 데에 성공했고, 세계혁명을 크게 지연시켰던 것이다.[70]

즉 군부와 군수공업관련 과학기술 전문가, 국가관료들이 결탁하여, 거대한 재원을 자신에게 끌어오고, 부와 권력을 누리고 있었다. 이들의 인민에 대한 역할은, 미국의 군산복합체와 동일하다. 미쏘는 서로, 상대가 인민을 위협하고 있다고 협박하면서, 인민들의 고혈을 짜냈다.

전쟁과 더구나 그 거대한 승리는 관료주의자들을 크게 성장시켰다. 1945년 6월 24일, 모스끄바 붉은 광장에서는 전승기념 퍼레이드가 열리고, 장엄한 팡파레가 울려 퍼지고 있었다. 그러나 이것은 영웅시대가 저물고 있음을 알리는, 영웅들에 대한 진혼곡이었다. 그리고 들쥐들의 시대가 열리고 있었다. 살찐 들쥐들은 패거리를 지어 몰려다니며, 인민들의 피와 땀의 결실을 갉아먹을 것이었다.

---

70) 바만 아자드(Bahnman Azad), ≪영웅적 투쟁 쓰라린 패배≫, 채만수 역, 노사과연, 2009, p. 166.

5. 관료주의의 승리 (1945-1956)[71]

전쟁 이후 쓰딸린의 건강이 극도로 악화되었다. 차기권력을 두고 세 집단이 존재했다. 첫째, 쓰딸린을 이념적으로 계승할 쥐다노프였다. 그는 전쟁 동안 레닌그라드 방어전을 책임졌고, 레닌그라드에 세력을 형성하고 있었다. 둘째는 내무인민위원 베리야였다. 셋째는 흐루쇼프였다. 베리야와 흐루쇼프는 관료주의(이후 수정주의) 세력을 대표했고, 서로 경쟁하고 있었다.

1) 관료주의의 공세; "베리야의 음모". 레닌그라드 사건 (1948-1950)

1930년대부터 쓰딸린 지도부의 핵심 중 한 명이었던, 쥐다노프가 1948년 "심장마비"로 사망한다. 당시 문화정책 총책임자였고 정치국원이었던 쥐다노프는, 1946-1948년까지 문화예술분야에서 부르주아적 경향과 투쟁하고 있었다. 뒤이어 레닌그라드 사건(1948-1950)이 일어난다. 쥐다노프 사망 후 두 달 뒤부터 1950년까지, 쥐다노프 세력인 보즈네쎈스끼(국가계획위원회 위원장), 꾸즈네쪼프(중앙위원회의 비서), 로디오노프(Rodionov, 러시아 공화국의 수상), 레닌그라드 관리 수백 명이, 해임되고 총살을 당한다. 그들은 가장 영향력 있는 새로운 간부진의 일원이었다. 흐루쇼프는, 그들이 제거된 것은 베리야의 음모 때문이

---

[71] 이 부분은, Ludo Martens, *Another view of Stalin*, EPO, 1994, pp. 254-262. "*From Stalin to Khrushchev*(쓰딸린에서 흐루쇼프까지)"를 정리했다. 관심 있는 독자들은 다음을 읽어보기 바란다.
<루도 마르텐스, "스딸린 바로 보기(19)", 노사과연 편집부 역, ≪정세와 노동≫ 제93호(2009년 9월), 노사과연, pp. 38-65.>

라고 주장했다. 말렌꼬프는 그것을 방조했다는 설이 유력하다.

쥐다노프의 죽음은 베리야72)에 의한 것이 분명해 보인다. 또 그의 추종자들이 대량으로 제거되면서, 쓰딸린의 후계세력이 제거되었다. 이는 쓰딸린의 패배와 관료주의(이후 수정주의) 세력의 승리를 알리는 것이었다. 쓰딸린은 보즈네쎈스끼 등을 처벌하는 것을 반대했었다73). 쥐다노프가 사망하고 그 측근들이 제

---

72) Ludo Martens, op. cit. p. 260.
쓰딸린의 유명한 후임자였던 쥐다노프(Zdanov)는 1948년 8월에 죽었다. 심지어 그가 죽기 전에도, 여의사인 리디아 띠마쉬크(Lydia Timashuk)는 부적절한 치료로 그의 죽음을 앞당기게 했다며 쓰딸린의 의사들을 비난했다. 그녀는 이후에도 계속 이러한 비난을 반복하곤 했다. …

(의사들이 쥐다노프를 죽였는지에 대해서: 인용자) 과거에 쓰딸린 개인 비서실의 보안 책임자였던 류민(Ryumin)이 조사를 지휘했다. 9명의 의사들이 체포되었고, "미국 정보국에 의해 설립된, 국제 유대인 부르주아 민족주의 조직인 'JOINT'(American-Jewish Joint Distribution Committee)와 연관"된 혐의로 고소되었다. (이후에 다시 베리야는 류민을 체포하고 의사들을 무죄석방시킨다: 인용자)

73) Grover Furr, Op. cit. pp. 368-369.
"레닌그라드 사건"에서의 체포, 유죄판결, 처형들에 대해 쓰딸린의 "제멋대로인 행동"의 결과라고 비난했던 흐루쇼프가, 1957년 6월에는 보즈네쎈쓰끼와 기타 다른 사람들을 체포하는 것을 **쓰딸린이 반대했었다**고 주장했다!

흐루쇼프: 말렌꼬프, 당신은 알지 - 그리고 몰로또프, 미꼬얀, 싸부로프(Saburov), 뻬르부힌(Pervykhin)도 잘 안다 … 내가 호명한 동지들은 쓰딸린이 보즈네쎈쓰끼와 꾸즈네쵸프의 체포를 반대했었다는 것을 안다. 그는 체포를 반대했었고, 음흉한 야수들, 베리야와 말렌꼬프가 쓰딸린에게 영향력을 행사하여, 보즈네쎈쓰끼, 꾸즈네쪼프, [그리고] 뽀쁘꼬프를 체포하고 처형할 것을 선동했다. 말렌꼬프, 당신의

거된 이후에, 쓰딸린의 노선을 이어가려던 세력은 무기력했다. 말렌꼬프는 당시에 이미, 베리야와 거래를 하고 있었고, 몰로또프는 쓰딸린의 비판을 받고 있었다. 까가노비치도 무기력했다.

2) 쓰딸린의 투쟁

쓰딸린은 당시에 사태의 심각성을 분명하게 알고 있었다. 루도 마르텐스의 글을 보자.

흐루쇼프에 따르면, 쓰딸린은 1952년 말의 의사들의 음모[74] 이후에 정치국 위원들에게 다음과 같이 말했다고 한다. '자네들은 새끼 고양이처럼 눈이 멀었다: 내가 없이 어떠한 일이 일어나겠는가? 국가는 누가 적인지를 인식하지 못하는 **자네들 때문에 무너지고 말 것**이다.'[75]

손에는 피가 묻어 있고, 당신의 양심은 깨끗하지 않다. 당신은 비열한 인간이다.

말렌꼬프: 당신은 나를 중상하고 있다.

흐루쇼프: 내가 있을 때 쓰딸린은, "왜 보즈네쎈쓰끼를 국가은행에 배치하지 않는가, 왜 그러한 움직임이 없는가?"라고 말했다. 그리고 다른 사람들도 역시 그 말을 들었다. 그러나 베리야와 말렌꼬프는 쓰딸린에게 보즈네쎈쓰끼, 꾸즈네쪼프, 뽀쁘꼬프와 다른 사람들이 죄인들이라고 말했다. 왜? 왜냐하면 언젠가 쓰딸린은 정당하든 아니든 간에 말렌꼬프 대신에 꾸즈네쪼프를 승진시켰고, 그리고 보즈네쎈쓰끼를 쏘비에뜨 각료회의 의장으로 만들기를 원했기 때문이다. 그것이 그들이 무사하지 못했던 이유이다.

74) 쥐다노프를 치료하던 의사들이, 그를 죽였다는 혐의로 조사를 받던 사건.
75) Ludo Martens, *op. cit.* p. 260.

쓰딸린은 정치국원, 즉 흐루쇼프, 베리야 등이 국가를 무너뜨릴 것이라고 말하고 있다. 국가를 무너뜨릴 세력은 절대로 용납될 수 없다. 정치국원들에 대한 전쟁선포와 다름없는 말이다. 그는 이미, 쥐다노프의 의문의 죽음에 대해, 1951년 말에 조사를 시작하여, 베리야에 대한 공격을 시작했다. 같은 시기, 그루지야[76] 공산당 지도자가 공공 자금을 전용하고, 국가 재산을 도둑질한 혐의로 체포되었다. 그들은 영국 및 미국의 제국주의와 연결된 부르주아 민족주의 세력으로 기소되었다. 그 결과로서 일어난 그루지야에서의 숙청으로, 중앙위원회 임원의 반 이상이 면직을 당했는데, 그들은 베리야의 추종자들로 알려졌다. 새로운 그루지야 제1서기장은 자신의 보고서에서, 숙청은 '쓰딸린 동지의 개인적인 지시'에 의해 진행되었다고 언급했다. 1952년 10월, 제19차 전 연방 공산당 대회가 끝나고, 중앙위원회 정치국원 25명을 선출하여야 했다. 그때 쓰딸린은, 흐루쇼프, 베리야, 미꼬얀 등을 제거하고, 젊은 세력을 새로이 선발하려고 했다.

1952년 열린 제19차 당 대회에서, 쓰딸린이 쓴 것이 확실한 글을, 말렌꼬프가 보고한다. 이 글은 관료주의자들에 대한 전면적인 공세를 선포하는 글이다. 여기에는 당시에 만개한 관료주의의 모습이 잘 나타난다. 루도 마르텐스의 설명과 함께 들어보자.

> 제19차 당 대회에 제출한 보고서에서 말렌꼬프는 공산당의 주된 네 가지 약점을 강조했다. … 말렌꼬프는 많은 관료화

---

[76] 베리야는 그루지야 공화국 출신이고, 그루지야는 그의 지지기반이다.

된 간부진이 평당원들의 비판과 통제를 거부했으며, 형식주의자이자 부주의한 이들이라고 강조했다.

'우리의 오류와 부족함, 약점과 병폐를 폭로하고 극복하는 원칙적 방식인 **자아비판과 특히 아래로부터의 비판이, 공산당 모든 기구에서 그리고 어디에서도 결코 충분하게, 실현되지 않았다.** …'

'인민들이 비판을 했다고 박해받고 희생당한 사례가 있다. 우리는, 공산당에 대한 자신들의 충성을 공언하는 데에 결코 싫증내지 않지만, 아래로부터의 비판에 사실상 견딜 수 없으며, 그것을 억누르고, 자신을 비판한 이들에 대해서 보복을 하는 책임 있는 (간부: 역자) 노동자들을 여전히 만난다. 우리는 비판과 자아비판에 대한 관료주의적인 태도가 … 창발성을 죽이고 … 관료주의적인 반당적인 습성과 당의 불구대천의 원수들로 일부 조직을 감염시킨 수많은 사례를 알고 있다.

'여러 조직과 기관 활동에 대한 **대중들의 통제가 약화**된 곳이 … 어디든지 간에, 거기에서 … 관료주의와 퇴보, 그리고 심지어는 **공산당 기구의 개개 부문에서 부패**도 변함없이 발생한다. …'

'**성취가 당의 대오에 자기만족적 경향을 낳았고**, 모든 것이 순조로운 듯이 가장하게 만들고, 자기도취되고, 이미 얻은 승리에 안주하고, 과거의 공헌을 밑천으로 살아가려는 욕구가 일부 인민들에게서 생겨났다. … 지도자들은 … 드물지 않게 허영심과 자기찬양을 목적으로, 활동적인 당원들을 모아 모임이나 총회를 개최하며, 결과적으로 사업의 오류와 결함, 병폐와 단점이 폭로되어 비판받지 않는다. … 나태한 정신이 우리 공산당 조직에 침투했다.'

이것은 1930년대 쓰딸린의 글에서 되풀이되는 주제였다: 안락한 삶을 추구하고, 활동적인 당원들을 억압하며, 부주의하고, 공산주의의 적들처럼 행동하는 관료주의화된 이들을 비판하고 통제하기 위해서, 평당원들에게 호소하라. 쓰딸린이 수정주의자들에 대항하여 비판의 물결을 다시 한 번 더 분출시키고자 했던 이 글은 사람들을 경탄스럽게 한다.77)

관료주의가 발생하는 이유가 "아래로부터의 비판의 부족", "대중들의 통제가 약화"된 것, "성취가 당의 대오에 자기만족적 경향을 낳"은 것에 있다고 지적한다. 관료주의자들은 패거리를 만들어, 자신을 비판하는 인민들을 박해하고 희생시키고 있고, 결국 공산당 기구에 부패가 발생하고 있음을 지적한다.

둘째로, 말렌꼬프는 공산당의 규율을 무시하고 소유자처럼 행동한 공산주의자들을 규탄했다:
'공산당과 정부의 결정에 대한 형식적 태도, 그리고 그것을 수행하는 데 있어 수동성은 아주 무자비하게 뿌리 뽑아야 하는 악덕이다. 공산당은 일에 대한 흥미보다, 그들 자신의 편안함을 더 원하는 수동적이고 무관심한 집행부는 필요로 하지 않는다: 당은 끈기 있게 헌신적으로 싸울 사람이 필요하다....'
'그들이 책임지고 있는 기업이 국가의 기업이라는 것을 망각하고, 그것들을 그들 자신의 사적 소유물로 만들려고 하는, 집행부 인사들이 상당히 많다. … 그곳에서 … 그들은 … 원하는 것은 무엇이든 할 수 있다. … 공산당의 결정과 쏘비에

---

77) *op. cit.* pp. 256-257.

뜨의 법은 자신들과는 관련이 없다고 믿는 상당히 많은 수의 집행부 인사들이 있다.'

...

세 번째로, 말렌꼬프는 어떠한 통제도 받지 않는 파벌을 형성하고, 불법적으로 재산을 불린 간부들을 공격했다.

'몇몇 공직자들은 집단 농장의 재산을 좀도둑질 하는 데 전념하였다. … 이들은 **공유지를 그들 사유지처럼 사용하고, 집단 농장 위원회와 의장들에게 강요하여, 곡물, 고기, 우유, 다른 농산물을 저렴하게, 심지어는 공짜로 그들에게 공급하도록 강요했다.**'

'몇몇 우리 집행부 사람들은 정치 및 업무 능력을 보고 직원을 선택하는 것이 아니라, 혈연, 친밀성, 지연 등을 고려하여 선택하였다. … 직원의 선출과 승진에 관한 문제에서, 공산당 노선의 그러한 왜곡으로 인해, 상호 보험의 관계를 맺고, 공산당과 국가의 이해보다, 자신들의 이해를 더 중요하게 여기는 **친밀한 패거리들이 몇몇 조직에서 생겼다.** 그러한 사태가 대개 퇴행과 부패를 초래하는 것은 놀라운 일이 아니다.'78)

파벌을 만들어, 그 힘을 이용하여 생산수단, 즉 기업과 토지를 사적 소유물로 만들고 있었다. 즉 이미 자본가처럼 행동하는 사람들, 장래의 자본가들이 우후죽순처럼 발생하고 있었다.

끝으로, 말렌꼬프는 이데올로기 사업을 경시하여, 부르주아 경향을 또다시 출현시키고, 지배적 이데올로기가 되도록 허

---

78) *op. cit.* pp. 258-259.

용하는, 간부진을 비판했다.

'많은 공산당 조직들은 이데올로기 사업의 중요성을 경시하고 있으며, 이는 공산당의 요구에 미치지 못하는 결과를 낳았으며, 많은 조직에서 태만한 경향이 나타나고 있다. …'

'**사회주의 이데올로기의 영향력이 약화된다면, 그 효과는 부르주아 이데올로기 영향력이 강화되는 것이다.**…'

'우리에게는 여전히 부르주아 이데올로기의 흔적과, **사적 소유의 정신과 도덕이라는 잔재**가 있다. 이러한 잔재들은 … 매우 집요하여 **그들의 지배력이 강화될 가능성**이 있으며, 그들에 맞선 결정적 투쟁이 반드시 수행되어야 한다. 우리는 외부로부터, 자본주의 국가로부터 또는 내부로부터, 쏘비에뜨 국가에 적대적인 집단들의 잔재로부터 유래하는, 이질적인 관점, 사상, 정서의 침투로부터 안전하다고 보장할 수 없다. …' …

'우리 당의 일부 조직은 **경제 업무에 그들의 모든 주의를 쏟고 이데올로기 문제들은 잊는 경향이 있다.** … 이데올로기 문제에 대한 주의가 이완될 때는 언제나, 우리에게 적대적인 관점과 사고의 부활에 우호적인 토양이 생겨난다. 어떤 이유에서든 당 조직의 통제범위 밖의 이데올로기 사업 분야들이 있다면, 공산당 지도력과 영향력이 약해진 분야가 있다면, 이질적 요소들과 공산당에 의해 분쇄된 반레닌주의 조직들의 잔재들이, 이러한 분야들을 지배하려고 할 것이다.'79)

경제 업무에 모든 주의를 쏟고 이데올로기 문제들은 잊어버렸다. 사회주의 이데올로기의 영향력이 약화되었고, 그 효과로 부

---

79) *op. cit.* pp. 258-259.

르주아 이데올로기 영향력이 강화되고 있었다. 부르주아 이데올로기, 사적소유의 정신과 도덕이 부활하고 있었다.

이미 관료주의자들은 부르주아 세력으로 발전했음을 알 수 있다. 그들은 부르주아 사적소유 이데올로기에 빠져서, 생산수단(기업과 토지)를 사적으로 이용하며, 사실상 사적 소유물로 만들어 가고 있었다. <u>이미 잠재적 자본가 계급이 출현하고 있었다.</u>

3) 베리야의 반격 : 쓰딸린 암살(1953.3.5)

루도 마르텐스는 "쓰딸린의 죽음"에 대해 다음과 같이 적었다.

쓰딸린이 죽기 몇 달 전, 그를 보호하던 모든 보안체제가 해체되었다. 그의 개인 비서이며, 1928년부터 훌륭한 능력으로 그를 도왔던 알렉산더 쁘로스크레비체프(Alexander Proskrebychev)가 해고되어 가택연금 당했다. 그는 비밀문서를 변조했다는 혐의를 받았다. 25년 동안 쓰딸린의 개인 보안실장이었던 니꼴라이 블라시끄(Nikolay Vlasik) 중령은 1952년 12월 16일에 체포되었고, 몇 주 뒤 감옥에서 죽었다. 쓰딸린의 경호 책임자이자, 크렘린 경비대의 부사령관인 뻬쩨르 꼬신낀(Peter Kosynkin) 소장은 1953년 2월 17일 '심장 마비'로 죽었다. 제랴빈(Deriabin)은 이렇게 기술하였다:
'쓰딸린을 보호하는 모든 경호체계를 해체하는 과정은 계획적이고 매우 교묘하게 수행된 일이었다.'
<u>오직 베리야만이 그런 음모를 준비할 수 있었다.</u>
3월 1일, 23시, 경호원들이, 쓰딸린이 자신의 집 방바닥에서 의식을 잃고 있는 것을 발견했다. 그들은 전화로 정치국

의 임원들에게 연락했다. **흐루쇼프는 자신 또한 도착했고, (그후: 역자) 각자가 집으로 돌아갔다고 주장했다.**
아무도 의사를 부르지 않았다. 발작 이후 12시간 뒤에 쓰딸린은 처음으로 치료를 받았다. 그는 3월 5일 죽었다. 루이스(Lewis)와 화이트헤드(Whitehead)는 이렇게 적었다:

'몇몇 역사가들은 **미리 계획된 살인의 증거**를 찾았다. 아브두라하만 아브또르하노프(Abdurakhaman Avtorkhanov)는 1930년대의 경쟁자들(베리야, 흐루쇼프: 인용자)을 숙청하려고, 쓰딸린이 **눈에 보이게 분명한 계획**을 한 것이 원인이었다고 보았다.'80)

쓰딸린은 독쏘전쟁 시기에 극도로 과로하였다. 건강이 파괴되었고, 전후에 정치활동이 급격히 줄어들었다. 1950년에 들어서면 더욱 심각해져서, 정치활동이 거의 불가능해졌다. 이로 인해 판단력이 약화되어, "눈에 보이게 분명한 계획"을 하여, 역습의 기회를 준 것일 수도 있다. 그러나 필자가 보기에 더욱 중요한 것이 있다. 당시에 이미 관료주의자들이 당의 상층부와 중간부위를 장악하였다. 그들이 주도권을 이미 쥐고 있었다. 전반적으로 불리한 역관계를 역전시키기 위해서는, 평당원을 일으켜 세워야 했다. 즉, 중국의 마오쩌뚱처럼 "문화대혁명"을 진행하는 것이었다. 그러나, 이미 늙고 병든 쓰딸린은 그것이 불가능했다.

쓰딸린이 죽은 후 즉시, 정치국(최고회의 간부회)이 소집되었다. 베리야는 말렌꼬프를 장관 회의의 의장(수상; 인용자)으로 추천했고, 말렌꼬프는 베리야를 부의장 및 내무부 장관

---

80) 루도 마르텐스, 같은 책, p. 261.

과 국가 보안국의 장관으로 임명할 것을 추천했다. 그 뒤 몇 달 동안 베리야는 정치무대를 지배했다. 흐루쇼프는 '우리는 매우 위험한 시기를 경과하고 있었다.'라고 적었다.

일단 보안국의 지도자로 임명된 베리야는 쓰딸린의 비서였던 쁘로스크레비체프를 체포했고, 그 다음에는 쥐다노프의 의문스런 죽음에 대한 조사를 지휘하던 류민을 체포했다. … 4월까지도, 베리야는 그의 고향인 그루지야에서 반쿠데타(counter-coup)를 준비하였다. 그는 또 다시 자기 사람을 공산당과 국가의 최고위직에 임명했다.81)

4) 관료주의자들의 이전투구 : 불가능해지는 계획경제 (1953-1956)

맑스-레닌주의 지도부는 제거되었다. 쓰딸린을 계승했다는 말렌꼬프는 베리야에 종속되었다. 그는 관료주의의 준동을 막을 수가 없었다.

1953년 4월 11일 각료회의의 한 포고령으로 **성들(그 산하 부서의 장)의 정책결정권이 강화**되었다. 성들은 정해진 테두리 안에서 관할하에 있는 기업의 직원편제를 바꾸고, 설비, 원료 및 재원을 재분배하며, 중소 규모의 투자계획을 승인하는 것 등을 할 수 있었다.82)

성들(그 산하 부서의 장)의 정책결정권이 강화되고 있었다.

---

81) 루도 마르텐스, 같은 책, pp. 261-267.
82) 알렉 노브, 같은 책, p. 363.

기존에 존재하던 중앙의 통제(계획과 집행)에서 벗어나, 장관 등 관료집단이 자신의 발언권을 강화하고 있음을 알 수 있다. 그 결과는 무엇인가.

    도시와 농촌의 좀더 높은 소득, 소비재 생산 및 투자를 좀 더 늘리려는 계획, 대규모 농업프로그램, 주택건설 및 그밖의 소비자 써비스의 확대, 그리고 이와 동시에 기간공업의 지속적 성장, 비행기와 폭탄 분야에서 미국의 높은 우위가 수정을 요구하고 있다는 군부의 주장, 이 모든 것들은 유지되기에는 너무나 엄청난 프로그램이었다. 흐루쇼프에 의해 정치적으로 약화된 말렌꼬프 체제는 **재원을 둘러싼 청구자들 사이의 갈등**을 조정할 만큼 강력하지 못하였기 때문에 몰락하였다.[83]

    농업부분, 공업부분, 생산재 공업, 소비재 공업, 군부 등등에 똬리를 튼 관료주의자들이, 정부재원을 서로 많이 가지겠다고, 진흙탕 싸움을 하고 있다. 이들 들쥐들은 "사회적 부"가 아니라 "배타적인 집단의 부"를 위해, 그리고 그 집단 보스의 "개인적 부"를 위해 목숨을 걸고 투쟁하고 있다. 권력의 최상층부라고 다르지 않다. 흐루쇼프와 말렌꼬프는 권력을 독차지하려고 싸우고 있었다.
    오직 폐쇄된 각각의 집단 사이의 힘의 논리가 지배한다. 투쟁하는 각 집단을 통제할 기구는 더 이상 없다. 계획경제는 불가능하다. 생산은 점차 무정부 상태가 된다. 사회의 부를 목적의식적으로 계획적으로 발전시키는 것은 불가능해진다. 점차로 인간

---

83) 알렉 노브, 같은 책, p. 373.

이 생산을 지배하는 것이 아니라, 생산이 인간을 지배하게 된다. 개체·집단의 생존을 위한 투쟁과 적자생존이 부활한다. 인간은 다시 동물계로 퇴보한다. 엥엘스는 말했다.

　사회에 의한 생산 수단의 점유 획득과 함께 상품생산은 제거되며, 그럼으로써 생산자에 대한 생산물의 지배도 제거된다. 사회적 생산의 무정부 상태는 계획적이고 의식적인 조직화에 의해 대체될 것이다. 개체의 생존을 위한 투쟁은 중지된다. 그럼으로써 비로소 인간은 어떤 의미에서는 결정적으로 동물계를 벗어나고, 동물적 생존 조건으로부터 벗어나, 참으로 인간적인 생존 조건의 길로 들어선다. … 이제까지 역사를 지배해온 객관적이고 외적인 힘들은 인간의 자신의 통제 아래로 들어온다. 인간은 완전히 의식적으로 자신의 역사를 스스로 만들게 되며, 인간들에 의해 움직이는 사회적 원인들은, 이때부터 비로소 주로, 점점 더 그들이 원하는 작용을 가져오게 될 것이다. 이것이 필연의 왕국으로부터 자유의 왕국으로의 인류의 비약이다.[84]

자유의 왕국으로 비약하려던 인류는 다시 추락하고 있었다.

---

84) 엥엘스, "유토피아에서 과학으로 사회주의로의 발전", ≪칼 맑스 프리드리히 엥겔스 저작선집≫ 제5권, 박종철 출판사, 2000, p. 472.

6. 수정주의 시대(1956-1991)

1956년 2월, 제20차 당 대회가 열린다. 흐루쇼프는 비밀연설에서 쓰딸린을 격하한다. 당 대회에서는 또한 (1) 제국주의와의 전쟁 불가피론이 부정되고 평화공존론, (2) 사회주의로의 이행의 다양성, (3) 사회주의로의 혁명의 평화적 발전 가능성이 주장된다. 이 시기부터 일반적으로 수정주의 시대라고 한다. 그러면 수정주의는 어떻게 발생하였는가를 살펴보자.

1) 관료주의가 수정주의로 발전

흐루쇼프가 권력을 장악하는 과정을 살펴보자. 루도 마르텐스의 글이다.

> (쓰딸린 사후에: 인용자) 흐루쇼프는 베리야에 대한 음모를 꾸미고 있었다. 그는 먼저 베리야의 '부하'인 말렌꼬프로부터 지원을 얻고, 그 다음에 개별적으로 다른 사람들과 대화를 했다. 마지막으로 접촉한 사람은 미꼬얀으로, 그는 베리야의 가장 친한 친구였다. 1953년 6월 24일 최고회의 간부회(정치국)가 소집되었고, 베리야를 체포할 수 있었다. 미꼬얀은 베리야가 '우리의 비판을 마음에 새기어, 스스로 교정하려고 했다'라고 진술했다. 사전에 준비된 신호에 따라, 주꼬프가 지휘하는 11명의 원수들과 장군들이 방으로 들어가 베리야를 체포했고, 그는 1953년 12월 23일 그의 추종자들과 함께 총살당했다.[85]

베리야를 제거하는 과정은 조직폭력배의 수준이다. 석달 후인 1953년 9월86)에, 흐루쇼프는 제1서기가 된다. 1955년 2월에는 말렌꼬프를 수상 자리에서 제거한다. 1957년 6월에는 까가노비치, 말렌꼬프, 몰로토프 등 쓰딸린을 지지하는 세력이, 중앙위원회 회의에서 흐루쇼프를 축출하려 시도했다. 흐루쇼프는 다시 주꼬프의 힘을 이용하여, 다수를 획득하여 승리한다. 주꼬프는 그때, 비행기를 동원하여, 멀리 떨어져 있는 지역의 중앙위원회 위원들을 모스끄바로 실어왔다. 그러나 네 달 뒤인 10월에 흐루쇼프는 주꼬프마저 중앙위원회에서 제거한다. 그리고 1958년 3월에는 수장직까지 겸하며, 권력을 완전히 틀어쥔다.

여기서 주목해야 할 지점이 있다. 알렉 노브는 말렌꼬프의 실각에 대해 말한다.

> 정확히 무엇이 궁극적으로, 지도부의 대다수로 하여금 말렌꼬프를 제거하게끔 했는지에 관해서, **어떤 종류의 공개적 논의도 없었으므로,** 아직 명확하지 않다.87)

과거를 돌이켜보자. 뜨로츠끼파와 부하린파 등과 쓰딸린은 공개적으로 논쟁했고, 뜨로츠기파들은 당원들의 총투표를 통해 패배했고 축출되었다. 부하린은 논쟁에서 패배했지만 여전히 고위직을 유지했고, 이후 제국주의자들과 연계된 반혁명조직에서 활동하여 체포되었다. 그러나 흐루쇼프가 집권하는 방식은 전혀

---

85) Ludo Martens, *Op. cit.* p. 262.
86) 1953년 3월부터 1953년 9월까지는 말렌꼬프가 공산당의 제1서기를 지냈다.
87) 알렉 노브, 같은 책, p. 372.

다르다. "어떤 종류의 공개적 논의도 없었다". 단지 존재하는 것은 음모와 파벌 간의 이합집산, 권력투쟁뿐이다. 그리고 이후 브레즈네프, 고르바쵸프 시기도 별반 다르지 않다.

이것은 중요하다. 이들에게는 권력 그 자체가 최고의 목표이다. 그들은 오직 권력을 위해 이합집산할 뿐이다. 권력과 부를 독점하는 것, 그것이 최고의 목표이다. 그리고, 그들은 드디어 최고 권력을 거머쥐었다. 이제 누구와 손을 잡고 누구를 물리치고, 또 누구를 중립화하여야 할 것인가.

적대 세력을 보자. 첫째는 인민이다. 우리는 공적 부와 권력을 사유화했다. 우리는 그것을 인민들에게 빼앗은 것이다. 그러나 인민들은 예전과 같이 어리숙하지 않다. 하루가 다르게 성장하고 있다. 1948-49년에 이미 전쟁복구가 완료되었다. 1950년대도 경제가 계속 성장했다. 인민들은 문화적·정치적으로 비약적으로 성장했다. 당과 국가에서 프롤레타리아 민주주의가 요구되고 있다. 더 큰 문제가 있다. 사회는 공산주의 사회를 향해 한 발 한 발 나아가고 있다. 이는 억압적인 국가기구와 당의 권력도 점차적으로 사회 속으로 잠들어가는 것을 의미한다. 국가와 당의 정치권력, 인간에 대한 지배 자체가 점차 축소되고, 마침내 국가와 당이 인민들의 자치로 해소되는 것을 의미한다. 인민들은 프롤레타리아 민주주의에 대해 요구하며, 권력을 공유할 것을 요구할 것이다. 나아가 점차로 정치기구 자체를 축소하라고 요구할 것이다. 이들의 요구를 억압하여야 한다. 둘째, 쓰딸린 세력이다. 이들은 인민들에게 여전히 강력한 힘을 가지고 있다. 또 인민들의 요구를 실현하려 한다. 매우 위험한 최대의 정적이다. 셋째는 국외에 존재하는 맑스-레닌주의 자들이다. 이들은 국내의 쓰딸린 세력과 단단하게 결합되어 있다. 공산권에는 집권세력으로 존재한다. 자본주의 안에도 있다. 넷째는, 맑스-레닌주의 이데올기 그 자체이다. 이것은 우리의 적들 모두의 강력한 무기이다. 무엇보다도 먼저 이것을 파괴하지 않으면, 우리는 결코 승리할 수 없다.

아군은 다음과 같다. 첫째는 물론 우리 자신의 핵심 패거리들이다. 이를 핵으로 관료세력을 최대한 끌어 모아야 한다. 둘째, 부르주아적 이데올로기 세력을 끌어 모아 맑스-레닌주의와 싸워야 한다. 물론 정면 승부는 안 된다. 이데올로기를 왜곡시켜야 한다. 여전히 존재하는 멘쉐비끼, 뜨로츠끼파, 부하린파, 사민주의 등등 청산된 기회주의 세력을 끌어 모아야 한다. 이들은 풍부한 투쟁의 경험을 가지고 있다. 학계 상층부에는 현란하고 노련하게 맑스-레닌주의의 정수를 거세할 저명한 인사들이 많다. 셋째는 국외세력이다. 공산권과 자본주의권에 존재하는 사민주의 세력과 연대하여야 한다.

아주 중요한 세력이 또 하나 있다. 타협을 해서, 중립화시키고, 제한적으로 제휴할 세력이 있다. 제국주의 세력이다. 이들은 가장 강력한 세력이다. 우리는 국내에서 반인민적 정책을 쓸 수 밖에 없다. 관료지배층과 인민 사이에는 균열이 생길 것이다. 국가는 예전처럼 강력할 수 없다. 만약 제국주의자들과 충돌이 발생하면, 우리는 제국주의자들과 인민들에게 포위될 수 있다. 제국주의에게 양보하고 그들과 타협하여야 한다.

이러한 정세를 돌파할 가장 핵심 고리는 반쓰딸린주의이다. 이 슬로건으로, 현 시기 가장 위험한 적인 국내의 맑스-레닌주의자("쓰딸린주의자")를 분쇄할 수 있다. 국외의 사민주의자들과 연대하여, 외국의 집권 맑스-레닌주의 공산당을 타도할 수 있다. "쓰딸린주의"를 공격하는 것은 맑스-레닌주의 자체를, 우회적으로 공격하는, 가장 효과적인 방법이다. 또한 이를 통해 제국주의자들과 타협하고 제휴할 수 있다.

흐루쇼프는 제20차 당 대회의 "비밀연설"에서 반쓰딸린주의를 세계에 선언했다. 그러나 물론 정면승부를 할 수는 없었다. 그의 "비밀연설"을 치밀하게 연구한 그로버 퍼는 ≪흐루쇼프가 거짓말했다≫라는 책에서 다음과 같이 결론을 내린다.

> (흐루쇼프가 "비밀연설"에서 제시한 증거는: 인용자) 하나를 제외한 모두가 거짓말이고, 그 한 가지에 대해 나는 진실임을 입증할 수도 없고, 거짓임을 증명할 수도 없다.[88]

제20차 당 대회에서 선언된 내용을 다시 살펴보자. (1) 제국주의와의 전쟁 불가피론이 부정되고, 평화공존론 채택: 이는 제국주의자들에 대해 타협을 제안한 것이다. 제국주의와 사회주의의 평화공존론은 레닌시대부터 제기되어 온 것이다. 그러나 흐루쇼프의 평화공존론은 결정적으로 다른 부분이 있다. 그는 "평화공존론"을 세계 공산주의 운동의 총노선으로 제기하여, 결과적으로 식민지 국가들과 제국주의자들과의 평화공존, 자본주의 국가 내부에서의 자본과 노동의 평화공존을 내포하게 되었다. 식민지 해방투쟁과 계급투쟁을 억제하여, 제국주의자들의 편을 들고 있었다. 제국주의와의 타협을 위한 공물인 셈이다. (2) 사회주의로의 이행의 다양성, (3) 사회주의로의 혁명의 평화적 발전 가능성: 이는 레닌이 오래 전에 비판한, 사민주의의 내용이다. 자본주의 내에서 싸우는 맑스-레닌주의자들을 공격하고, 사민주의자들과 연대를 선언하는 내용이다. 또한 맑스-레닌주의 자체

---

88) Grover Furr, *Op. cit.* p. 1.

를 공격하는 것이다. 혁명을 사실상 부정하는 것이기 때문에, 자본주의 국가들과의 타협도 의미한다.

사적 개인·폐쇄된 집단의 부와 권력을 향한 욕망은 처음에 관료주의 속에서 발전하였다. 당시에 그들의 부와 권력은 그다지 크지 않았고, 관료주의 속에서 유지될 수 있었다. 그들은 이제 국가권력을 잡았다. 사적 권력과 부가 거대해진 만큼, 적대세력 또한 거대해졌다. 실체가 금방 폭로되는 관료주의를 가지고는 자신들을 지킬 수도 없었다. 맑스-레닌주의라는 과학을 가진 적들과 싸워 이길 수도 없다. 자신들의 세력을 최대한 결집하고, 적들을 효과적으로 공격할 수 있는 체계적인 이데올로기가 필요했다. 그러한 이데올로기는 대부분 이미 있었다. 사회주의 내의 우익 기회주의, 즉 부르주아에게 굴복하고 타협하는 수정주의가 그들의 이익에 가장 잘 어울렸다.

2) 수정주의의 전개

여기서 인류의 역사에서, 무계급 원시공산사회에서 계급사회가 어떻게 발생했는가를 살펴보자. 쏘련에서의 사태전개에 대한 이해를 높일 수 있다.

수천 년 전, 씨족을 기본 단위로 한 공동체 사회가, 노예제라는 계급사회로 발전되어 가던 시대에,

약탈 전쟁은 최고 군사 지휘자의 권력뿐만 아니라, 하급 지휘관들의 권력도 강화하였다; 관습적으로 동일한 가족 중에서 후계자를 선출하던 것이, 특히 부권제가 도입된 이래 점차 세습제로 이행했는데, 세습제는 처음에는 용인되는 수

준이었으나, 이후에는 요구되는 것이 되었고, 마침내는 찬탈되는 것이 되었다; 세습적 왕권(최고 군사 지휘자: 인용자)과 세습적 귀족(하급 지휘관: 인용자)의 기초가 만들어졌다. 이리하여 씨족제도의 기관들은 인민 속의, 즉 씨족, 프라트리(몇 개의 씨쪽 집단으로 구성: 인용자), 부족(몇 개의 프라트리 집단으로 구성: 인용자) 속의 자기의 뿌리와 점차로 유리되었으며, 전체 씨족 제도가 자기의 대립물로 전화하였다: 전체 씨족 제도는 자기 자신의 일을 자유롭게 처리하기 위한 부족의 조직에서 이웃사람들을 약탈하고 억압하기 위한 조직으로 전화했으며, 이에 따라 **그 기관은 민의의 도구에서 인민을 지배하고 억압하는 자립기관으로 전화하였다**. 그러나 이러한 일은 만일 **부에 대한 탐욕이 씨족 성원들을 부자와 빈자로 분열(계급으로 분열: 인용자)**시키지 않았다면, "동일한 씨족 내부에서 재산상의 차이가 씨족원들의 이해와 통일성을, 그들 사이의 적대로 전화시키지"(맑스) 않았다면, 만일 노예제가 확대된 결과, 자신의 노동을 통한 생계수단 획득을, 노예만이 해야 할 일로, 또 그것을 약탈보다 더 수치스러운 일로 생각하게 되지 않았다면, 결코 일어날 수 없었을 것이다.[89]

씨족 공동체 사회에는 군사지휘자와 그 하급 지휘관들이 있었는데, 그들이 점차로 권력을 찬탈하면서 왕과 귀족으로 발전한다. 이때 그들이 지휘하는 "그 기관은 민의의 도구에서 인민을 지배하고 억압하는 자립기관으로 전화하였다". 그러나 최고 군사 지휘자와 하급 지휘관들의 의지만으로는, 인민을 지배하고 억압

---

89) 엥엘스, "가족, 사적소유 및 국가의 기원", ≪칼 맑스 프리드리히 엥겔스 저작선집≫ 제6권, 박종철 출판사, 2000, p. 182.

하는 자립기관을 만들 수 없다. 씨족 공동체 사회가 유지된다면, 그리하여 그들의 단결이 유지되고, 착취가 발생하지 않는다면, 지배와 피지배는 불필요하고, 용납될 수도 없다. 부에 대한 탐욕이 씨족 성원들을 부자와 빈자로 분열시켜야, 즉 씨족성원이 계급으로 분열되어야 가능하다. 부에 대한 탐욕이 공동체 구성원들 간에 착취·수탈을 발생시킨다. 착취·수탈자는 부자가 된다. 피착취·수탈자는 빈자가 된다. 부자들은, 자신의 재산을 지키고 착취·수탈체제를 유지하기 위해, 빈자들을 지배하고 억압하는 폭력기구가 필요하다. 그것이 국가이다. 부자들은 단결하여 씨족 사회에 존재하던 군사지휘자를 왕으로 옹립하고, 그 하급 지휘관들은 귀족으로 된다.

쏘련 사회에서는 관료가 장악한 당과 국가가 바로 이렇게, 1991년에 "민의의 도구에서 인민을 지배하고 억압하는 자립기관으로 전화하였다." 초대 러시아 대통령 보리스 옐친은, 쏘련 시기에 연방 공산당 정치국 후보위원, 러시아 공화국 최고 소비에트 의장이었다. "씨족제도의 기관들이 자기의 뿌리(씨족공동체)와 **점차로 유리**되었듯이", 흐루쇼프의 수정주의 권력도 자기의 뿌리인 사회주의 사회와 점차로 유리되고 있었다. 그리고 마침내 "전체 씨족 제도(공동체사회)가 자기의 대립물(계급사회)로 전화하였듯이", 사회주의 또한 1991년에 자신이 대립물인 계급사회(자본주의)로 전화하였다.

흐루쇼프가 집권하고 수정주의가 발생한 것은, 사회주의라는 공동체 사회에 존재하는 민의의 도구인 쏘비에뜨 국가가 "인민을 지배하고 억압하는 자립기관으로 전화하는" 과정을 단지 **시작했을 뿐이다**. 그 과정이 완성되기 위해서는, 부에 대한 탐욕이 사회주의 전체 구성원들을 부자와 빈자, 계급으로 분열시켜야만

했다. 상품・화폐경제만이 그러한 작용을 할 수 있다. 엥엘스는 상품・화폐경제가 경제공동체를 어떻게 파괴하는지 설명한다.

　상품을 생산하는 사회가 상품 그 자체에 내재된 가치 형태를 화폐형태로 한층 발전시키면, 지금까지 가치 속에 숨어 있던 갖가지 맹아들이 즉각 표면에 나타나게 된다. 가장 직접적이고 가장 본질적인 작용은 상품 형태의 일반화이다. 화폐는 이제까지 직접적 자가소비를 위해 생산되던 대상들에 대해서도 상품 형태를 강요하며, 그것을 교환 속으로 끌어당긴다. 그리하여 **상품형태와 화폐는, 생산을 위해 직접 사회화된 공동체 내부의 살림에 침입하여, 공동체의 끈을 차례차례 끊어버리고 공동체를 일군의 사적 생산자로 해체시켜버린다.** 화폐는 처음에는, 인도에서 볼 수 있다시피 토지의 공동 경작을 개별경작으로 바꾸어버린다; 다음으로 화폐는, 아직 때때로 반복되는 재분할에서 확인할 수 있는 경지의 공동 소유를 결정적인 배분에 의해 해체시켜 버린다(예컨대 모젤 유역의 게회퍼샤프트에서 그러하고, 또한 러시아의 공동체에서도 그러한 과정이 시작되고 있다); 마지막으로 **화폐는 아직 공동소유로 남아있는 그 밖의 삼림과 방목지도 분배하도록 강요한다.** 생산의 발전에 기초한 다른 원인들이 이 과정에 협력한다 하더라도, 그 원인들이 공동체에 작용을 미치도록 하는 가장 강력한 수단은 어디까지나 화폐이다. 그리고 설사 뒤링의 경제공동체가 그 언젠가 실현된다 하더라도, 화폐는 역시 그러한 자연 필연성을 가지고서 어떠한 "법률 및 행정 규칙"에도 아랑곳하지 않고, 그 경제 공동체를 해체시켜 버릴 것이 틀림없다.[90]

쏘련은 공산주의로 발전하지 못했다. 사회주의에는 자본주의 잔재가 광범위하게 존재한다. 상품과 화폐 또한 존재한다. 그러나 상품과 화폐의 역할과 활동범위는 자본주의와 비교하여 결정적으로 제한된다. 사회주의에서 화폐는 노동력을 구매할 수 없다. 이는 법적으로도 금지된다. 생산수단은 상품이 아니다. 국영기업들 내에서 이전한다. 그 생산수단이 기업 간에 물질적으로는 이전해도, 모두가 국가의 소유이기 때문에 소유권의 이전은 없다. 교환이 아니다.

그럼에도 불구하고 여전히 상품과 화폐는 존재한다. 국유화된 공업과 집단적 소유인 집단농장 간에는, 두 개의 공동체 간에 서로의 생산물을 교환했다. 여기에서는 상품·화폐 관계가 존재한다. 소비재의 경우 국영상점에서 루블을 주고, 소비재를 분배받는다. 사회주의 원칙은 노동에 따른 분배이다. **노동자는 기업소에서 노동력을 상품으로 팔지 않는다**. 그는 생산수단의 공동 소유자로서 생산한다. 그래서 그가 매월 받는 루블은 몇 시간의 노동을 했다는 증명서이다. 그것은 화폐가 아니다. 국영상점에서, 루블과 소비재는 교환되는 것이 아니다(그럴 경우 소비재는 상품이고 루블은 화폐가 된다). 이때에 루블은 노동증명서이다. 그럼에도 교환되는 것처럼 보이고, 루블은 **화폐처럼 보인다**. 자본주의에서는 사태가 다르다. 먼저 노동자는 자신의 노동력 **상품**을 화폐와 교환한다. 그리고 다시 시장에서 그 화폐와 상품을 교환한다.

사회주의에서 이렇게 상품과 화폐가 여전히 존재한다는 것은, 커다란 약점이다. 수정주의자들은 이를 이용했다. 그들은 개인적

---

90) 엥엘스, "오이겐 뒤링 씨의 과학 변혁(반-뒤링), 《칼 맑스 프리드리히 엥겔스 저작선집》 제5권, 박종철 출판사, 2000, pp. 340-341.

부에 대한 탐욕 때문에, 상품·화폐경제를 지속적으로 확장시켰다. 이는 의도했든 아니었든 간에 공동체를 부자와 빈자로 분열하게 만들었다. 쏘련에서, "상품형태와 화폐가, 생산을 위해 직접 사회화된 공동체 내부의 살림에 침입하여, 공동체의 끈을 차례차례 끊어버리고 공동체를 일군의 사적 생산자로 해체시켜버리"는 모습을 보자.

1988년 고르바쵸프는 협동조합을 허용했다. 이는 사실상의 사기업이었다. "독점적 국가부문과 경쟁하기 위해서, 소규모 공업, 써비스, 요식 및 상업협동조합91)"이 만들어졌다.

협동조합의 활동이 크게 확장되었다. 그리하여 재화 및 써비스 생산은 1989년 400억 루블에서, 1990년에 700억 루블로 증가하였다. 1990년 말에, 많은 경우 아주 소규모인 26만 개의 협동조합들이 시간제 직원을 포함하여 620만 명을 고용하고 있었지만, 그 중 상당수는 (재정적 통제를 피하는 수단으로서) 국영기업과 직접 연결되어(혹은 심지어 그 안에서 작동하고) 있었다. 공업에서 임대된 기업들은 480억 루불 상당의 재화를 생산하였다.92)

사회주의사회는 "사회화된 공동체"이다. 거기에 협동조합으로 위장한 사기업이 "공동체 내부의 살림"에 침입하여, "공동체의 끈을 차례차례 끊어버리고, 공동체를 일군의 사적 생산자로 해체시켜버리"고 있다. 국영기업까지 해체하고 있다. 물론 그동안 상품·화폐 경제가 지속적으로 발전되어온 결과이다.

---

91) 알렉 노브, 같은 책, p. 437.
92) 알렉 노브, 같은 책, pp. 437-438.

그리고 결국에는 "화폐는 아직 공동소유로 남아있는 그 밖의 삼림과 방목지도 분배하도록 강요"했듯이, 공동소유물인 생산수단을 분배하도록 만들었다. 쏘련에서 자본주의는 부활했다. "화폐는 역시 그러한 자연 필연성을 가지고서 어떠한 '인민의 요구에도, 사회주의 법이 선언하는 공동소유형태'에도 아랑곳하지 않고, 그 경제 공동체를 해체시켜 버렸다." 아래에서 그것을 다시 확인하도록 하자.

3) 수정주의의 몇 가지 측면들

정치적 측면을 보자. 그들은 "전 인민의 국가", "전 인민의 당"을 선언했다. 맑스-레닌주의의 핵심 중 하나인 국가론을 정면으로 부정한 것이다. 국가는 지배계급이 피지배계급을 억압하는 폭력기구이다. 저들은, 사회에서 계급이 사라지고 사회구성원 전체가 인민이 되어, 국가 기구가 "**전 인민**의 이익과 의지를 표현하는 기구로 전화하였다"[93]고 한다. 그러나 계급이 사라지면, 폭력이 불필요해진다. 그러면 국가는 "전 인민의 국가"가 되는 것이 아니라, 사멸한다. 그리곤 "인간에 대한 지배를 대신하여, 사물에 대한 관리와 생산과정에 대한 지도가 나타난다."(엥엘스) 그것은 "전 인민의 이익과 의지를 표현하는 기구"이겠지만, 국가는 아니다. 수천 년 전 국가가 나타나기 전에도 존재했던, 씨족 공동체 사회의 기구들처럼, 공동사무를 관장하는 자치기구이다.

이들은 자신의 권력 기구인 국가를 강화하기 위하여 이러한

---

[93] B.N. 포노말료프 외, 《소련공산당사》 제6권, 거름 편집부 역, 거름, 1992, p. 49.

사기 행각을 벌였다. 그들의 말처럼 쏘련에서는 자본가 계급이 사라졌다. 사회구성원이 인민들로 하나가 되어가고 있었다. 그만큼 계급에 대한 폭력은 불필요해지고 있었다. 국가기구와 그 권력은 축소되어야 했다. 이것은 자신들의 권력이 축소되는 것을 의미했다. 그들은 국가론을 부정하여야 했다. 국내외의 사민주의 세력 또한 계급의 폭력기구로서의 국가론을 부정한다. 이들과 연대를 위해서도 필요했을 것이다.

또 다른 측면도 있다. "전 인민의 국가"란, 쏘련의 국가가 더 이상은 프롤레타리아 국가가 아니라는 의미이다. 관료들의 국가이고, 언젠가는 자본가 국가로 전화할 것이라는 의미를 내포하고 있었다.

경제적 측면을 살펴보자.

쏘련에는 트랙터, 콤바인 등 현대적 농업장비를 국가가 소유하고 관리(정비, 갱신, 임대)하였다. 농촌지역마다 농기계관리소(MTS)를 설치하였다. 기계를 사용한 대가로 농민들에게 농산물을 받았다. 그러나 1958년, 흐루쇼프는 MTS를 폐지하고, 장비를 농민들에게 매각하였다. 그 결과는 다음과 같이 심각했다.

① 1958년의 개혁은 꼴호즈(집단농장; 인용자)에 과도한 부담을 지웠고 조달가격[94]은 이 부담을 충분히 떠맡지 못하였다. 꼴호즈들은 (국가로부터 구매한: 인용자) 농기계 비용을 너무 많이, 그것도 너무 빨리 지불해야만 하였다. 그 결과 투자가 감축되고, 농민의 급료[95]가 줄어들 수밖에 없

---

94) 국가가 농민들에게 농산물을 구매하는 가격. 흐루쇼프는 이 가격을 인상하여 주었다.
95) 꼴호즈에서는, 개개 농부들이 일한 시간을 계산하여 농부들에게 급여를 지급하였다.

었다.

② MTS의 폐지는 기계의 정비에 불리하게 작용하였다. 거의 모든 꼴호즈들은 고급 장비를 적절하게 정비하고, 수리할 작업장이나 숙련 인력을 갖지 못하고 있었는데, MTS가 폐지됨으로써 이들 고급 장비가 꼴호즈들에게 여기저기로 분산되었다. 많은 기계공과 트랙터 운전수(이들은 국유기업에 고용된 노동자들이다: 역자)들은 꼴호즈 농민이 되느니, 차라리 마을을 떠나는 쪽을 택했다.96)

이러한 문제는 이후 고르바쵸프 시기까지도 농업을 정체에 빠뜨렸다. 그런데 이러한 문제는 이미 오래 전에 예견된 것이었다. 1952년에, 쓰딸린은 "쏘련에서 사회주의 경제의 제 문제"에서 논한다.

  (MTS를 폐지하고, 농기계를 꼴호즈에 판매하자는 사람들: 인용자) 그들은 이렇게 말한다.
  "꼴호즈에 대한 투자는 주로 꼴호즈 농촌의 문화적 수요에 지출하여야 할 것이고, 농업생산의 수요를 위해서 종전대로 그 대부분의 투자를 국가가 부담하여야 할 것이라고 생각하는 것은 잘못일 것이다. 꼴호즈가 이러한 부담을 전부 감당할 능력이 충분한 만큼, **국가를 이러한 부담에서 해방시키는 것이 옳지 않겠는가? 국가는 소비품을 풍요하게 하기 위하여 적지 않은 투자를 하여야 한다**"
  …
  이러한 논거는 성립될 수 없다. … **MTS의 기계라든가 토지**

---

96) 알렉 노브, 같은 책, pp. 405-406.

와 같은 생산수단은 우리나라의 현 조건하에서 농업의 운명을 전적으로 결정하는 것이기 때문이다. …

 우리는 누구나 우리나라의 농업생산의 거대한 장성, 즉 곡물, 면화, 아마, 사탕무우 등의 생산의 장성을 기뻐하고 있다. 그런 이 장성의 근원은 어디에 있는가? 그 장성의 근원은 이 모든 생산부문에 이용되고 있는 현대적 기술에 있으며, 수다한 현대적 기계에 있는 것이다. 여기에서 문제는 비단 기술 일반에 있는 것이 아니라, 기술은 한자리에 머물러 있을 수 없으며, 그것은 항상 개선되어야 하며, 낡은 기술은 폐기되고 새로운 기술로 교체되어야 하며, 또 새로운 기술은 보다 새로운 기술로 교체되어야 한다는 데 있다. … 그런데 수십만 대의 차륜식 트랙터를 없애고 이를 무한궤도식 트랙터로 교체하며, 수만 대의 낡은 콤바인을 새로운 콤바인으로 교체하며, 또 예컨대 새로운 공예 작물용 기계를 만든다는 것은 무엇을 의미하는가? 이것은 6년 내지 8년 후에야 비로소 보상될 수 있는 수십억 루블의 지출을 부담한다는 것을 의미한다. 우리나라 꼴호즈들이 백만장자라 하더라도 과연 이 비용을 감당할 수 있겠는가? 아니다. 감당할 수 없다. … 이러한 지출은 오직 국가만이 부담할 수 있다. …

 이렇다면 MTS를 꼴호즈의 소유로 판매할 것을 요구하는 것은 무엇을 의미하는가? 그것은 꼴호즈에 많은 손실을 주며, 꼴호즈를 영락(零落)시키며, 농업의 기계화를 파탄시키며, 꼴호즈의 생산속도를 저하시키는 것을 의미한다.

 가령 … MTS를 꼴호즈에 판매하여, 그 소유로 만들기 시작하였다고 하자. 그때는 어떻게 될 것인가?

 첫째로, **꼴호즈는 기본 생산도구의 소유자로 될 것이다.** 즉 꼴호즈는 우리나라의 어느 한 기업소조차 당해 보지 못한 그러한 예외적인 처지에 있게 될 것이다. 왜냐하면 주지하는 바와 같이 우리나라에서는 국유화된 기업소조차 생산도구의 소유자는 아니기 때문이다. … 그러한 처지는 꼴호즈적 소유(국가적 소유가 아니라 집단적 소유: 인용자)를 전 인민적인 소유의 수준까지 제고시키는 데 도움이 되며, 우리나라가 사회주의로부터 공산주의로 넘어가려는 것을 촉진시킬 수 있겠는가? 오히려 그러한 처지는 꼴호즈적 소유를 전 인민적 소유로부터 더욱 멀어지게 할 수 있을 따름이며, 그것은 공산주의에 접근시키는 것이 아니라, 반대로 **공산주의에서 멀어지게 하는 결과**를 가져오리라고 말하는 것이 옳지 않겠는가?

둘째로, **상품유통의 작용범위가 확대되게 될 것이다. 왜냐하면 방대한 양의 농업생산도구가 상품유통의 궤도에 들어가게 될 것**이기 때문이다. … 상품유통범위의 확대는 … 공산주의로의 우리의 전진을 저해할 수 있을 따름(이다). …

엥엘스는 《반-뒤링론에서》 … **상품유통이 존재하는 한 뒤링의 소위 "경제공동체"는 자본주의를 부활시키지 않을 수 없다**는 것을 명백히 입증하였다.[97]

흐루쇼프는, "MTS의 기계를 매각하여 농업의 운명"을 비참하게 만들었고, 그의 후임자들도 결코 이를 되돌리지 않았다. "왜냐하면 방대한 양의 농업생산도구가 상품유통의 궤도에 들어가게 되"는 것으로, 이익을 보는 세력이 보다 강력했기 때문이다. 집산화된 농업부문에 있는 관료보다, 국유화된 공업부문의 관료들이 힘이 더 세다. 공업부문의 관료들은 "국가를 이러한 부담에서 해방시"켰다. 그 운영비, 기계를 판매한 대금, 그리고 앞으로

---

97) 쓰딸린, "쏘련에서 사회주의 경제의 제 문제"(1952), 《쓰딸린 선집》 제3권, 조선로동당출판사, 1964, pp. 535-539.

판매할 대금은 이제 자신의 관리하에 들어온다. 이것이 중요하다! 자본주의냐, 공산주의냐? 전진이냐, 후퇴냐? 내 알 바 아니다. 내 갈 길을 가라! 남들이 뭐라든!

그들은 농업을 영락(零落)시켰다. 이제 공업을 영락시킬 차례이다. 1965년 이른바 꼬시긴 개혁을 실시했다. 그 단면을 보자.

> 오랜 기간, 기업의 경영업적을 평가하는 기준이 되었던 것은 **총생산고**였다. … 기업은 완전 독립채산제로 이행하게 되었으며, 기업의 경영 업적 평가에 새로운 원칙, 즉 **현금화된 제품의 총량과 기업이 얻은 이윤**을 근거로 삼는 새 원칙이 도입되었다.98)

이것이 이른바 "개혁의 핵심"이라고 한다. 계획경제와 시장경제의 차이는 무엇인가? 비누를 만든다고 가정하자. 계획경제에서는 사회적 필요량을 파악한다. 10개가 나온다 하자. 공장에 10개를 만들라고 지시한다. 생산물은 이후에 분배된다. 그 공장의 평가는 "총생산고"가 결정한다. 비누 10개를 생산하는 노동은 생산 당시부터 **사회적으로 필요한 노동**이다. 이제 자본주의 시장경제를 보자. 생산이 무정부적으로 진행된다. 15개가 만들어진다. 10개는 시장에서 팔리고 "**현금화된다**". 5개는 버려진다. 이때 "**현금화된다**"는 것의 의미는 무엇인가? 그것은 그 10개를 만드는 노동만이, **사회적으로 필요한 노동으로 인정된다는 것이다**. 그러면 현금화되지 못한 나머지 5개를 만드는 노동은 무엇인가? 그것은 사적 개인의 노동이고, **사회적으로 불필요한 노동**이라는 것이다.

---

98) B.N. 포노말료프 외, 같은 책, p. 152. pp. 148-149.

이렇게 "현금화" 여부로, 사회적 필요노동과 불필요 노동으로 심판을 받는 것은, 시장경제에 고유한 것이다. 이제 화폐가 불필요 노동이라고 규정한 노동은 다음해에는 생산을 할 수 없다. 화폐는 권력이 되고 생산을 결정한다. 이것은 계획경제가 아니다. 그런데 "개혁"은 판매에 성공하여, "**현금화된 제품의 총량**"(사실상 현금 그 자체)과 그 현금으로 계산된 **이윤**을 근거로 기업을 평가하겠다고 한다. 이것은 계획경제를 포기하겠다는 말이고, 시장경제를 도입하겠다는 말이다. 상품·화폐경제를 확대하겠다는 말이다.

그러면 왜 이러한 "개혁"이 발생했을까? 우리는 위에서 각 부서의 관료들이 사회적 재원을 둘러싸고 이전투구를 벌이는 것을 보았다. 의복생산을 담당하는 부서와 가구생산을 담당하는 부서가 있다고 하자. 계획을 입안하는 기구에서는 의복과 가구의 사회적 필요량을 계산한다. 생산에 필요한 재원(원료, 노동력)도 결정한다. 그러나 생산부서들은 이러한 결정을 거부한다. 더 많은 재원을 얻으려 싸운다. 힘의 논리가 재원분배를 결정한다. 의복부서가 이기고, 의복은 생산량을 초과달성(!)하고, 보너스를 받는다. 의복은 남아돌고, 가구는 부족해진다. 계획경제는 난맥상을 보인다.

그러자 저명한(!) 교수님이 나타난다. 이것이 계획경제의 비효율성이다. 인간의 힘으로는 사회적으로 필요한 양을 측정할 수 없고, 불필요한 것을 생산하여 자원을 낭비한다. 오직 화폐만이 그것을 할 수 있다. 기업을 총생산량으로 평가하지 말고, 팔린 것만을 가지고 평가하자. 모든 생산물을 상품으로 시장에 던져 넣고, 화폐의 판단에 맡기자. 그리하여, 화폐가 무엇을 얼마만큼 생산할지를 결정하게 하자. 화폐의 명령에 복종하여야 한다. 그런데 화폐 역시 상품, 가장 뛰어난 일반적인 상품이다. 결론은 이렇다. 인간은 자신의 생산물을 지배할 수 없다. 오직 생산물만이 인간을 지배할 수 있다. 인간은 수천 년 동안, (계급사회에서) 그렇게 잘 살아왔다.

상품·화폐경제가 점점 살아나는 만큼, 기업 관리자는 자본가를 닮아간다. 또 그만큼 프롤레타리아 독재국가에서, 프롤레타리아는 임금노예를 닮아간다.

7. 반혁명(1991년)

수정주의하에서 쏘련 경제는 여기저기서 난맥상을 보였다. 그러나 사회주의라는 틀은 여전히 존재했고, 위력을 잃지는 않았다. 거대한 승리의 역사가 주는 관성도 존재했다. 무엇보다도 인민들이 사회주의를 지지하고 있었다.

쏘비에뜨 인민의 실질소득이 1960-1984년 사이에 3.47%의 평균성장률을 기록하고 있었다는 것, 바꾸어 말하면 이 시기에 생활수준이 3배가 되었다99) … 고르바초프의 긴밀한 동반자 중 한 사람인 니콜라이 리즈코프(Nikolai Ryzhkov)에 의하면, 1987년 이전 35년 동안에 쏘련의 국민소득은 6.5배 성장100)하여, 평균 연간성장률은 5.5%였다(같은 기간에 미국의 국민소득은 2.8배 상승했고, 평균 연간성장률은 3%였지만, 이를 감히 경제적 침체라고 부르는 사람은 아무도 없다!)101)

그러나 수정주의하에서 꾸준히 성장한 잠재적 자본가들은 반혁명을 노리고 있었다. 1986년 제27차 당 대회에서 고르바쵸프가 집권하면서, 드디어 그들에게 기회가 왔다. 정치적 고지를 점령한 것이다.

---

99) Victor Perlo, "*The Economic and Political Crisis in the USSR*", *Political Affairs*, August 1991, p. 12.
100) 그러나 이 시기에, 그 성장의 결실은 불균등하게 분배되었다. 인민과 특권층 간에 빈부격차가 발생하였다.
101) 바만 아자드, 같은 책, 2009, p. 193.

긴급히 수행되어야 할 사회주의 체제의 변혁(개혁이 맞을 것이다: 인용자)이 (수정주의하에서: 인용자) 25년 동안이나 지연됨으로써 자신의 이해에 지극히 민감하고 그 이해에 따라 행동하는 관료층, 사회주의를 개선하기보다는 오히려 말살하는 것에서 이익을 발견하는 계층이 악성종양처럼 비대화되었다. 사회주의의 쇄신 과정을 최종적으로 그 파괴와 해체 과정으로 전화시킨 것은 바로 이 계층, 프롤레타리아트의 국제적인 계급적 적에게 무조건적으로 지지를 받은 이 계층이었다.

...

(1986년 쏘련 공산당: 인용자) 제27회 대회는 … 대회가 선출한 새 지도부의 구성은 커다란 역사적인 후퇴였다. 왜냐하면 **국가 기구 내부에서 성장하고 있던 관료·테크노크라트 층이 당 지도부의 관건적인 전략적 지위를 점하고, 당 기구에서 조직적인 지배권을 장악한 것이 이 대회**였기 때문이다. (1961년 흐루쇼프 시기: 인용자) 제22회 대회와 그후 수년 동안은 관료·테크노크라트 층이 사회주의 국가의 정치적 기구와 기관을 지배하게 되는 전환점[102]이었는데, 제27회 대회는 그들 계층과 그 정치적 대리인—미하일 고르바초프와 그 동반자 집단—이 프롤레타리아 계급 권력의 최고사령부, 즉 공산당 지도부에 침입하여 그 실권을 장악하고, 사회주의를 파괴함으로써 그들 자신의 이익을 촉진하기 위해, 이 권력을 효과적인 무기로 전화시키는 또 하나의 전환점이 되었다. 오랜 동안 이러한 절호의 기회를 엿보고 있던 제국주의

---

102) 이 부분에 대해 필자는 이견을 가진다. 당과 국가는 사실상 결합되어 있었고, 당이 주도했다. 당연히 수정주의(관료주의)도 당이 주도했다.

는 이용 가능한 모든 물질적 수단과 선전수단을 총동원하여 쏘련공산당 지도부 내에서 당의 전면적 지배를 꾀하는 이 새로운 정파를 지원했다.103)

전면적인 이데올로기 공세가 이어졌다.

사회주의를 옹호하던 7개의 신문은 모두 침묵을 강요당했다. 대중 매체는 세계의 모든 반사회주의 단체에 개방되어 있다. '라디오 자유 유럽(Radio Free Europe)'도 '라디오 자유(Radio Liberty)'도 모든 대도시에 지국을 개설하고 매일 방송을 하고 있다. 미국의 우익 TV 설교자들이 모두 쏘련의 대도시 방송에 등장하고 있다. 극우 헤리티지 재단(Heritage Foundation)을 필두로 CIA가 지원하는 조직들이 쏘련 전역에 방송되는 프로그램들을 소유하고 있다. 존 수누누(John Sununu)나 FBI의 국장들, '청년공화당원회(Young Republicans)'의 간부들이 정기적으로 중앙위원회나 콤소몰(Komsomol, 청년공산동맹)의 간부들을 대상으로 강연했다. 미군은 '군의 민주화'에 대해 강의하기 위해서 쏘련에 강사들을 파견하고 있다. 미국의 정부 고문, 경제학자, 이데올로그 및 대학교수들이 모든 연구소나 정부조직들에서 열심히 자본주의 경제와 부르주아 민주주의를 설교하고 있다. 당연히 학생 교환 프로그램이 더욱 확대되어 쏘련의 남녀가 하버드나 예일대에 수년씩 머물면서 '기업가'가 되는 것을 배우고 있다.

쏘련은 포르노나 선정적인 책을 포함한 외국의 모든 잡지

---

103) 바만 아자드, 같은 책, pp. 189-190.

와 신문에 대해서 수문을 개방하는 한편, 해외의 공산주의 신문 구독을 모두 해약했다. 이러한 광범한 이데올로기적 침투가 고르바초프와 그의 무리들의 동의하에 진행되고 있다.104)

그리고 마침내 관료들은 자본가가 된다. 그들의 **최후의 목적은 공적재산의 횡령**이었던 것이다.

1990년 말에 고르바초프와 그 공모자들은 수백만 명의 공산당원과 근로인민의 의사를 무시하고 공적기업의 사유화와 주식거래소 설립을 위한 법률들을 정식으로 통과시켰다. 그들은 서둘러 이들 **기업의 소유권을 그것들을 경영하고 있던 관료층에게 양도했다.** 인민의 국부(國富)가 이 계층에 매도되면서 **어제의 경영자는 급조된 자본가로 변신하고, 자본주의 쿠데타는 정치적 영역으로부터 경제적 영역으로 확대되었다. 공적재산의 횡령과 국가 관료층에 의한 사적 처분은 경제에서 통상적인 일이 되었다.** 마피아적인 신흥 자본가층이 버섯처럼 성장하여 근로인민의 등 뒤에서 천문학적인 부를 축적했다. 고르바초프와 그의 동반자들은 메릴린치(Merril Lynch)와 같은 일련의 제국주의 금융기관들로 하여금 국가기업의 사유화 과정을 감독·지도하도록 했고, 그리하여 그들은 쏘비에뜨 경제의 제국주의적 후견인이 되었다.105)

---

104) 바만 아자드, 같은 책, pp. 196-197.에서 재인용. (원문; Gus Hall, "쏘련의 위기"(1991년 9월 8일 미국 공산당 전국위원회 특별회의에서의 보고), ≪社會評論≫ 제85호, pp. 4-5.)
105) 바만 아자드, 같은 책, p. 199.

흐루쇼프의 후예들은 자본가가 되었다. 자본주의는 부활했다. 사회주의는 패배했다. 인류는 다시 동물계로 추락했다.

10월 혁명은 제국주의의 약한 고리106)에서 발생했다. 후진적 농업국가, 약한 제국주의 국가에서 혁명이 발생했다. 강대한 제국주의 국가들은 지속적으로 위협하고 침략했다. 여기에 고무된 국내의 구지배계급 또한 공세를 계속했다. 경제는 폐허가 되었고, 수많은 당원들이 싸우다 죽고, 과로로 죽고, 굶어서 죽었다. 혁명은 점점 가망이 없어 보였다. 내부에서는 이탈자들이 줄을 이었다.

"절멸되는가, 아니면 사회주의 공업을 건설하는가." 중세적 잔재를 여전히 가지고 있고, 태반이 문맹인 농민들과 함께 사회주의는 건설되어야만 했다. 그것은 전쟁의 연속이었다.

급속한 공업화를 위해, 그리고 그 전제인 농업의 집산화를 위해, 모든 가능성을 활용하여야 했다. 구시대의 자본가 경영진, 행정가, 과학자, 군인도 활용하여야 했다. 부르주아적 의식도 활용하여야 했다. 물질적 동기를 강력하게 부여했고, 엄격한 규율과 관리체계를 갖추어야 했다. 이것은 **비적대적 부르주아와의 타협체제**를 의미했다. 프롤레타리아 민주주의, 정치의식(맑스-레닌주의)의 발전은 우선 순위에서 밀려났다.

부르주아와 동거하고, 프롤레타리아 민주주의·정치의식이 지체되면서, 관료들이 부르주아 의식에 오염되었다. 경제적 성공과 전쟁 승리는 이 과정을 촉진했다. 너무 장기간의 동거도 이 문제를 악화시켰다. 사회주의를 건설하고, 또 전쟁으로 파괴되어,

---

106) 당시 공업생산고에서 러시아는 세계에서 5위, 유럽에서는 4위였다.

복구하는 과정은 무려 30여 년이었다. 선진국이라면 수년이면 끝났을 일이다. 관료주의자들은 이미 1930년대 말에 맑스-레닌주의 지도부와 대등할 정도로 자라났다. 선진 자본주의국에서 부르주아가 했던 공업화를 프롤레타리아가 하는 과정에서, 당이 부르주아화 되어버린 것이다. 전쟁은 결정적인 역할을 했다. 더구나 그 거대한 승리는 더욱 결정적이었다. 그것은 그들을 크게 성장시켰고, 전후 드디어 주도권을 잡았다.

평당원들과 인민들만이 정세를 역전시킬 수 있었다. 그러나 그들은 이제야 겨우 깨어나고 있었다. 그리고 그들이 한층 성숙해졌을 때는 수정주의 세력이 권력을 잡고 있었다. 맑스-레닌주의 지도부가 너무나도 위대했기에, 강렬한 기억은 결코 지워질 수 없었다. 대중들이 보기에, 변질된 지도부는 여전히 그 거대한 유산의 상속자였다. 맑스-레닌주의 또한 수정주의의 공격을 받아 해체되었다. 지도부 없이 지도적 사상 없이, 투쟁은 불가능했다. 약한 고리에서의 혁명은 강한 고리에서의 혁명보다 쉬웠다. 그러나 그 성공은 더 어려웠다.

1917-1953년까지 프롤레타리아의 함성은 세계를 뒤흔들었다. 전 세계 노동자·인민은 열광했다. 부르주아지는 공포에 가위눌렸다. 그들은 미치광이가 되었고, 프롤레타리아의 신세계를 피로 흠뻑 적시고 또 적셨다. 부르주아지는, 결코 용서받지 못할, 역사상 최악의 범죄집단이 되었다. 그들은 증명했다; 계급사회는 종언을 고했다!

세계 프롤레타리아의 전위는 영웅적으로 싸웠다. 그리고 패배했다. 그들은 인류가 동물계로부터 도약했음을 보여주었다. 그들은 인류의 자존심이었다. 가슴 아프도록 위대했던 "영웅시대"는 영원히 기억될 것이다. 노사과연

사회주의 리얼리즘과 쏘련 영화에 대한 일고찰
― 지가 베르또프의 ≪레닌에 대한 세 노래≫를 중심으로

최상철 | 운영위원

Ⅰ. 변혁을 위한 무기로서의 영화 예술의 가능성

1895년 뤼미에르(Lumière) 형제의 씨네마토그라프[1]가 세계 최초의 영화를 탄생시켰다. 국경을 넘어 제정 러시아에도 이 혁신적인 매체가 전파되었다. 1896년 6월 22일 볼가강 근처의 니즈니노브고로드에서 열린 박람회에서 씨네마토그라프를 처음 접한 막심 고리끼는 오데사의 신문에 기사를 작성하였다. 그는 당시의 충격을 아래와 같이 기술하였다.

이 발명품이 광범위하게 사용되리라는 것을 나는 예언할 수 있다. … 이 발명품이 과연 관객의 신경쇠약을 보상할 만큼 유용하게, 사용될 수 있겠는가? 더욱 더 중요한 문제는 우리의 신경이 약해질수록 감지력 또한 약해져서 일상생활의 자연스런

---

[1] 씨네마토그라프는 필름 카메라이면서 필름 영사기와 인화기이다. 이것을 누가 발명하였는지에 대해서는 이설이 있다. 뤼미에르 형제의 역할을 단지 특허권을 따낸 것으로 보는 시각도 있으나 여기서는 널리 알려진 설을 따른다.

충격에는 둔감해지고 대신에 보다 새롭고 강렬한 충격을 간절히 바라게 된다는 것이다. 씨네마토그라프는 이러한 모든 문제들을 여러분에게 동시적으로 안겨준다. 신경을 곤두서게 하는 반면에 무디게도 하는 것이다! 이 발명품과 같은 기이하고도 환상적인 충격이 일찍이 없었던 만큼 그것에 대한 열정은 점점 더 커져 갈 것이다. 그리고 우리는 점차 자신감을 상실하고 일상생활의 감동들을 받아들이지 않게 될 것이다. 기이하고도 새로운 것에 대한 이러한 열망은 우리를 아주 먼 곳으로 데려갈 것이다.[2]

[영화 장면 1] ≪씨오따 역에 도착하는 열차≫(1896)[3] 중에서.

---

2) 제이 레이다(Jay Leyda), ≪소련영화사 1≫, 배인정 역, 공동체, 1988, pp. 36-37. 이하의 번역 인용에서 표현을 달리하거나 표기를 바꾸기도 하였다. 때로는 찾아낸 오역을 바로 잡기도 하였다.
3) 루미에르 형제의 ≪씨오따 역에 도착하는 열차(*L'Arrivée d'un train en gare de La Ciotat*)≫는 인류 최초의 영화 작품으로 단순히 열차가 역에 도착하는 장면을 활동사진으로 보여준다.

고리끼의 선구자적인 예견은 틀리지 않았다. 씨네마토그라프의 발명으로 탄생한 영화 예술은 인류의 문화사에서 전환점을 가져 오게 되었다. 뿐만 아니라 인류 최초로 탄생한 사회주의 국가에서도 영화는 새로운 사회를 건설하는 임무에 성공적으로 복무하였다.

영화는 기존의 예술 장르와 달리 독점자본주의의 고도로 발전된 생산력과 생산관계에서 탄생하였다. 생산수단을 자본가 계급이 장악하고 있는 한, 영화도 다른 예술과 마찬가지로 자본의 무제한적 이윤 추구의 욕망에 봉사하며 자본가들의 이데올로기를 유포한다. 그리고 대중은 예술의 소비자로서 전락한다.[4]

그것은 최고도로 발전한 자본주의 영화산업을 보여주는 헐리우드 영화에서 가장 전형적이다. 헐리우드 영화산업은 미국은 물론이고 전 세계에서 독점자본주의 이데올로기의 전도사로서 1선에서 활약하고 있다.[5] 2차 대전이후 일본에 주둔한 연합군 최고 사령부(Supreme Commander for the Allied Powers)는 3S 정책을 펼친다. 거기에 영화(Screen)가 쎅스, 스포츠와 함께 한 축을 담당하고 있다는 것은 미제국주의자들이 그 누구보다 영화의 위력을 잘 알고 그것을 자신의 이데올로기 구축을 위해 활용하고 있음을 보여주는 단적인 사례이다. 1980년 오월 광주의 피를 머리에서 발끝까지 머금고 탄생한 전두환 정권이 3S 정책으로 인민들을 우민화시키면서 자신들의 정권을 지키려고 했다는

---

[4] 김규항, "혁명의 영화, 영화의 혁명 —1920년대를 중심으로 본 에이젠슈테인의 예술세계", ≪노동자 문화 통신 3≫, 노동자문화예술운동연합, 1990, p. 261. '맑스-레닌주의'를 부르짖던 김규항이 지금 무엇을 하고 있는지 지켜보자.
[5] 홍만, "영화소집단운동", ≪영화운동론≫, 서울영화집단 편, 화다, 1985, pp. 212.

것 또한 주지의 사실이다.

그런데 지배계급의 대중 포섭을 위한 이데올로기 조작은 역설적인 상황을 낳기도 한다. 포르투갈의 파쇼 독재자 살라자르(António de Oliveira Salazar)는 3S 정책과 거의 유사한 3F 정책(Três F)을 편다. 3F는 축구(Futebol)로 대표되는 스포츠, 파티마(Fatima)[6]로 대표되는 종교, 파두(Fado)[7]로 대표되는 대중예술을 뜻한다. 그런데 바로 반(反)살라자르 투쟁의 선봉에 파두 음악이 섰다. 1974년 4월 25일 0시 20분, 당시 금지곡이었던 파두 가수 주제 아폰수의 <햇볕에 탄 그랜돌라 마을(*Grândola, Vila Morena*)>이 라디오 방송에서 흘러나온 것은 살라자르 정권의 조종이 울렸음을 알리는 것이었다. 이와 같은 역설은 자본주의 체제가 자신을 무덤으로 안내할 프롤레타리아 계급을 탄생시킨 것과 맥락이 다르지 않다. 마찬가지로 독점 자본주의의 발달한 생산력에 의해 태어난 예술도 독점 자본주의 자신을 향하는 예술적 무기가 될 수 있다.

이에 있어 영화는 다른 예술 분야보다 큰 장점을 지니고 있다. 영화는 고도화된 기계문명의 발전을 바탕으로 시각·청각적

---

6) 파티마는 포루투갈의 도시 이름이다. 이 도시에서 '성모 마리아의 기적'이라는 헛소동이 벌어졌다. 독재정권은 카톨릭 신비주의와 '파티마의 성모' 사건을 자신의 체제 유지에 적극 활용한다. 종교가 인민의 아편임을 구체적으로 실증하는 사례이다.
7) 1820년 리스본에서 연원을 찾을 수 있는 포루투갈의 전통 가요. 파두는 운명이라는 뜻으로 매우 통속적이고 구슬픈 정서를 담고 있는 경우가 많다. 포루투갈의 파쇼정권은 마치 한국에서 '뽕짝'이 속류적이며 현실 체념적인 정서를 인민대중들에게 유포하고 있는 것과 같은 효과를 파두 음악으로부터 기대하였다. 아말리아 호드리게스(Amália Rodrigues)와 같은 파두 가수는 한국에도 널리 알려진 편이다. 2011년에 유네스코 인류무형문화유산으로 선정되었다.

이미지를 입체적으로 재현할 수 있다는 점에서, 문학작품, 무용, 회화, 조각 등의 기존 예술과는 다른 특징을 지닌다.8) 영화의 등장은 사진의 발명이 회화에 가한 충격보다 보다 커다란 변화를 예술계에 가져왔다.9) 기술의 진보로 가능하게 된 현실 복제와 재현에 있어서 영화가 지니는 장점은 대중들의 접근과 이해를 쉽게 한다. 글을 모르는 이들도 영화에 쉽게 접근할 수 있다. 그리고 인민대중이 영화를 집단적으로 관람할 수 있다는 점에서 연극의 장점을 뛰어넘는다. 또한 노동집약적으로 이루어지는 영화 제작 방식을 노동자 계급이 적극적으로 활용한다면 집단창작 방식의 전형을 창출해 낼 수 있다.10)

근로인민 계급이 혁명을 통해 생산수단을 장악한 사회주의 사회에서는 영화 예술은 질적인 전환을 이룬다. 사회주의 사회의 영화는 단순히 혁명 이후 변모한 모습을 그려내는 것에서 그치는 것이 아니라 사회가 앞으로 나아갈 좌표를 제시하는 역할까지 해낼 수 있다. 쏘련에서의 경험이 그것을 실증한다.11)

---

8) 홍만, 같은 글, p. 210.
9) "그러나 사진이 전래의 미학에 제기했던 어려움은 영화가 전래의 미학에 제기했던 어려움과 비교해보면 아이들 장난과도 같은 것이었다." 발터 벤야민(Walter Benjamin), "기술 복제 시대의 예술 작품(제3판)", ≪기술 복제 시대의 예술 작품 사진의 작은 역사 외≫, 최성만 역, 길, 2008, p. 119.
10) 홍만, 같은 글, p. 210-211.
11) 김규항, 같은 글, p. 261.

II. 볼쉐비끼는 어떻게 영화를 활용했는가
―혁명 이전부터 네쁘(НЕП, 신경제 정책) 시기까지

훗날 볼쉐비끼가 되는 고리끼가 이미 1896년 영화의 혁신적 가능성에 주목했지만 현실적으로 제정 러시아의 영화 산업은 자본가들이 장악하고 있었다. 짜르는 원시적인 검열수단을 통해 영화를 검열하였고 경찰 기구를 이용하여 극장에 모이는 대중을 감시하였다. 왕족이 처형당하거나 죽는 장면은 단 한 장면도 상영될 수 없었다.12) 1905년 혁명 시기에도 마찬가지였다. 1905년을 피로 물들인 짜르의 폭압적인 탄압을 보고하는 영화는 단 한 편도 러시아에서 제작되지 못했다. 하지만 1905년의 혁명 운동의 여파로 짜르는 두마라는 기만적인 양보책을 내놓지 않을 수 없게 되었다. 이때 러시아 사회민주노동당의 선거운동은 경찰에게 스피커를 압수당하는 등 여러 폭압적인 조건 하에서 진행될 수밖에 없었다. 대신 사회민주당원들은 영화관 안의 어둠을 이용하여 대중적인 불법 선거운동을 벌였다.13)

한편 레닌은 혁명 이전에 "영화가 어리석은 투기꾼의 손 안에 있는 동안 득보다 오히려 많은 해를 끼치고 혐오스러운 각본으로 대중을 그릇된 길로 이끄는 경우가 종종 있다"고 지적하였다. 그러면서 "대중이 영화를 장악할 때 그리고 영화가 사회주의 문화의 진정한 활동가의 손 안에 있게 될 경우 대중을 계몽하는 가장 강력한 방법 중의 하나가 될 것이다"라며 영화 예술이 지니는 힘을 간파하였다.14)

---

12) 파쇼 박정희 전두환 정권은 대통령이 영화에 나오는 것조차 금지하였다. 짜르 체제 보다 더욱 악할한 예술 탄압이 아닐 수 없다!
13) 제이 레이다, 같은 책, pp. 44-51.
14) 김규항, 같은 글, p. 261.에서 재인용.

한편 고등학교 시절부터 사회민주주의자 지하 동아리에서 활동하던 젊은 볼쉐비끼 마야꼬프스끼는 반동기에 당대 제정 러시아의 연극예술을 비판하며 새로운 미래 예술로서 영화의 가능성에 주목하였다.

> 현대 연극은 정지해 있습니다. 이유는 이렇습니다. 연극이, 예술의 공리적 전망에 대해 자신의 자유와 목적을 망각한 예술가들의 장식적인 작업의 소산이기 때문입니다.
> 이러한 관점에서 보면, 결과적으로 연극은 예술의 반문화적 노예로서만 기능할 수 있는 것입니다. …
> 연극은 자신의 파멸을 향해 치닫고 있으며, 그 유산을 영화에 넘겨줄 것이 틀림없습니다. 그리고 영화산업은 체호프나 고리끼의 소박한 리얼리즘과 능란한 솜씨로부터 가지를 치고 나와서 미래의 연극―배우의 예술에 연결된―에 문을 열어주게 될 것입니다.15)

그는 짜르 시대의 검열을 의식하지 않을 수 없는 상황에서 절제된 언어로 새로운 예술관을 피력하였다. 여기서 이 글이 1913년에 쓰여진 것임을 주목해야 한다. 발터 벤야민의 "기술 복제 시대의 예술 작품"이 발표되기엔 그로부터 20년 이상이 세월이

김규항은 레닌의 편지의 출처를 밝히고 있지 않다. 김규항의 글에 따르면 레닌이 1907년에 보그다노프에게 보낸 편지에서 그와 같이 언급했다는 것이다. 그러나 레닌 ≪전집(Collected Works)≫ 제43권을 기준으로 한다면, 레닌은 1907년에 보그다노프에게 편지를 보낸 기록이 없다. 1917년에도 레닌은 보그다노프에게 편지를 보낸 기록이 없다. 이와 관련해서는 훗날에 보다 정확하게 보완하기로 한다.
15) 마야꼬프스끼, "연극, 영화 미래주의", ≪소련영화사 1≫, pp. 386-387.

필요했다는 데서 마야꼬프스끼의 선구적인 인식을 알 수 있다. 그는 자본주의 사회의 고립화되고 분절화된 예술 노동과 부르주아 예술의 몰취향을 비판하였다. 예술이 부르주아들의 여흥을 위한 것이 아닌 '광범위한 민주주의적 예술'로 전환해야 함을 역설하였다. 예술가의 '개인적인 필요노동이 사회에 유용한 것'이 되도록 해야 예술가의 사회적 책임을 완수할 수 있음을 강조하였다. 그에게 있어 그러한 시대적 사명은 구래의 연극의 답습에서 머무는 것이 아니라 기술의 발전을 적극 활용해야 완수할 수 있는 것이었다. 그는 과거의 소박한 리얼리즘이 아닌 미래의 입체적인 리얼리즘에 복무할 수 있는 가장 적합한 예술을 영화에서 찾았다.

고리끼와 레닌 그리고 마야꼬프스끼와 같은 뛰어난 볼쉐비끼는 일찍이 영화의 기능성을 발견하였지만 이들은 짜르 체제하에서 영화를 자신의 무기로 활용할 수 없었다. 더욱이 1905년 혁명 패배 이후의 반동기에 그것은 더욱 요원한 일이었다. 그러나 암흑과도 같은 제정 러시아의 반동기는 그리 길지 않았다. 제1차 세계대전은 짜르 체제의 운명을 재촉하였다. 1917년 2월 27일 뻬뜨로그라드의 알렉산드린스끼 극장 내부에까지 총성이 들린 것은 짜르의 폐위가 멀지 않았음을 알리는 것이었다.16) 촬영기사들은 2월 혁명으로 파괴된 뻬뜨로그라드의 모습을 기록했다. 불타버린 관공서와, 감옥, 짜르의 궁정을 파괴하는 성난 군중들의 분노의 흔적을 영상으로 기록하였다. 2월 혁명 직후 이중권력 시기 영화종사자들과 전문가들도 자신들의 조합을 요구하기 시작하였다. 3월 6일에는 2천여 명의 영화인들이 참석하는 대규모 집회가 열렸다. 뒤이어 극장노동자들의 노동조건 개선을

---

16) 제이 레이다, 같은 책, pp. 148-149.

위한 요구가 이어졌고 파업이 조직되었다. 뉴스영화는 전쟁에 반대하며 참정권과 빵을 요구하는 여성들의 집회를 담아냈다. 2월 혁명을 반영하는 영화가 극장에서 상영되었다.[17)]

10월 혁명이후 볼쉐비끼는 본격적으로 영화산업에 개입해 나갔다. 끄루프스까야의 주도하에 교육인민위원회는 영화분과를 설립했다. 뻬뜨로그라드를 중심으로 영화 산업에 대한 통제가 시작되었다. 그러나 부르주아들의 저항은 만만치 않았다. 그들은 자신들의 사적 소유권을 지키기 위해 영화산업을 체계적으로 폐쇄하고 각종 장비들을 제거하고 해외와 백군 점령 지역으로 도주하였다. 1918년 3월 4일에는 모스끄바 노동자·병사·농민 쏘비에뜨 상임위원회는 영화기업에 노동자관리제 도입을 알리는 포고령이 내려진다. 포고령은 영화산업 기반을 파괴할 수 있는 무리한 몰수를 허용치 않음을 밝혔다. 또한 각종 영화 장비들을 보존하기 위한 조치들을 취하고 영화 산업의 파괴행위를 엄중히 차단하기 위한 단호한 조치를 취했다.[18)] 1918년 5월 26일에는 교육인민위원회 산하 영화분과의 기능이 새로운 모스끄바의 영화위원회로 이전되었고 그곳에서 영화의 새로운 교육적 역할에 대한 모색이 시작되었다.[19)]

쏘비에뜨 정부의 영화는 내전과 간섭전쟁의 전선의 선두에 섰다. 스튜디오 안의 작업에서 머무는 것이 아니라 전선의 곳곳을 누비며 현장을 기록하고 그것을 전 쏘비에뜨에 신속히 전달하는 역할을 하였다. 1918년 선동열차가 체코와의 동부전선으로 이동하였고 영화인들은 열차에 탑승해 적극적인 전선의 현황을 기록

---

17) 같은 책, pp. 155-166.
18) "전체적 혹은 부분적으로 이러한 의무사항을 어기는 자는 전 재산의 몰수 및 투옥과 같은 엄벌에 처할 것이다". 같은 책, p. 207.
19) 같은 곳.

하고 적극적인 선전선동 활동에 복무하였다. 이때 촬영된 필름은 모스끄바의 영화위원회로 보내져, 거기서 20세의 지가 베르또프 (Дзига Вертов)의 편집을 통해 쏘비에뜨 정권의 선전선동을 위해 활용되었다.20) 내전 과정에서 수많은 아기뜨까(агитка, 단편 선동 영화)가 탄생하였다. 1919년에 막심 고리끼는 '인간의 두뇌와 의지, 상상력이 빚어낸 환상적인 업적들'을 묘사하는 데 영화야말로 가장 적합한 매체라고 판단하였고, 그가 주도하는 총서 출판사업 계획에 있어 '원시 사회의 생활'을 영화화하기 위한 시나리오를 입안하였다.21)

내전이 한창이던 1919년 8월 27일 쏘비에뜨 정부의 인민위원회는 의장 레닌의 이름으로 다음의 포고령을 발표한다. 포고령 "사진 및 영화산업을 교육인민위원회 관할로 이전하는 문제에 관하여"가 발표되면서 쏘비에뜨 정부는 영화 산업을 국유화하기 시작하였다.22) 파괴되었던 영화 산업을 복원하기 위한 시도가 곳곳에서 이루어졌다. 내전으로 인한 고난 속에서도, 새로운 영화산업은 혁명의 메가폰의 역할을 톡톡히 수행해냈다. 꿀레쇼프 (Лев Влади́мирович Кулешо́в), 뿌드프낀(Всеволод Илларионович Пудовкин), 롬(Михаи́л Илы́ч Ромм), 에이젠쉬쩨인(Сергей Михайлович Эйзенштейн), 베르또프 등 세계 영화사의 혁명적 거장들이 출현하였다.23) 1919년에는 세계 최초의 영화학교인 게

---

20) 같은 책, p. 218.
21) 같은 책, p. 229.
22) 배효룡, "영화예술에서의 사회주의 현실주의의 한 창조자에 관한 단상", ≪노동자 문화 통신 3≫, 노동자문화예술운동연합, 1990, p. 331. 이와 같이 영화 산업의 국유화 조치는 이미 레닌 시대 때부터 시작된 것이다. 따라서 쏘련의 영화 국유화가 전적으로 쓰딸린 시대의 강제에 의해 비롯된 것이라는 비난은 기본적인 사실 확인조차 하지 않은 것이라 할 수 있다.

라시모프 국립 영화학교가 설립되어 체계적인 영화인 교육이 시작되었다.24)

영화산업 국유화가 시작된 이후 레닌이 가장 먼저 강조한 부분은 뉴스였다. 레닌에 따르면 뉴스는 쏘비에뜨의 우수한 신문과 같이, 당의 노선에 따라 창작되는, 매력적인 영상 홍보매체였다.25) 내전기의 레닌은 극영화보다 당장의 시급한 선전선동을 위한 뉴스 영화의 제작을 독려하였다. 레닌은 1922년에 "모든 예술 중에 우리에게 영화가 가장 중요하다"고 선언했다.

적백 내전 이후 신경제정책으로 경제가 회복세에 접어들자, 영화 산업도 탄력을 받게 된다. 1922년 소련 국가 영화위원회(Госкино)가 설립되어 국가적으로도 영화 산업을 지원하기 시작했다. 이시기 인민위원이었던 쓰딸린은 비러시아계 소수민족을 위한 문화적 자율성 사업을 집행하면서 실천적으로 영화 산업진행을 위해 복무하였다.26) 네쁘 시기에 회복된 생산력을 토대로 비로소 쏘련 영화 산업의 자립적 기반이 구축되었고 우리가 알고 있는 에이젠쉬쩨인을 비롯한 수많은 황금기의 무성영화들이 제작되었다.

---

23) 같은 곳.
24) <https://ru.wikipedia.org/wiki/Всероссийский_государственный_институт_кинематографии_имени_С._А._Герасимова>
⟨https://en.wikipedia.org/wiki/Gerasimov_Institute_of_Cinematography⟩
25) 김규항, 같은 글, p. 265.
26) 제이 레이다, 같은 책, p. 253.

Ⅲ. 사회주의 리얼리즘의 노선의 본격화와 문예노선

1. 네쁘에서 공업화로 이행의 필연성

레닌은 사회주의 경제가 그 독자적인 토대 속에서 자립하지 못한다면 제국주의 국가들에 의해 혁명이 패배할 것임을 직감하고 있었다. 레닌은 수십 년에 걸친 제국주의 국가들의 발전을 단 몇 년 안에 따라 잡아야 한다고 다그쳤다. 그러나 현실은 그리 순탄하지 않았다. 사회주의 경제를 건설하는 것보다도 전시공산주의의 파괴를 극복하는 것이 우선이었다. 1920년대 신경제정책은 전시공산주의로 인한 피해를 복구하기 위해 강요되었던 우선회였다. 레닌의 말 그대로 그것은 완전한 참패를 면하기 위한 '전략적 후퇴'였다27).

그러나 네쁘는 자체로 많은 모순을 가지고 있었다. 네쁘로 인해 성장한 부유한 네쁘마니(Нэпманы)는 농업과 공업 분야 모두에서 근로인민대중과 격렬한 계급투쟁을 야기할 수밖에 없었다. 그것은 문화예술 분야에서도 마찬가지였다. 영화감독 지가 베르또프는 네쁘 시대에 제국주의 국가들의 영화가 유입되는 현상에 대해 심각하게 경고하였다. "혁명 이전 시대의 예술 작품은 우상처럼 여러분 주위에 있고 아직도 여러분의 독실한 감정을 지배합니다. 외국은 화려한 기술적 차림새로 치장한 영화, 드라마의 산송장을 새로운 러시아에 보내면서 여러분을 혼란 속에서 부추깁니다."28) 알렉세이 똘스또이(Алексе́й Никола́евич Толсто́й)의

---

27) 레닌, "신경제정책과 정치교육부의 임무", ≪신경제정책론—레닌의 노동자통제 및 국유화론 2≫, 새길, 1991, p. 111.
28) 전양준 "지가 베르또프", 전양준 편, ≪가치의 전복자들 2≫, 청담사, 1992, pp. 58-59.

동명소설을 원작으로 한 환상적인 공상과학물 ≪아엘리따(*Аэлита*)≫(1923)를 산출한 네쁘 시대는 필연적으로 사회주의 공업화와 집단화로 전환해야 하는 1930년대로 이행해야 했다. 결국 네쁘는 그 자체의 모순으로 인해 전사회적 계획경제로 사회주의 경제의 토대를 구축하느냐 아니면 혁명을 포기하고 자본주의로 전환하느냐의 갈림길에 놓이게 되었다.

2. 제1차 5개년 계획

1928년부터 시작된 제1차 5개년 계획은 쏘련 경제가 새로운 국면으로 접어드는 것을 의미했다. 제1차 5개년 계획은 격렬한 계급투쟁 속에서 진행되었다. 특히 농업집단화 과정에서는 극심한 갈등을 야기했다. 농업집단화 과정에서 벌어진 꿀락과의 투쟁은 알렉산더 도브줸꼬(Олександр Петрович Довженко) 감독의 영화 ≪대지(*Земля*)≫(1930)로 형상화된 바 있다.

치열한 계급투쟁을 통해 전개된 제1차 5개년 계획은 거대한 성과를 달성하였다. 쏘련은 농업국가에서 대공업국가로 전환되었다. 대공업의 기초를 건설하고 농업에서는 집단화 달성을 통해 거대한 생산력 발전을 이뤄냈다. 이를 통해 사회주의적 국유경제의 기초를 수립할 수 있었다. 1920년대까지 부르주아 엘리트들에 의존하지 않을 수 없던 조건에서 이제 노동자계급 출신의 전문가가 각 분야에서 양성되기 시작했다. 문맹률이 혁신적으로 감소하였고 인민대중의 교육수준이 올라갔다[29]. 문화예술

---

29) 박태성 교수는 사회주의 대혁명 이후 문맹 퇴치 운동의 성과에 대해 애써 깎아 내린다. 박태성이 인용하고 있는 수치가 실제 사실에 부합한다고 가정하더라도 문맹 퇴치 운동의 업적을 폄하하는 것이 될 수 없

분야에서도 1920년대보다 훨씬 진일보한 토대에서 변화를 추구할 수 있었다.

[영화 장면 2] 제1차 5개년 계획을 통한 운송분야의 성과. ≪레닌에 대한 세 노래≫ 중에서.

다. 박태성, "쏘련 사회주의 교육의 허와 실", ≪슬라브학보≫ 제17권 1호, 2002. 7, p. 253.
"끼르기스스딴에서는 1917년에는 500명당 겨우 1명꼴로 읽고 쓸 수 있었으나, 50년 후에는 거의 모든 사람이 읽고 쓸 수 있었다."Roger Keeran and Thomas Kenny, *Socialism Betrayed: Behind the Collapse of the Soviet Union*, iUniverse, Inc.: New York, 2010, p. 3.
또한 박태성은 문자조차 없던 민족이 혁명 이후에 비로소 자신의 민족어로 된 출판물을 쏟아 내게 된 사실에 대해서는 전혀 거론하고 있지 않다. 우리는 반공주의자들의 숫자 놀음에 현혹될 만큼 한가하지 않다.

[그림 1] 〈운송분야의 발전은 5개년 계획 수행을 위한 중요한 과제〉(1929)-끌루찌스[30]

제1차 5개년 계획의 성과는 부르주아들조차 부정하지 못할 정도로 거대한 것이었는데 그중에 일부를 살펴보자.

1932년 영국 부르주아 잡지 ≪원탁(*The Round Table*)≫[31]은 이렇게 기술하였다.

---

30) Густав Густавович Клуцис.
이하의 포스터 선정에서 다음의 논문을 참조하였다.
김은경, "러시아 구성주의 포스터(1920-1930년대 초반) 연구 - 광고포스터, 영화포스터, 정치포스터를 중심으로", ≪슬라브 학보 제23권 4호≫, 2008. 12.
31) 1910년부터 런던에서 발간된 영국 부르주아지의 가장 보수적인 계층의 견해를 반영한 잡지. 대영제국의 식민지 정책 문제와 국제 관계 문제를 취급하였다.

5개년의 성과는 놀랄 만한 현상이다. 하리꼬프 및 쓰딸린그라드의 트랙터 공장, 모스끄바의 아모 자동차 공장, 니즈니 노브고로드의 자동차 공장, 드니쁘르 강의 수력발전소, 마그니또고르스끄 및 꾸즈네츠크의 거대한 제강소, 쏘련의 루르가 되고 있는 우랄의 일련의 기계 제작 공장 및 화학 공장들─이 모든 것들과 기타 전국 각지의 공업이 거둔 성과는 쏘련의 공업이 아무리 어려움이 있다하더라도 마치 물을 잘 대어준 식물과도 같이 장성 강화되고 있다는 것을 증명하고 있다. … 5개년 계획은 장래 발전의 기초를 축성하였으며 쏘련의 위력을 비상히 강화하였다.32)

1932년 11월 미국 부르주아 잡지 ≪국민(*The Nation*)≫33)은 이렇게 찬탄한다.

새로운 도시들은 초원과 황무지에서 생겨났는데 그것은 얼마 안 되는 몇 개 도시인 것이 아니라 5만 명 내지 25만 명의 인구를 가진 도시들이 적어도 50 개나 된다. 이 모든 도시들은 최근 4년 동안에 생겨났다. 그 매개 도시들은 자연 자원을 개척하기 위해 건설된 새 기업 또는 일련의 기업의 중심지인 것이다. 수백 개의 새로운 지방 발전소와 드니쁘르 수력발전소 건설 관리부 같은 일련의 대기업들은 "사회주의는 쏘비에뜨 정권 더하기 전기화"라는 레닌의 정의를 점차 실생활에 구현하고 있다. … 쏘련은 러시아가 일찍이 한 번도 생산한 적이 없는

---

32) スターリン, ≪スターリン全集≫ 第十三卷, "第一次五か年計画の總結(제1차 5개년 계획의 총화)", 大月書店, 1980, p. 190.에서 재인용.
33) 자유주의 경향, 소부르주아계급의 견해를 반영한 잡지. 1865년부터 뉴욕에서 발간되었다.

각종 제품의 대량 생산을 조직하였다. 즉 트랙터, 콤바인, 질 좋은 강철, 인조 고무, 볼 베어링, 대형 디젤 기관, 5만 kw의 터빈, 전화기, 광산용 전기기계, 비행기, 자동차, 자전거 기타 수백 가지의 새 기계 등등이 대량 생산되고 있다. 러시아는 역사상 처음으로 알류미늄, 마그네사이트, 인회석, 요드, 탄산칼륨 및 기타 각종 귀중한 광물을 다량으로 채굴하고 있다. **쏘련의 평원에 서 있는 이정표는 교회당의 큰 십자가나 둥근 지붕인 것이 아니라 대곡물 창고이며 사료 저장탑이다.** … 러시아는 나무 시대로부터 철, 강철, 콘크리트 및 발동기의 시대로 급속히 넘어 가고 있다.34)

[그림 2] <위대한 작업 계획을 수행하자>(1930)-끌루찌스

---

34) 같은 책, pp. 192-193.에서 재인용.

3. 사회주의 리얼리즘 노선의 본격화

1) 시대적 배경

1933년부터 1937년 말까지의 제2차 5개년계획은 1차 5개년계획의 경험을 토대로 수립되었다. 중공업 우선투자 방침이 지속되었지만 경공업 부문에도 1차 5개년계획 때보다 많은 부분의 재원이 투자되었다. 면방적기계와 직조기 생산이 10배 이상 증가하였으며 그 결과 제사 능력이 약 40% 신장되었다35). 이제 중공업뿐만 아니라 경공업 발전을 위한 물질적 조건을 구비할 수 있게 되었다.

한편 1930년대는 대외적으로도 격변이 진행되고 있었다. 쏘련을 제외한 다른 국가에서는 대공황의 여파가 지속되어 심각한 경제적 타격을 겪고 있었다. 1933년 나치의 독일 제패 이후 새로운 세계전쟁의 위협이 부단히 점증하였다. 1931년 일제는 만주사변을 일으켰고 쏘련의 극동 지역에서도 위협이 생겨났다.

---

35) 모리스 돕, ≪소련 경제사≫, 임휘철 역, 형성사, 1989, pp. 304-305.
모리스 돕의 연구 결과를 따른다면 다음과 같은 진술은 편견에 찬 것이라고 할 수 있을 것이다. "쓰딸린의 산업화 전략은 중공업을 최대한 강조하면서 소비재 산업과 서비스 부문의 발전을 제한하는 것이었다."
게일 W. 라피더스(Gail W. Lapidus), "소련에서의 여성 노동과 가정내 역할간의 상호 관련", ≪러시아혁명기의 사회와 문화≫, 한국슬라브학회 편, 민음사, 1988, p. 213.
상식적 수준에서 판단해 보아도 라피더스의 주장은 쉽게 논박할 수 있다. 경공업의 발전을 위해서는 공장설비와 방적기계 등의 기계를 대량으로 구축해야 한다. 우리는 중공업의 발전 없이 경공업의 기반 구축이 가능한 것인지, 중공업과 경공업 각각을 객체화하여 비변증법적으로 고찰하는 것이 경제사를 이해하는 올바른 방식인지 되물어야 한다.

1936년에는 에스빠냐 내전36)이 발발하여 바야흐로 세계는 파시즘이냐 야만이냐는 선택지로 내몰리고 있었다.

이러한 조건에서 1930년대 문예의 큰 흐름이 규정되었다. 30년대 쏘련 문예를 특징짓는 단어는 '사회주의 리얼리즘'이다. 실제로 사회주의 리얼리즘이란 용어가 처음으로 활자화된 것은 1932년 5월 23일자 ≪문학신문(*Литературная газета*)≫에서였다.37)

그런데 사회주의 리얼리즘이 쓰딸린이 자신의 체제를 공고화하기 위해 고안해낸 발명품이라 주장하는 부르주아 평론가들의 말잔치는 크게 고려할 만한 것이 못된다. 우리의 부르주아 미식가들과 달리 예술에 있어서도 관념론을 배격하며 철저한 유물론적 입장을 견지해야 한다. 예술을 독립적인 것으로 신비화하는 것이 아니라, 그것이 기반하고 있는 물적 토대와의 관련성 속에서 예술을 고찰해야 한다. 그것은 맑스-레닌주의의 발전의 역사 속에서 사회주의 리얼리즘에 대해서 주의 깊게 살피는 과정이다. 즉 예술에 있어서도 사적 유물론과 변증법적 유물론을 일관되게 적용하는 것이야 한다. 부르주아 평론가들의 비평에는 신경을 끄고 예술의 주체가 인민대중이 될 수 있도록 하는 운동에 대해서 보다 주목하자. 이하에서 보다 구체적으로 살펴보겠다.

---

36) 꼬발레프 외, ≪러시아 현대문학사≫, 임채희 · 이득재 역, 제3문학사, 1993, p. 187.
37) 이강은 · 이병훈, ≪러시아 문학사 개설—러시아 문학의 민중성과 당파성≫, 한길사, 1989,

2) 사회주의 리얼리즘의 문예사적 연원

사회주의 리얼리즘에서 강조하는 당파성과 전형성은 일찍이 맑스와 엥엘스가 그 기본개념을 제시하였다. 라쌀레와의 지킹엔 논쟁과 엥엘스와 마가렛 하크니스와의 편지에서 우리는 그것을 알 수 있다. 엥엘스는 마가렛 하크니스(Magaret Harkness)의 ≪도시 소녀(A City Girl)≫에 대해 노동자 계급을 수동적으로 묘사하고 있고 노동자계급의 당파성을 온전히 담아내지 못하고 있다고 비평하였다. 마가렛 하크니스의 소설이 전형성을 결여하고 있음을 비판하면서 바람직한 대안으로 발자끄의 소설을 제시하였다.38) 다만 우리는 맑스와 엥엘스의 시대에 노동계급이 문화예술 분야에 있어 아직 자기의 발로 서지 못하였음을 기억해야 한다. 엥엘스가 마가렛 하크니스에게 발자끄를 대안으로 제시한 것은 그러한 역사적 한계 내에서 이해해야 할 것이다.

레닌의 "당조직과 당문학"은 프롤레타리아트의 투쟁이 이제 거스를 수 없는 시대의 조류라는 보다 진일보한 조건에서 등장한 것이다. 레닌의 당파성은 러시아사 회민주노동당과 관련 속에서 '톱니바퀴와 나사'라는 구체적인 당파성으로 등장하였다. 레닌의 '톱니바퀴와 나사'라는 비유는 그 수용 주체의 성격에 따라 전혀 다른 반응을 불러온다. 자유주의자들은 이 표현에서 억압을 떠올린다. 주체를 객체화시키고 도구화하는 비민주주의의 '전형'을 발견한다. 반면에 레닌의 표현에 대한 알렉산드라 꼴론따이의 문학적 표현을 보자. "거스를 수 없는 역사를 향해 갓 굴러가기 시작하는 힘찬 기계 속에 하나의 톱니가 된 만족감을 처

---

38) 필자의 졸고를 참조하라. 최상철, "맑스-레닌주의 문학·예술론의 몇 가지 쟁점에 대한 고찰", ≪노동사회과학 제2호: 사회주의, 20세기와 21세기≫, 노사과연, 2009, pp. 297-301.

음으로 맛보게 되었다."39) 자유주의적 소부르주아적 지식인은 맑스-레닌주의 당 조직에서 구속감을 느낀다. 그러나 맑스-레닌주의자는 바로 당조직에서 자본주의 사회에서 누리는 구속감에서 해방되고 새로운 자유를 온몸으로 느낀다.

또 레닌 시대는 맑스·엥엘스의 시대와 달리 프롤레타리아가 문예 창작의 당당한 주체로 등장할 수 있는 조건이 형성되었다. ≪철의 흐름≫(1924)의 작가 알렉산드르 세라피모비치는 레닌을 이렇게 회고한다. 그는 레닌에게 노동자들이 지식, 문화를 결여하고 있다고 걱정하였다. 이에 레닌은 웃음으로 작아진 눈으로 그를 바라 보며 말했다. "아, 염려하지 마십시오. 그들은 글 쓰는 법을 배우게 될 것이며, 우리는 세계에서 최초로 탁월한 프롤레타리아 문학을 갖게 될 것입니다. … "40)

3) 사회주의 리얼리즘 노선의 탄생

한편 1930년대에는 레닌시대보다 진일보한 토대에서 문예 논쟁이 전개되었다. 이 시대에 진행된 논쟁은 바로 제1차 5개년 계획의 총화와 다름없는 것이었다. 1930년대에는 현실에 적극적으로 참여하는 작가의 힘들은 세계관적으로 통일되고 결속되었을 뿐만 아니라 사회주의 리얼리즘이라는 하나의 예술 강령에 의지하였다. 사회주의 리얼리즘이라는 용어의 탄생은 쏘련의 제1차 5개년 계획 이후라는 구체적인 시대를 반영하는 것이다. 하지만 실제 사회주의 리얼리즘에 입각한 예술창작은 1930년대라

---

39) 꼴론따이 ≪위대한 사랑≫, 정호영 역, 노사과연, 2013, p. 50.
40) 레닌, ≪레닌의 문학예술론≫, 이길주 역, 논장, 1988, p. 348.
별다른 부가 설명이 없지만 이 회상은 혁명 직후의 것임을 짐작할 수 있다.

는 구체적인 시점에만 머무는 것이 아니라 과거의 혁명운동과 혁명적 예술활동의 경험을 현실에서 끊임없이 재해석해내어 새로운 사회주의적 미래를 전망하는 역할을 해내었다.

새로운 사회주의적 현실은 작가에게 사회적 변혁에서 생겨나는 과정을 주의 깊게 지켜볼 것을 요구했다.41) 1932년엔느 공산당 중앙위원회의 역사적인 헌장 "문학 예술 조직의 개조에 관하여"42)가 발표되었다.

1930년대의 시대적 요청에 따라 구체화된 사회주의 리얼리즘은 작가들에게 혁명적 활동을 찬양 고무할 것을 요구하였다. 사회주의 리얼리즘은 특정한 문예사조나 형식43)이 아니라 창작에 있어 세계관의 문제를 근본적으로 제기한다.44) 물론 인간이

---

41) 꼬발레프 외, 같은 책, p. 148.
42) 영역본을 다음 싸이트에서 확인할 수 있다.
<http://www.sovlit.net/decree1932/>
43) 사회주의 리얼리즘 음악은 명확한 형식화 및 형상화 의도를 갖는다. 그러나 그것이 복잡한 구조를 경시하는 것은 아니다. 그것은 위대한 전통을 토대로, 사회주의적 현실의 체험 속에서 새로운 형식과 내용을 발전시킬 수 있다. 관찰 가능하고 체험 가능한 비례, 균형감과 불균형감, 새로운 음향적-조음적, 리듬적-율동적 매개변수의 역할은 작곡가들 뿐만 아니라 청중들로부터도 평가되고 숙고되어야 한다.

"음악에서의 사회주의 리얼리즘 테제", ≪노동자 문화 통신 2≫, 박정민 역, 노동자문화예술운동연합, 1990, p. 168. 역자 박정민은 어떤 주체가 어떤 경로로 언제 이 테제를 발표한 것인지에 대해 전혀 밝히지 않고 있다.
44) 고리끼는 1935년 쉐르바꼬프(Алекса́ндр Серге́евич Щербако́в)에게 보낸 편지에서 사회주의 리얼리즘에 대해 아직까지 명확한 규정이 존재하지 않음에 대해 언급하고 있다. 여기서 고리끼는 사회주의 리얼리즘의 핵심이 '노동하는 진실(working truth)'을 구체화하는 것임을 있음 강조하고 있다. Maxim Gorky, "To A. S. Shcherbakov", *On Literature*,

새롭게 건설할 미래에 대한 낙관적이고 긍정적인 묘사를 담아낼 것을 요청하는 사회주의 리얼리즘에는 낭만주의적인 요소가 다분하다. 그러나 그 근저에는 사실주의적 전통이 흐르고 있다. 뿌쉬낀, 체르니쉐프스끼, 네끄라소프, 고골리, 똘스또이, 체호프, 고리끼로 이어지는 러시아 문예의 전통이 1930년대 사회주의 리얼리즘이 뿌리가 된 것이 그것을 입증한다. 열거한 작가들 중 고리끼를 제외하면 부르주아 문학의 전통으로 간주할 수도 있지만 뿌쉬낀이 러시아 짜르체제의 모순을 외면하지 않았으며, 체르니쉐프스끼, 네끄라소프와 같은 작가들은 러시아 사회주의자들에게 지대한 영향을 끼친 혁명적 민주주의자들이다. 고골리와 체호프의 비판적 리얼리즘은 제정러시아의 모순을 드러냈다. 그리고 레닌은 똘스또이의 문학적 성취와 그 문학에 내재한 모순을 분석함으로서 패배한 1905년 혁명의 교훈을 얻어내기도 하였다. 프롤레타리아 문학은 과거의 문학의 한계에 머물러서는 안 되겠지만 그 성취를 전면 부정해서도 안 된다.

한 편 사회주의 리얼리즘은 당대의 쏘련의 작가들에게 창작활동의 일정한 지침이기도 하였다. 그것은 예술가들이 당과의 긴밀한 연관속에서 인민대중의 투쟁을 반영하는 작품을 창작해야만 한다는 시대적인 요청에 따른 것이다. 한편으로 이것은 아직도 문예 창작이 지식인들 중심으로 진행될 수밖에 없는 한계에서 제기된 것이기도 하다. 모든 인민대중이 위대한 예술가들과 다를 바 없이 창작할 수 있는 조건이라면 더 이상 당의 문예 창작 가이드라인이 필요하지 않을 것이다. 그러나 여전히 정신노동과 물질노동은 분리되어 있고 문예는 현실의 제모순 속에서 창작되어야만 한다. 예술은 다른 이데올로기적 상부구조와 마찬

Progress, p. 344.

가지로 구체적인 토대에 근거하는 것이다.

이에 대한 작가 보리스 빠스쩨르나끄의 일화를 보자. 1934년 제1차 쏘비에뜨 작가대회에 참석한 이후 보리스 빠스쩨르나끄는 자신의 친구에게 이렇게 썼다. "두려움 없이 무자비하게 천공기를 써서라도 보다 깊이 들어가시오. 그러나 자신 속으로, 자신 속으로, 그리고 만일 당신이 그곳에서 인민, 땅과 하늘을 발견하지 못한다면 탐색하는 것을 그만두시오. 그때는 찾을 곳이 아무데도 없을 겁니다." 그는 인민을 향한 움직임을 내적·도덕심리적인 발전의 과정으로 깊이 이해하고 있다.45)

4) 사회주의 리얼리즘을 둘러싼 논쟁들과 그 성과

한편 사회주의 리얼리즘 논쟁에서 가장 중요하게 제기된 것은 전형성이다. 전형성의 문제는 오랜 기간 문학 논쟁의 중심을 이루는 주제이다. 여기서는 조금 다르게 이 문제에 접근해 보고자 한다. 쏘련의 예술가가 아닌 타국인의 시선에서 전형성의 문제를 어떻게 이해하고 있는지에 대한 사례를 들겠다. 쏘련을 방문한 독일 음악가인 한스 아이슬러의 평론을 읽어 보자.

마그니또고르스끄는 내가 방문한 곳 중 가장 흥미로운 곳이었다. 이 도시는 계속적으로 성장하고 변화하고 있었다. 도시가 생긴지 2년 반밖에 안 되었지만 27만 5천명이 거주하였고, 이들은 거대한 제철 주조소를 건설하는 일에 전력하였다. 위대한 사업을 건설하는 데 모든 민족들이 실천적으로 참여하였다. 2년 전에 유목 사냥꾼이었던 끼르끼즈인 옆에는 숙련된 독일

---

45) 꼬발레프 외, 같은 책, p. 221.

노동자가, 새로운 유형의 노동계급인 젊은 러시아인 건설 기술자 옆에는, 고도로 숙련된 미국인 전문가가 일하고 있다.46)

마그니또고르스끄의 눈에 띄는 특징은 단지 용광로뿐만이 아니라 인민이 대초원을 변모시켜 거대한 공업단지가 되고 번갈아서 공업단지가 그 건설자들을 변모시키는 것이다. 새로운 전형의 인간이 이 과정에서 나타난다.47)

아이슬러는 1930년대 초 마그니또고르스끄에 대규모 신도시를 건설한 쏘련의 경험을 직접 목격하면서 영화음악 작업에 참여하였다. 당시의 경험을 편견없이 기록하면서 변화하는 인민과 새로운 유형의 노동계급을 관찰하였다. 그는 여기서 새로운 전형의 인간을 발견하였다. 이러한 관찰의 결과로 탄생한 것이 영화 ≪영웅의 노래 꼼소몰(*Песнь о героях. Комсомол*)≫(1932)의 음악이었다. 공장 현장의 소음을 녹음하여 유성영화 시대의 새로운 음악적 효과를 내게 하고 우랄 산맥의 강철 생산을 우렁찬 합창으로 찬양하는 "꼼소몰 단원들의 마그니또고르스끄 발라드"를 영화의 절정 부분에 배치하였다. 그는 현실에 적극 참여하는 예술가로서 새로운 예술적 전형을 창출해내었던 것이다.

한편으로 사회주의 리얼리즘 노선은 작가들과 비평가들의 문학 논쟁의 과제만을 던져 준 것에 그치지 않았다. 사회주의 리얼리즘이 본격화 되면서 쏘련의 예술계에는 격렬한 투쟁이 전개

---

46) 한스 아이슬러, "용광로의 음악 —쏘련에서의 유성영화 작업", 최상철 역, ≪정세와 노동≫ 제62호(2010년 11월), 노사과연, p. 83. 인용하면서 당시에 번역자였던 필자의 오역을 정정했다.
47) 한스 아이슬러, 같은 글, p. 85.

되었다. 혁명 직후와 20년대 문예 분야에서 지대한 역할을 했던 루나차르스끼가 대중적으로 공격을 받았던 것이 단적인 사례이다. 그것은 루나차르스끼가 이제 노동자 계급이 더 이상 부르주아 출신의 전문가에게 의존하기를 거부하는 대중적인 운동이 벌어졌던 1930년대의 속도감을 따라가고 있지 못한 것에 기인한 것이다.48)

그리고 사회주의 리얼리즘은 지금까지도 부르주아 미식가들의 집중 포화대상이 되고 있다. "1932년 쓰딸린은 민주적으로 통제되는 노동자 예술조직들을 해체시켰으며, 사실상 모든 예술적 실험활동이 정지당했다"49) 쟈네티는 당이 예술을 통제하는 것은 비민주적이라고 주장하고 있다. 이들은 수많은 작가와 예술가들이 당원으로서 활동하며 당의 예술에 대한 방침을 함께 결정하는 것을 애써 무시한다. 이들은 지식인에게 가해지는 공격 그 자체에만 주목하며 어떠한 지식인이 비판을 받았는지 어떠한 예술이 비난을 받았는지를 구체적으로 사고하지 않는다. 이들은 당대의 예술과 쏘비에뜨 인민의 생활상에 대해서 세세하게 인식하는 것을 거부한다. 또한 이들은 민주주의를 중앙집중제와 전혀 다른 별개의 것으로 인식한다. 이들의 사고에 있어 민주적 중앙집중제, 프롤레타리아적 중앙집중제는 형용모순일 뿐이다. 그러나 우리는 민주주의 핵심을 ≪국가와 혁명≫을 통해 이해한다.

---

48) 다음의 논문을 참조하라. 이정희, "스탈린의 문화혁명과 그 사회적 의미에 대한 일고찰, 1928-32년", ≪슬라브학보≫ 제16권 2호, 2001, 12.
49) L. 쟈네티, ≪영화의 이해 —이론과 실제≫, 현암사, 1996, pp. 444-445.

맑스는 중앙집중주의자다. 앞서 인용한 그의 글에는 중앙집중제로부터의 이탈은 전혀 포함되어 있지 않다. 오직 국가에 대한 쁘띠부르주아적 '미신'에 가득 찬 사람들만이 부르주아적 국가기구의 폐지를 중앙집중제의 폐지로 생각할 수 있는 것이다!50)

쟈네티는 쓰딸린 시대에 모든 예술적 실험활동이 정지당했다고 주장한다. 그에게 있어 의미 있는 '예술적 실험'이란 인민대중과 유리된 고립된 예술가들의 유희와 다르지 않을 것이다. 그는 쓰딸린 시대에 쏘련 공산당에서 비판을 받은 예술가들만을 염두에 두고 있을 뿐이다. 쓰딸린 시대에 인민들이 이루어낸 위대한 예술적 성취에 대해서는 애써 눈을 감는다. 또한 쁘롤레뜨꿀뜨를 해산시킨 것도 레닌이었으며, 레닌도 마야꼬프스끼를 비롯한 미래파 예술가들에 대해 적대적이었으며 여러 국가적 예술사업에 있어 이들과 대립하고 갈등하였음을 잊어서는 안된다.51) 여러 반공주의적 편견을 담고 있지만 1930년대를 언급한 존 버거의 글을 보자.

전시회를 조직함으로써, 지방의 쏘비에뜨인들과 상업 조합 그리고 공산청년동맹(꼼소몰)으로 하여금(비록 중앙당국을 경유해서나마) 의뢰하고 사도록 고무시킴으로써, 책을 출간함으로써, 학교 교과목에 예술작품 관련 사항이 확고하게 존재하게

---

50) 레닌, ≪국가와 혁명≫, 문성원, 안규남 역, 아고라, 2015, p. 79.
51) 물론 우리가 레닌의 미래파에 대한 비판을 현재의 조건에서 성찰하지 않고 그대로 반복한다면 그것은 대단히 교조주의적인 것이 될 것이다. 쏘련에서만해도 1930년대에는 레닌의 시대와 달리 마야꼬프스끼가 대단히 높이 평가되었다.

함으로써, 박물관을 유치하고 단체관람객을 정연하게 모음으로써, 공공 건물에 벽화를 이용함으로써, 공장에 아마추어 회화 그룹을 조직함으로써, 30년대에 문화적인 용도의 건물에서 하도록 준비된 공연 계획을 통해 시작된 당국의 공식적인 예술 프로그램은 전체 쏘련 인민들로 하여금 시각예술은 그들 자신의 삶 속에 진입하여 모종의 역할을 할 수 있다는 사실을 알게 하고, 그 사실에 자부심을 갖게 하였다. 영국, 독일 또는 미국 등지에서 미술에 대해 광범하게 유포된 공공연한 무관심은 쏘연방의 심지어는 가장 혜택받지 못한 지방에까지도 충격을 줄 것이다.52)

이것으로 우리는 알 수 있다. 존 버거는 반공주의적 편견을 가졌지만 사회주의 리얼리즘의 이름으로 이뤄낸 쏘련의 예술적 성취를 결코 부정하지 못한다. 1930년대의 예술적 성취는 당의 지도를 통해 국가적으로 조직된 대중 교육의 성과를 통해 이루어졌다.

10월 혁명 직후의 러시아는 인민 대중에게 다양한 예술 작품을 접하게 하는 것보다는 도서관을 건설하여 다수 인민 대중의 문맹을 해소하는 것에 역점을 두어야 할 정도로 열악한 조건이었다53). 인민 대중에게 다양한 예술 작품을 접할 수 있게 하는 것은 논할 단계조차 되지 못하였다. 그러나 혁명의 20년이 흐르자 이제 쏘비에뜨 사회 전체에서 예술이 인민대중에게 널리 파급되고 있음을 확인할 수 있다.

이렇게 1930년대는 인민의 힘이 엄청나게 긴장을 느꼈던 시대였다. 극히 짧은 역사적 시간 속에서 사회주의적인 변혁을 완

---

52) 존 버거, ≪사회주의 리얼리즘≫, 김채현 역, 열화당, 1991, p. 30.
53) 레닌, ≪문학예술론≫

수하기 위해 인민의 창조적이고 정신적인 노력이 강행되어야 했던 시대, 사회적 삶과 인간관계, 첨예한 사회적 갈등을 힘겹게 풀어 나가야 했던 시대였다.

이 기간은 문학의 전성기였고, 산문, 시, 드라마의 영역에서 새롭게 위대한 완성을 이루었던 때였다. 작가들은 거의 대부분 새로운 예술 방법의 원칙인 사회주의 리얼리즘에 바탕하여 창작을 하였다. 무수한 장르와 문체, 새로운 세계를 그리는 풍부한 예술이 이 기간을 풍성하게 장식했다.54) 사회주의 리얼리즘 노선은 1930년대라는 한계 속에서 제시된 것이고 그것의 적용에 있어서 여러 오류가 있었음을 부정할 수는 없다. 그러나 제1차 5개년 계획과 사회주의 리얼리즘으로 조직된 쏘련의 집단적 예술은 20세기 인류 문화사의 위대한 도약을 이루어 냈음을 부정할 수는 없다.

---

54) 꼬발레프 외, 같은 책, p. 147.

III. 지가 베르또프, 쏘련 다큐멘터리의 선구자

[사진 1] 지가 베르또프

1918년 블라지미르 마야꼬프스끼는 그의 시 "예술군대에 내린 명령"에서 '도로는 우리의 그림 붓/광장은 우리의 팔레트'라는 과감한 선언을 공개하였다. 영화 감독 지가 베르또프 또한 마야꼬프스끼의 미래파 선언과 동일한 맥락에서 자신의 예술활동을 시작하였다. 지식인이 펜을 들고 화가가 붓을 들고 이데올로기 전투에 참여하듯이 베르또프는 영화 예술을 무기로 예술에서의 전선에 복무하였다.

우리에게 보다 잘 알려진 쏘련 영화는 세르게이 에이젠쉬쩨인이나 프세볼로트 뿌도프낀과 같은 대가들이 기초한 극 영화이다. 그러나 지가 베르또프는 극 영화보다 다큐멘터리의 가능성에 주목하였다. 그는 스타가 출연하고 스튜디오에서 촬영된, 플롯이 있는 영화를 거부했다.[55] 그는 영화의 혁명적 예술로서의 가능성을 다큐멘터리에서 찾았다. 또한 관객이 주체적으로 영화를 수용할 수 있도록 영화의 메커니즘과 제작과정 자체를 영화가

---

[55] ≪씨네21 영화감독사전≫, "지가 베르토프", <http://www.cine21.com/db/person/info/?person_id=10754>

'드러내야' 한다고 주장하였다.56) 다큐멘터리 영화는 현실을 단지 그대로 재현하는 영화는 아니다. 마이클 무어(Michael Moore)를 굳이 거론하지 않더라도 ≪북극의 나누크(Nanook of the North)≫(1922)의 사례에서 이미 알 수 있듯이 다큐멘터리에는 필연적으로 작가의 시선이 개입된다. 그렇다면 여기에서 중요한 것은 작가가 어떤한 입장에서 어떻게 현실을 해석하고 현실에 개입하느냐가 중요한 판단의 준거가 된다.

그는 미래의 영화는 곧 사실의 영화라고 주장했다. 그리고 인간의 눈보다 우위에 있는 카메라의 렌즈가 이 세상을 총체적으로 파악할 것이고 시각적인 혼란을 응집력있고 객관적인 상(像)으로 조직할 것이라고 보았다.57) 그의 영화와 기술 문명에 대한 입장을 시각적으로 형상화한 로드첸꼬(Алекса́ндр Миха́йлович Ро́дченко)가 작업한 베르또프의 영화 ≪영화-눈(Кино-глаз)≫(1924)의 포스터를 보자.

---

56) 구회영, ≪영화에 대하여 알고 싶은 두 세가지 것들—에이젠스테인에서 홍콩느와르까지≫, 한울, 1995, p. 46.
프랑스 누벨 바그(Nouvelle Vague)의 기수 장 뤽 고다르와 그의 동료 장 삐에르 고랭이 지가 베르또프 집단(Groupe Dziga Vertov)이라는 작은 협력 단체를 결성했던 것에서 프랑스의 누벨바그 영화에까지 미치는 베르또프의 영향력을 확인할 수 있다. 다만 고다르의 작품을 비롯한 프랑스 누벨 바그 영화들은 사회주의를 건설해 나가는 프롤레타리아 문화예술의 범주에 포함시키기엔 무리가 있다. 그보다는 급진주의적 지식인 중심의 영화운동의 흐름으로 이해하는 것이 타당할 것이다.
57) ≪씨네21 영화감독사전≫, 같은 곳.

[그림 3] ≪영화-눈≫의 포스터.

크게 확대된 눈(익스트림-클로즈업 기법)과 동공이 상당부에 위치하고 있다. 하단의 양 단에는 두 소년이 이 눈을 올려다 보고 있고 이들의 머리 위에는 아이들의 시선과 같은 시점을 공유하는 영화 카메라가 확대된 눈을 향하고 있다. 포스터에 등장하는 세 개의 눈, 세 개의 시선은 바로 '카메라-눈'으로 통합되어 인간의 시각이 영화 카메라에 의해 확대됨을 형상화하고 있다.58)

베르또프가 내세운 또 다른 주요 신조는 '리얼리티에 대한 공

---

58) 김은경, 같은 글, pp. 157-158.

산주의적인 해석'이었다. 그는 맑스주의만이 객관적이고 과학적인 현실 분석의 도구라고 생각했다. 이러한 원칙에 따라 당 기관지의 이름을 따서 ≪영화-진실(*Кино-Правда*)≫을 제작하였다.59) 쏘비에뜨의 전역을 누비며 제작된 영상은 곳곳에서 상영되었다. 이동 영사반이 마을에 도착하고 장비를 풀어서 야외 상영을 하였다. 1920년대 초중반까지의 연작 다큐멘터리 ≪영화-진실≫에는 곳곳에서 전기화하고 있는 쏘비에뜨 사회를 그려낸다. 또한 쏘비에뜨 사회가 이룬 성취를 각 분야에서 보여준다. 의료, 교육, 장애인, 노숙인, 아동, 가사노동의 사회화, 체육과 교육의 결합, 발레 하는 학생이 보여주는 예술적 성취, 체스와 같은 여가생활을 영상에 담아내었다. 그는 열차를 멈추고 선로를 망가뜨려 반혁명의 전진을 멈춘 위대한 인민의 투쟁을 그려내었다. 그러면서도 비참한 현실을 외면하면서 장밋빛 환상만을 유포하지도 않았다. 내전기에 굶주리고 죽어간 아이들의 참상은 시대와 흑백화면을 넘어 지금까지도 커다란 충격을 주고 있다.

베르또프는 다큐멘터리뿐만 아니라 애니메이션 영화에 있어도 선구적인 작품을 제출하였는데 ≪쏘비에뜨의 장남감들(*Советские игрушки*)≫(1924)은 그 대표적인 실례이다.

---

59) ≪씨네21 영화감독사전≫

[영화 장면 3] ≪쏘비에뜨의 장난감들≫ 중에서

그는 제국주의 국가의 영화를 비판했을 뿐만 아니라 일반 극영화조차 쏘비에뜨 사회에 적합하지 않은 것으로 간주하였다. 그는 다큐멘터리 작가로서 타성에 젖어 있던 기존 영화 제작자들의 각성을 촉구했다. 한편에서 그의 혁신적인 영화 실험은 에이젠쉬쩨인 같은 지지자들조차 형식주의적인 것이라 비판하기도 하였다. 1930년대의 격렬한 논쟁을 거치며 르포 형식의 다큐멘터리가 더 이상 시대적 요청에 부합하기 힘들게 되자 여러 비판에 직면하기도 했다.60) 그는 당대에 있어 논쟁적인 감독이었고 지금까지도 무수한 논쟁을 야기하고 있는 작가이다.

1929년 작 ≪카메라를 든 사람(*Человек с киноаппаратом*)≫은 사회주의 사회에서의 낙천적인 일상과 인민의 생활을 스케치로 표명한 기록물이다. 카메라의 시선이 바로 영화라는 작가의 관점을 흥미롭고 신선한 방식으로 구현해내어 영화사를 거론할 때 빠지지 않고 등장하는 작품이다. 그의 다큐멘터리는 현실을 단순히 기록하는 역할만을 한 것이 아니라 새로운 영화 기법을

---
60) 전양준, 같은 글, p. 58-63.

통해 대중들을 교육하는 역할까지 해내었다.61) ≪카메라를 든 사람≫에서는 카메라트릭, 슈퍼 임포우즈, 애니메이션, 슬로우모션 등의 당시로서의 최신의 영화 기교가 자유자재로 활용되었다. 즉 혁명에 대한 다큐멘터리이면서, 동시에 그 자체가 영화의 혁신을 가져온 기념비적인 작품이라고 할 수 있다.62) 이 때문 베르또프의 이름은 에이젠쉬쩨인과 함께 부르주아 영화 교과서에도 빠지지 않고 등장한다. 그러나 이들 교과서는 다분히 형식주의적 측면에서 베르또프의 영화를 평가한다. 예를 들어 ≪카메라를 든 사람≫에서 잠시 등장하는 이혼 장면에 대해 주목하는 경우는 거의 없다. 자유로운 이혼을 가능하게 한 것이 여성의 권리 신장에 얼마나 큰 변화를 준 것인지 고찰하는 것보다 눈에 들어오는 혁신적인 기교에 더 주목할 뿐이다.

[영화 장면 4] ≪카메라를 든 사람≫ 중에서

---

61) 영화를 통해 교육을 지향했던 베르또프의 방법은 교육극을 통한 연극 실험을 시도했던 브레히트의 그것과 맞닿아 있다고 볼 수 있을 것이다.
62) 구회영, 같은 책, p. 286.

그러나 영화 평론가들의 미식적인 몰취향을 충족시켜주지 않는다 해서 예술적 성취를 못 이루어 낸 것은 아니다. 보다 덜 주목받는 네쁘 시대의 ≪전진, 쏘비에뜨!(Шагай, Совет!)≫ (1926)를 보자. 이 작품은 네쁘 시대의 부정적인 요소와 거리가 멀다. 경제의 전선에서는 소총을 든 병사가 아니라, 망치와 삽과 톱을 든 노동자가 싸운다. 이들에게는 못과 나사, 벽돌이 탄환이다. 철도의 건설을 위해 싸우는 노동자의 모습, 자본가의 공장폐쇄에 맞서 노동자가 생산을 장악해서 기계를 가동하는 모습이 역동적이고 활기있게 펼쳐진다. 그는 쏘비에뜨 인민의 투쟁과 역사적 진리를 새로운 영화 기법으로 드러내고 있다. 초기 쏘비에뜨 정권의 교육, 의료·보건, 장애인 노숙인 정책의 편린들 또한 확인할 수 있다.

[그림 4] ≪전진, 쏘비에뜨!≫의 포스터

그는 또한 레닌의 다음과 같은 주장을 영화를 통해서 실천하고자 했다.

공산주의는 쏘비에트 권력 더하기 나라 전체의 전기(電氣)화이다. 전기화 없이는 공업은 발전할 수 없기 때문이다.63)

베르또프는 자신의 다큐멘터리 원칙에 따라 기계 모터소리와 같은 공장의 소음, 경적 소리, 환호 소리, 고적대 소리 등을 삽입한 ≪열의: 돈바쓰 교향곡(*Энтузиазм: Симфония Донбасса*)(1930)을 제작하였다.64) 이 영화에는 드미뜨리 쇼스타꼬비치의 관현악이 효과적으로 삽입되어 영상과 함께 상승작용을 하고 있다. 군중들이 정교회의 돔을 무너뜨리고 그 자리에 붉은 깃발이 올라간다. 모여든 인민대중이 환호성을 울린다. 자막이 등장한다. "종교에 대한 투쟁은 새 생활을 위한 투쟁이다." 젊은 노동자들을 위한 회관이 건립되고 피켓을 든 노동자들의 행렬이 이어진다. 선전차량이 등장하고 ≪레닌 전집≫ 제 12권의 출간을 알린다. 마을에는 영화관이 건설된다. 여성 조각가는 레닌의 두상을 만든다. 계획과 사회주의의 건설을 알리는 움직이는 모형이 등장하고 절정에 이른 관현악과 함께 거대한 공장이 모습을 드러낸다. 집단 농장의 여성 농민은 노동요와 함께 수확을 한다. 제1차 5개년계획 중에 돈바쓰에서 일어난 거대한 변혁은 라디오를 타고 다른 지역에도 알려진다. 이러한 거대한 변화는 개별 노동자 힘으로는 불가능하다. 당의 서기, 노조 위원장, 엔지니어와 같은 개개인이 가능하게 한 것도 아니다. 꼼소몰로 조직된 전 사회적 역량과 열성노동자를 중심으로 인민들의 피땀이 결합하여 탄생한 것이다.

---

63) V. I. Lenin, *Collected works*, vol. 31, p. 419.
64) 정태수, ≪러시아-소비에트 영화사 1≫, 하제, 1998, p. 192.

[영화 장면 5] ≪돈바쓰 교향곡≫ 중에서.

　제2차 세계대전 시기에는 전선에서 영화를 제작하며 파씨스트 격퇴를 위해 헌신했다. 특히 ≪너에게, 전선(*Тебе, фронт!*)≫ (1942)에서 까자흐스딴의 민족적 정서를 적극 활용하며 인민들의 투쟁을 독려하였다. 제2차 세계대전 시기 쏘련에서 대러시아주의가 부활했다는 주장은 얼마나 가당치 않은가!

[영화 장면 6] 전통 악기를 연주하며 노래하는 까자흐스딴 노인. ≪너에게, 전선≫ 중에서

부르주아 영화평론가들의 눈과 귀에는 베르또프의 영화적 실천과 그것이 쏘련 사회주의 건설 과정에서 갖는 의미가 들어오지 않는다. 이들은 오직 당대 다수의 대중들에게는 아직 난해한 것으로 비춰졌던 영화의 형식적 실험에만 주목한다. 그리고 이런 식으로 예술가와 당을 분리하고 예술가와 인민대중을 분리해낸다. 그들에게 사회주의의 기록자이나 다큐멘터리 영화로서 사회주의 건설에 함께 복무한 베르또프는 없고 '당국에 의해 낙인찍힌 문제 작가'만이 있을 뿐이다. 과연 그들과 우리가 같은 영화를 본 것인지 의심스럽다. 아니 과연 영화를 직접 시청하고 평론 나부랭이를 작성하는지조차 의심스러울 지경이다.

IV. ≪레닌에 대한 세 노래≫ -그 이해를 위한 주석

[사진 2] 당 기관지 ≪진실(*Правда*)≫에 실린
≪레닌에 대한 세 노래≫의 기사

1934년에 레닌 사망 10주기를 맞아 베르또프의 ≪레닌에 대한 세 노래(*Три песни о Ленине*)≫가 발표된다. 그는 이 작품에서 1917년 혁명이후과 제1차 5개년계획의 성과를 영화로 구현해 내면서 혁명을 보고하는 다큐멘터리의 전형을 보여주었다. 이 영화는 사회주의 리얼리즘 노선이 제시된 이후의 작품이다. 여기에서는 ≪카메라를 든 사람≫에서와 같은 혁신적인 영화 기교는 극도로 절제되어 있다. ≪열의: 돈바쓰 교향곡≫에서와 같은 난해한 화면 구성도 철저하게 자제되어 있다. 영화의 제목에서 유추할 수 있듯이 이 영화는 세 편의 단편으로 구성되어 있다. 각각은 독립된 소주제를 다루고 있지만 전체 주제는 유기적으로 연결되어 1934년의 시점에서 바라본 레닌주의의 성취를 보여준다. 1부는 "내 얼굴은 어두운 감옥에 갇혀 있었네"로 주로 소수민족과 여성을 부각하고 있다. 2부는 "우리는 그를 사랑했

다"로 레닌과 10월 혁명 그리고 레닌의 장례식을 중심으로 테마를 이끌어 간다. 그리고 "거대한 바위의 도시에서"를 마지막 3부로 레닌 사후에도 지속되는 혁명을 그려낸다.

1. 1930년대 쏘련의 여성, 소수민족, 농민 문제의 이해를 위해

[영화 장면 7] 혁명 이전에 강요되었던 파란자.65)
≪레닌에 대한 세 노래≫ 중에서.

영화의 1부는 혁명의 성과가 봉건적 이슬람교66)를 믿던 인민

---

65) فرنجية. 주로 따지끼스딴과 우즈베끼스딴에서 혁명 이전에 강요되던 부르카와 유사한 복식.
66) 이슬람교 일반이 봉건적이라고 주장하는 것이 아님에 유의해 달라. 인기가 있었던 ≪미녀들의 수다≫(이 프로그램에서 또한 상업방송의 의도에 맞춘 여성의 대상화가 이루어졌음은 더 자세히 언급하지 않아도 될 것이다.)라는 텔레비전 쇼에 등장했던 우즈베끼스딴 등 과거 쏘련의 한 공화국을 이루던 국가에서 온 이슬람교를 믿는 여성들을 기억해 보자. 무슬림식 인사 '앗쌀라무 알라이꿈'으로 자신을 알리지만 전혀 얼굴을 가리지 않고 있다. 여성에 대한 억압을 이슬람교 일반의 것으로 비난

들에게까지 미쳤음을 보고하는 내용이다. 혁명 이전의 과거와 혁명 이후의 변모된 소수민족 여성들과 인민들의 모습을 다양한 각도에서 조망하고 있다. 영상에서 드러나는 제 민족들의 전통은 변모한 쏘비에뜨적 삶과 함께 조화를 이루고 있다.

[영화 장면 8] 노래하면서 민속 춤을 추는 소수 민족 어린이의 모습. ≪레닌에 대한 세 노래≫ 중에서.

농노해방이전에 러시아의 농촌에서 여성에게 가해지고 있던 끔찍한 폭력을 묘사한 네끄라소프의 1848년의 시를 감상하자.

하면서 자신은 악행의 역사에 대한 면죄부를 얻으려는 기독교도들의 위선은 가당치 않다. 이러한 억압은 종교 그 자체보다 여전히 강요되고 있는 봉건성으로 인한 것으로 보는 것이 타당할 것이다.
물론 우리는 종교 이데올로기와 굳건하게 싸워야 한다. 그런데 종교와의 투쟁은 개인의 양심인 신앙심과 싸우는 것이 아니다. 오히려 종교라는 미신이 존재하는 물적 토대를 제거하는 것이 가장 중요하다.

어제, 다섯 시 쯤에

어제, 다섯 시 쯤에
우연히 나는 센나야 광장에 들렀네 ;
그곳에서 한 여인, 젊은 농부 아낙네가
채찍질당하고 있었네.

그녀의 가슴에선 아무 소리도 나지 않았고,
채찍만이 날뛰며 휘파람소리를 내었네. ⋯
나는 내 시신(詩神)에게 말했네,
<보아라, 너의 친누이로다!>67)

혁명적 민주주의자 네끄라소프는 예술가로서 사회를 고발하는 임무를 잊지 않았다. 1840년대와 50년대 초에 네끄라소프의 시에는 잡계급 지식인이나 가난한 노동자의 고통과 쓰라린 운명에 대한 장면 묘사가 두드러진다. 특히 이 시에서 고통받는 여성의 모습은 시인의 숭상하는 시신, 즉 뮤즈의 누이로 형상화된다. 네끄라소프의 시에서 등장하는 뮤즈는 고대 신화에서 움직이는 형상들이 아니라, 1848년 현실의 러시아에서 잔혹하고 수치스러운 형벌을 공개적으로 당하는 젊은 여성 농민의 모습으로 그려진다. 네끄라소프의 뮤즈는 자신의 고통 속에서 당당하고 아름다우며 복수를 호소하는 가난한 사람들의 시신이다.68)

그러나 위대한 혁명적 민주주의자도 결코 제정 러시아의 거대한 벽과 같은 폭력을 직접 제거하지 못하였다. 혼자서는 그러한

---

67) 네끄라소프, ≪거리에서≫, 임채희 역, 열린 책들, 1993, p. 48.
제목이 없는 시이기에 첫 행이 제목을 대신한다.
68) 임채희, "네끄라소프의 생애와 시 세계", 같은 책, p. 154.

폭력의 현장에 개입하여 그것을 저지하는 것조차 불가능하였으리라. 그는 그저 현장을 두 눈으로 목격하고 그것을 예술의 힘을 빌려 고발할 수밖에 없었다. 1848년 러시아의 여성 농민은 스스로를 조직하여 자기의 정치적 목소리를 내지도 못하였다. 혁명적 민주주의자인 남성 지식인의 입을 빌려 자신의 처지를 알릴 수 있을 뿐이었다.

대략 70년이 흐른 1917년 혁명 이전의 제정 러시아 말기의 상황도 크게 다르지 않다. 미하일 숄로호프의 동명 소설을 원작으로 한 영화 ≪고요한 돈강(*Тихий Дон*)≫(1957)에서 드러나는 단적인 묘사를 보자. 제정러시아 말기 까자끄 여성 농민 아크시냐는 혼외 관계를 했다는 이유만으로 배우자에게 잔인하게 매질을 당한다. 러시아 여성들은 매질당하는 것이 일상이라는 속담까지 있을 정도이다.

그러면 시대를 건너뛰어 ≪레닌에 대한 세 노래≫에서 묘사되는 여성을 보자. 이제는 더 이상 초월적 대리인인 뮤즈를 찾지 않아도 된다. 베일이라는 굴레를 벗어던진 소수민족의 여성, 집단 농장의 여성 농민, 노동 영웅이 된 여성노동자, 학교에서 교육을 받는 여성, 사격을 배우는 여성, 무장한 여성이 주인공이 된다. 영화에서는 19세기 러시아에서와 같은 여성에 대한 잔혹한 폭력이 보이지 않는다. 물론 1930년대는 여성해방을 위한 아주 기초적인 물적 토대를 갖추었을 뿐이며 모든 여성 억압을 폐지 것은 보다 긴 과제와 투쟁을 요구하는 것임을 유념해야 한다.

[영화 장면 9] 사격을 배우는 여성.
≪레닌에 대한 세 노래≫ 중에서.

20년대와 30년대는 전혀 다른 조건에 놓이게 되었음을 영화에 출연하는 집단 농장의 여성농민으로부터 확인할 수 있다. 여기서 1920년대 꿀락을 풍자하는 빅또르 제니(Виктор Дени)의 포스터를 보자.

[그림 5] <빵 거미 꿀라끄-기적>(1922)

1922년은 내전과 전시공산주의 하에 많은 인민들이 고통받고 있는 시기였고 아사자들도 발생하던 시기였다. 이 시기에 발표된 제니에 포스터는 살찐 꿀락이 곡물을 포대 단위로 쌓아놓고 그 위에 자리 잡고 있는 모습을 노골적으로 풍자하면서 농촌에서 척결해야 할 꿀락을 정조준하고 있다. 반면에 제니의 포스터로부터 12년 후의 작품인 ≪레닌의 세 노래≫에서는 더 이상 이전의 척결 대상이었던 꿀락이 등장하지 않는다. 풍자의 기법으로 부정적으로 묘사하는 대상도 없다. 12년의 세월 동안 농업집단화의 성공으로 쏘비에뜨 사회의 계급 역관계가 완전히 달려졌음을 단적으로 알 수 있다.

농업 집단화 문제에 대한 레닌의 글을 보자.

우리가 소농민 국가에서 살고 있는 한 러시아에는 공산주의를 위해서보다 자본주의를 위한 더 튼튼한 경제적 토대가 존재한다. 이것을 명심하여야 한다. 농촌생활을 도시생활과 비교하여 주의 깊게 관찰한 사람은 누구나 다 우리가 자본주의의 뿌리를 뽑아 버리지 못했으며 국내의 적들에게서 그들의 토대와 기초를 허물어 내지 못했다는 것을 알 것이다. 국내의 적들은 소경영에 의지하고 있다. 이것을 파멸시키기 위해서는 한 가지 수단이 있을 뿐이다. 즉 농업도 포함하여 나라의 경제를 제 기술의 토대 위에, 현대적 대규모 생산의 기술적 토대 위에 옮겨놓는 것이다. … 오직 나라가 전기화될 때, 공업, 농업 및 운수에 현대적 대공업의 기술적 토대가 놓여질 때, 오직 그때에라야 우리는 종국적으로 승리할 것이다.[69]

---

69) V. I. Lenin, *Collected works*, vol. 31, p. 516.

이렇게 레닌은 사회주의 체제의 흥망에 있어 농업 집단화의 중요성에 특히 역점을 두었다. 그리고 농업경제에 있어 풍작이나 경공업의 발전만으로는 한계가 있으며 중공업의 부흥이 사활적으로 필요함을 강조했다. 따라서 농업 집단화의 과제는 쓰딸린 시대의 강제로 인해 제기된 것이 아니라 사회주의 경제의 승리를 위해 필수적으로 제기되는 과제였음을 알 수 있다. 그리고 농업과 공업은 대립하는 것이 아니라 발달한 중공업의 토대 위에서만 농업도, 경공업도 재조직될 수 있음을 확인할 수 있다. 그러면 집단화가 달성되어 꼴호즈가 곳곳에 조직된 시기에 쓰딸린의 연설을 보자.

이제는 여성에 대하여, 여성 꼴호즈원에 대하여 몇 마디 말하려 한다. 동지들 꼴호즈에서 여성 문제는 큰 문제이다. 나는 여러분 중 많은 사람들이 여성들을 과소평가하며 심지어는 비웃기까지 한다는 것을 알고 있다. 그러나 동지들, 이것은 잘못이다. 큰 잘못이다. 여기에서 문제는 여성들이 인구의 절반을 차지한다는 점에만 있는 것이 아니라, 문제는 무엇보다도 먼저 꼴호즈 운동이 훌륭하고 유능한 많은 여성들을 제도적 지위에 등용하였다는 점에 있다. 이 대회의 구성을 보라. 그러면 여러분은 여성들이 이미 오래 전에 뒤떨어진 사람으로부터 앞선 사람으로 발전하였다는 것을 볼 것이다. 꼴호즈의 여성은 큰 힘이다. 이 힘을 파묻어 둔다는 것은 죄를 짓는다는 것을 의미한다. 우리의 임무는 꼴호즈의 여성들이 앞으로 나아가게 하며 그 힘을 발동시키는 것이다. …

여성 꼴호즈원들 자신에 관해서 말하면, 그들은 꼴호즈가 여성들을 위하여 어떠한 힘과 의의를 가지고 있는가 하는 것을 기억하여야 하며 오직 꼴호즈에서만 여성들이 남자들과 대등한 처지에 설 수 있다는 것을 기억하여야 한다. 여성 꼴호즈원 동지들은 이것을 기억하여야 하며 꼴호즈 제도를 눈동자와 같이 귀중히 여겨야 한다. (긴 박수)70)

[영화 장면 10] 민족 의상을 입고 트랙터를 운전하는 중앙아시아 여성 농민. ≪레닌에 대한 세 노래≫ 중에서.

이런 배경을 참조하여 영화에서 그려지는 국영농장과 집단농장을 보자. 국영농장과 집단농장은 대공업의 산물인 트랙터와 같은 중장비를 통해 경영되고 있다. 영화에서는 농장에서 작업을 지시하면서 자신은 노동에 참여하지 않는 구시대 지주의 전형은 찾아볼 수가 없다. 여성들은 농업과 관련한 과학기술을 익히고 직접 트랙터를 운전하면서 사회주의적 농업의 기초를 개척해 나가고 있다.

---

70) スターリン, コルホーズ突撃隊員第一次全国大会での演説. "제1차 전연맹 꼴호즈 돌격대원 대회에서 한 연설", 같은 책, pp. 275-276.

2. 쏘비에뜨 국가와 ≪레닌에 대한 세 노래≫

[영화 장면 11] 편대 비행하는 쏘비에뜨사회주의공화국연방(CCCP). ≪레닌에 대한 세 노래≫ 중에서.

≪레닌에 대한 세 노래≫는 전 국가적인 역량지원이 없었다면 탄생할 수 없었다. 거대한 공장과 댐과 조선소를 촬영하는데 촬영감독과 관계자들만 필요한 것이 아니다. 단적으로 항공기가 공중에서 쏘비에뜨 사회주의 공화국연방의 약자 CCCP를 그리는 장면을 촬영하기 위해서, 비행기에서 공중촬영을 하기 위해서 또한 거대한 산업 시설을 촬영하기 위해서는 국가적 역량이 총동원 되어야만 했다. 그래서 우리는 이 영화 곳곳에서 행간을 읽어야 한다. 시대는 다르지만 사회주의 국가의 영화를 이해하는 데 꾸바 감독의 인터뷰를 참고해 보자.

우리가 갖고 있는 국가 소유의, 국가 중심의 생산방식은 예를 들면 '독립적인' 개인회사가 보여주는 생산방식과는 매우 다릅니다. 나는 '독립적인'에 인용부호를 놓는데 왜냐하면 그러한 시스템 아래서 사람은 항상 어느 정도 힘 있는 사람에게 종속되기 때문이지요. 당신은 그 종속으로부터 당신 자신을 해방시키려면, 무능력이나 완전고립에 빠져 버립니다. 그래서 당신은 사실 거기에는 아무런 차이가 없다는 것을 알게 될 것입니다.71)

자본주의 사회의 예술가들은 거대한 사회 시스템 하에서 고립된 객체로서 작업을 한다. 반면에 사회주의 국가의 예술가들은 '자유롭게 사회화된 인간들이' '의식적이고 계획적으로' 사회 시스템을 '통제'하면서 공동의 협력을 통해 예술작품을 탄생시킨다. ≪레닌에 대한 세 노래≫에 자막으로 등장하는 소유격 "나의"와 "우리의"를 보자. "나의"라는 표현은 1부에서 총 9번 등장하는데 각각 국영농장, 나라, 땅, 대하, 공장, 집단농장, 가족, 손, 당을 수식한다. 지주와 꿀락에게 억압받던 농민이 자신의 토지에 대한 소유를 집단적으로 소유한다. 이곳에서 함께 노동하는 동료에 대해 "내 가족"으로 묘사함으로써 기존의 배타적인 가족의 의미는 확장된다. 자본주의 체제와는 달리 손으로 행하는 노동은 기계에 의해 축출당하는 것이 아니라 중공업의 발전과 조화를 이루는 농업노동이라는 새로운 의미를 획득한다. 조국이 없는 노동자가 아니라 이제는 자신 있게 근로인민 대중의 쏘비에뜨 국가를 "내 나라"라고 칭하며 이를 지도하는 당을 나의 것으로 찬양한다. 한편 레닌 사후의 사회주의 건설을 이끌어 가는 3부에서 "우리의" 것으로 묘사되는 것은 석유, 석탄, 금속이다. 이제 인간은 비로소 자연력을 소수의 착취자의 수중의 것이 아닌 전

---

71) "개인적인 수행과 집단적 달성 ―또마스 구띠에레쓰 아레아와의 대담", 서울 영화집단 편, 같은 책, p. 169.

사회적인 "우리의" 것으로 통제한다. 거대한 자연자원을 토대로 건설한 신도시와 중공업은 사회주의를 위한 물적 토대를 건설한다. 계급사회의 사적 소유제에 기초한 '나의 것'이라는 개념은 철저하게 타인을 배척한다. 반면에 ≪레닌에 대한 세 노래≫에서 나와 우리의 소유는 상호 밀접한 관련을 맺지만 결코 서로를 배척하지 않는다. 사회주의 사회의 노동은 이렇게 온전하게 사회적으로 이루어진다. 이러한 토대에서 생산된 예술작품도 결코 고립·분절적인 노동으로 탄생한 것이 아니다.

한편 공산주의의 낮은 단계로서 사회주의 사회는 아직 필요에 따라 분배할 수 있는 물적 토대를 갖추지 못한 단계이다. 이 사회에서는 각인은 각자 사회에 기여한 바에 따라 분배받아야 한다. 그렇다면 사회에 기여한 바를 어떻게 측정하고 사회에 대한 기여를 어떻게 독려할 것인가라는 문제가 발생한다. 이에 대해 쓰딸린에 의해 강요된 노동이라는 비난을 가한다면 레닌이 1919년 전시 공산제 하에서 근로인민의 노동을 어떻게 독려했는지 기억할 필요가 있다. 그리고 노동과정에서 근로인민대중이 어떻게 새로운 주체로 거듭났는지 종합적인 면에서 고려해야 할 것이다. 영화에서는 드니쁘르강 댐 건설에 참여한 여성 노동돌격대원(Ударник)의 인터뷰가 등장한다. 이 영화에는 전문배우는 전혀 등장하지 않고 평범한 노동자와 농민이 영화에 직접 등장하여 사회주의 건설 과정에서 자신의 경험을 자신있게 이야기한다. 그리고 이러한 사회주의적 경쟁은 개인적인 열성을 독려하는 데서 그치는 것이 아니라 보다 효과적인 작업방식의 조직을 통한 집단적인 경쟁을 독려하는 것이었다. 1930년대 강조되었던 대중운동을 통한 사회주의적 경쟁의 성과를 영화에서 확인할 수 있다.72)

[영화 장면 12] 드니쁘르강 댐73) 건설 과정에서 레닌상을 수상한 노동돌격대원의 인터뷰. ≪레닌에 대한 세 노래≫ 중에서.

영화에서는 지식을 인민대중의 것으로 돌리는 것의 중요성을 무단히 강조하고 있다. 문맹을 벗어나 책을 든 여성, 끊임없이 인쇄되는 레닌의 출판물, 학교에서 공부를 하는 아동들의 모습 그리고 이제 인민들이 전문지식을 습득하는 모습을 영상으로 그려내고 있다.

---

72) 이와 관련하여 다음의 논문을 참조하라. 송준서, "전후 스탈린 시기 사회주의적 경쟁의 퇴조와 '대협약'의 성립, 1944-1953", ≪슬라브 학보≫, 제24권 1호, 2009. 3. 물론 우리는 강단에서 생산된 이론의 편견을 잘 걸러내고 독해해야 한다.
73) 불행하게도 드니쁘르 강 댐은 1941년 쏘독 전쟁 과정에서 파괴되어야 했다.

[영화 장면 13] 혁명 이후 중앙 아시아 지역에 건설된 초기 학교의 모습. ≪레닌에 대한 세 노래≫ 중에서.

영화는 쏘비에뜨의 건설자로서 그리고 국제공산주의 운동의 지도자로서 레닌을 다양한 각도에서 조망하고 있다. 꼬민떼른의 지도자로서 레닌이 영상에 흐르는데 여기에서 뻬뜨로그라드에서 열린 제2차 꼬민떼른 대회를 그린 보리스 꾸스또디에프(Борис Михайлович Кустодиев)의 회화 작품을 참고로 보자.

[그림 6] <제 3인터내셔널 제2차 대회의 개막을 위한 유리츠끼 광장에서의 축하연>(1920)

꼬민떼른의 두 번째 대회가 1920년 7월 뻬뜨로그라드에서 열렸다. 대회의 개막식은 인민의 축제로 화하였다. 이를 지켜보았던 꾸스또디에프는 시 의회로부터 위촉을 받아 이 축제를 재현하기 위한 대규모의 작품을 제작했다. 이를 위해 그의 아들 끼릴 꾸스또디에프가 조력했다.[74]

이 영화는 기존 베르또프가 촬영한 기록들을 재편집해 활용하고 있다. 영화 ≪11주년(*Одиннадцатый*)≫(1928)에서 드니쁘르 댐의 물결 왼편에 합성된 레닌의 이미지는 ≪레닌에 대한 세 노래≫에서 효과적으로 재활용되고 있다. 또 레닌의 장례식 및 내전기 1917년 혁명 직후의 모습도 훌륭하게 재편집되어 활용되고 있다. 영화 편집의 중요성을 강조하는 그의 작가정신을 이 작품에서도 확인할 수 있다.

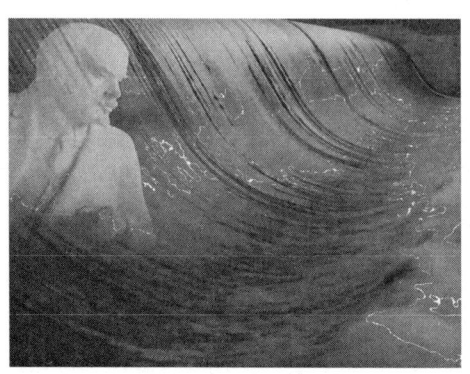

[영화 장면 14] 드니쁘르강 댐의 물결에 합성된 레닌상의 이미지. ≪레닌에 대한 세 노래≫ 중에서

---

74) 존 버거, 같은 책, 1991, p. 54.

3. 1930년대 쏘련 유성영화의 이해를 위해

한편 이 작품은 유성영화 시대의 작품이다. 세계최초의 유성영화는 헐리우드에서 제작된 ≪재즈 가수≫(1927)이다. 유성영화의 등장으로 영화에는 혁신적인 전환이 이루어졌다. 전함 뽀쫌낀에 등장하는 쇼스따꼬비치의 웅장한 관현악을 언급하는 이들이 많다. 하지만 ≪전함 뽀쫌낀(*Броненосец "Потёмкин"*)≫ (1925)은 무성영화 시대의 작품이다. 무성영화 시대에 음악은 극장에서 실내악단 혹은 피아노 독주, 바이올린 2중주 등을 통해 직접 연주되었다.75) 당대에 대편성 교향악단의 음악과 함께 영화를 감상하는 것은 거의 요원한 일이었다. 현재 우리가 시청하는 ≪전함 뽀쫌낀≫에 삽입된 음악은 당대가 아닌 훗날의 작업의 의한 것이다.

1928년~29년에 걸쳐 따게르(Павел Григорьевич Тагер)와 쇼린(Александр Фёдорович Шóрин)과 같은 과학자들은 독창적인 유성 녹음기구와 함께 첫 실험 유성 영화를 만들었다. 또 여러 과학자들의 음향 기록을 위한 연구 성과물들은 쏘련에서 유성영화의 등장을 촉진시켰다.76) 발달한 녹음장비와 라디오 전송장치의 개발은 쏘련 영화 산업에도 큰 변화를 가져왔다. 쏘련에서 유성 영화의 등장은 과학기술의 성과로 인한 것이고 이는 계획경제를 통한 집중적인 연구의 성과이다. 쏘련 영화에서 유성영화의 등장으로 영화에는 새로운 역할이 부여되었다.

소리와 언어가 부재한 1920년대 영화와 비교해 볼 때 유성영화는 보다 정치적 사회적 변동을 더욱 민감하게 받아들이게 되

---

75) 제이 레이다, 같은 책, p. 145.
76) 정태수, 같은 책, p. 189.

었다. 새로운 영화 형태에 따라 영화의 서술 구조, 인민들의 생활상과 새로운 조형적 요소와 배우들의 연기에 있어 다양한 창작 법칙이 가능하게 되었다. 몽타쥬 기법을 비롯한 기존의 방법론이 불가피하게 새롭게 재편되어야 했다.[77] 에이젠쉬쩨인과 꿀레쇼프와 같은 선구자들에 의해 발전된 몽타쥬 기법은 무성영화 시대의 조건에서 시작한 것이다. 유성영화 시대의 베르또프의 작품에서도 여전히 몽타쥬 기법은 중요한 구성원리로 작동한다. 뿐만 아니라 시각적 시공간의 공백을 청각적 이미지로 메우며 새로운 상상력을 자극하는 데 있어 유성영화의 다양한 기법이 적극적으로 사용되었다.

영화에서는 음악, 구술, 음향효과, 그리고 레닌의 육성연설을 영상과 함께 적절히 배치하였다. 1930년대에는 녹음을 위해서는 무거운 장비가 필요하고 수백m의 기록매체로도 짧은 시간 밖에 녹음할 수밖에 없는 기술적 한계가 있었다. 이를 감안할 때 영화의 음향 제작에 얼마나 많은 노력이 필요했을지 짐작할 수 있다. 베르또프는 직접 현지를 누비며 소수민족의 음악을 채집하였다. 그곳에서 레닌에 대한 창작된 민요들을 확인하고 녹음하였다. 현장에서 민요를 채집하고 녹음했다면, 영화 제작에 필요한 인력을 철저하게 조직적으로 활용하였을 것이라고 추측할 수 있을 것이다. 그리고 그 작업은 당과 현장 예술가들 그리고 해당 지역 인민들의 유기적인 조화가 없이는 원활하게 이루어질 수 없음을 짐작하는 것은 어려운 일이 아니다. 오늘날에는 개인이 스마트폰 하나만 들고 있어도 촬영과 녹음 편집 모두를 할 수 있다. 스마트폰 하나만으로도 20세기 초의 무거운 카메라 장비와 수백m의 테이프가 담아낸 것보다 훨씬 더 많은 영상정보

---

[77] 정태수, 같은 책, p. 206.

를 편리하게 담아낼 수 있다. 그러므로 오늘날의 시각에서 과거를 재단하는 것은 위험한 발상이 될 수 있다.

베르또프와 공동작업을 하지 않았지만 1932년에 쏘련을 방문해서 유성영화 제작에 참여했던 독일 음악가 한스 아이슬러의 민요 채집 과정에 대한 기록은 쏘련 유성영화 제작과 관련해 참고할 만한 단편이 될 수 있을 것이며 베르또프 작품의 이해에도 도움을 줄 것이다.

따라서 최초에는 작곡가라기보다는 "음악 기록자"로서 임했다. 테잎 녹음기를 들고 네델란드 감독 요리스 이벤스(Joris Ivens)가 있던 마그니또고르스끄로 가서 그 영화에서 가장 중요한 지역성을 배웠다. 먼저, 용광로 건설 작업과 그것의 문제에 대해 알아야 했다. 다음에 소수민족 고유의 음악과 공장의 소음을 녹음해야 했다. …
철을 주조하고 있는 귀를 멀게 하는 굉음을 마이크로 가장 잘 기록할 수 있는 장소를 찾아 커다란 용광로를 구석구석 누비는 것에 익숙치 않았기에, 그곳의 작업은 쉬운 것이 아니었다. 그러나 요리스 이벤스의 환상적인 열의와 꼼소몰 조직의 동지적인 도움은 주의를 끌게 하는 것이었다. 내가 7일 간 익숙치 않은 기후에서 온 힘을 다해 750m가 넘는 공장 소음과 음악을 녹음했다는 것은 오늘날까지도 자랑스러운 것이다. 몇몇 까자흐 노인들의 노래를 녹음하는 것은 특히 흥분되는 것이었다. 내가 까자흐의 옛 민요를 추적하고 있을 때 까자흐인들은 인터내셔널가를 내게 까자흐어로 불러주길 원했다는 것은 재미있는 것이었다. 제 민족의 노동자들의 어마어마한 열의와 노동자의 의식 그리고 공산주의 당국자들의 의무감과 책임감은 나를 감격시켰다.[78)]

[영화 장면 15] ≪영웅의 노래 꼼소몰≫ 중에서

네델란드인 요리스 이벤스 감독과 독일인 한스 아이슬러의 음악으로 쏘련에서 제작된 영화 ≪영웅의 노래 꼼소몰≫은 쏘련의 제1차 5개년계획이 단지 일국 사회주의의 긴실에 그치는 것이 아니라 국제 노동계급 운동의 전진에 있어 지대한 의미를 지니는 것임을 빼어난 음악에 실린 영상으로 실증하였다. ≪레닌에 대한 세 노래≫에서도 소수 민족의 민요와 대공업 단지의 소음이 적극 활용하고 있는데 아마도 아이슬러가 작업했던 방식과 크게 다르지 않은 형태로 녹음되었을 것으로 짐작해 볼 수 있다.

≪레닌에 대한 세 노래≫에서는 레닌을 회상하는데 있어 배경음악을 효과적으로 사용하고 있다. 한 번 들으면 쉽게 잊혀지지 않는 유명한 베토벤[79]의 피아노 쏘나타 비창(피아노 쏘나타 8

---

78) 한스 아이슬러, 같은 글, p. 83.
79) "베토벤의 음악이 프랑스 혁명의 시기에 생겨나서 그것으로 가득 찬 것은 결코 우연이 아니다. 혁명에 의해 깊은 감동을 받아서 베토벤은 음악적 요소의 심연에 심취할 수 있었다. 음악적 의식과 연관하여 이러한 요소는 고뇌와 투쟁, 승리를 구현할 수 있다. 순수음악적 균형에 대한 커다란 위반이었고 조화로운 해결로의 예술적 인도였다."
루나차르스끼, "음악과 혁명", ≪노동자 문화 통신 2≫, 노동자문화예술

번, 다단조, 작품번호 13)의 2악장 도입부의 선율이 관현악으로 편곡되어 흐른다. 피아노 원곡에는 느리게 노래하듯이(Adagio cantabile) 연주하라는 지시사항이 있는데 영상에 흐르는 관현악도 노래하듯이 유려하게 연주되지만 보다 속도감 있게 연주되고 있다. 배경 음악은 다소 정적인 영상과 대비되어 동적인 느낌을 주며 영상에 활기를 불어 넣고 있다.

레닌은 음악을 사랑하였다. 어린 시절에 피아노 연주를 배웠으며, 레닌의 어머니는 그가 음감이 좋고 재능이 있다고 말하곤 했다. 레닌은 음악을 전문적으로 배우지 않았지만 일생동안 음악을 사랑했고 세심하게 음악을 감상했다.[80]

[영화 장면 16] 레닌의 장례행렬을 바라보는 나췌즈다 끄루프스까야. ≪레닌에 대한 세 노래≫ 중에서

운동연합, 1990, p. 161.
80) 드미뜨리 울리야노프, "음악에 대한 그의 사랑", ≪레닌의 문학예술론≫, 논장, 1988, p. 309.

2부의 레닌의 장례식을 인도하는 음악은 장송행진곡으로 알려진 유명한 쇼팽의 <쏘나타 2번 내림나단조 작품 35.> 제3악장이다. 쇼팽의 장송행진곡은 영화의 2부 전체를 관통하는 테마곡이기도 하다. 역시 베토벤의 비창과 마찬가지로 관현악으로 편곡되었다. 느리고 장중한 단조의 선율이 레닌을 잃은 인민들의 비통한 정서를 효과적으로 그려내고 있다.

이 영화에도 <인터내셔널가>는 여지없이 등장한다. 이와 관련한 레닌의 일화를 보자.

"나는 <인터내셔널가>를 1889년 여름에 처음으로 들었다. 우리는 사마라 지방의 알라까예프까에 있는 농장에 머물고 있었다. 올가는 피아노를 연주하디가 <라 마르세예즈>81)로 연주를 끝마쳤다. 나는 급히 누나에게 다가가 그것을 다시 쳐달라고 부탁했다. 바로 그때 블라지미르 일리치가 예기치않게 갑자기 그 방에 들어왔다. 그때는 아침이었고, 그 시간이면 야생마들이 그의 독서를 방해하지 못할 때였다. 그는 우리에게 다가와서 <인터내셔널가>를 부르자고 요청했다. 그는 올가와 함께 피아노 앞에 앉았다. 그리고 그 둘은 새로운 선율을 연주해나갔다. 그리고는 함께, 매우 나직하게 프랑스어로 불렀다."82)

---

81) 인용자 주: 당대의 러시아 혁명가들은 <라 마르세예즈>를 즐겨 불렀고 1917년 혁명 이후에도 마찬가지였다. 오늘날 프랑스 극우주의자들이 국가를 강요하는 모습에서는 부르주아 혁명의 철저한 완수를 선동하는 혁명가의 역사적 의미가 퇴색하고 있다.
82) 드미뜨리 울리야노프, 같은 글, ≪레닌의 문학예술론≫, p. 311. 역자 이길주는 이 부분을 번역하면서 치명적인 오역을 하였다. 'new air'는 '새로운 기분으로'가 아니라 드미뜨리가 처음 들은 '새로운 선율'을 뜻한다.

레닌이 러시아어로 번역한 가사로 불린 <인터내셔널가>는 1917년에서 1943년까지 쏘련의 국가였다.83) 레닌은 외젠 뽀띠에(Eugène Edine Pottier)의 25주기 헌사에서 이렇게 말했다.

> 그는 노래를 통한 가장 위대한 선전가들 중의 한 명이었다. 그가 최초의 노래를 작곡했을 때에는 노동자출신 사회주의자는 수는 많아야 열명 남짓 하였다. 외젠 뽀띠에의 역사적인 노래는 이제 수천만의 프롤레타리아트에게 알려져 있다.84)

쏘련 중공업의 성과로 생산된 자동차가 도로를 지나는 장면에서는 빠르띠잔의 노래로 알려진 <계곡을 넘고 언덕을 넘어(По долинам и по взгорьям)>가 삽입되었다. 이 곡은 <시베리야 소총수의 행진(Марш Сибирских стрелков)>(1828)의 선율에 가사를 붙인 것이다. 우리에게는 붉은 군대 합창단의 연주로 널리 알려져 있다. 수많은 나라에서 번안되어 불린 곡인데 덴마크의 록밴드 Savage rose(들장미)도 <Partisansangen(빠르띠잔의 노래)85)라는 제목으로 이 곡을 연주하였다.

작중에서는 현장에서 채집한 다양한 민속 음악이 효과적으로 활용되고 있다. 다양한 민속음악에 대한 탐구는 사회주의 리얼리즘의 창작에 있어 주요하게 강조되었던 요소이다. 이와 관련

---

83) 이유리·임승수, ≪세상을 바꾼 예술 작품들≫, 시대의 창, 2009, p. 76.
84) 레닌, ≪레닌의 문학예술론≫, 논장, 1988, p. 121.
85) Savage rose의 <빠르띠잔의 노래>를 처음 국내에 소개한 음반은 Savage rose의 동명 타이틀로 시완 레코드에서 발매한 편집음반(SRMC 4019)이다. 음반 뒷표지에 각각의 곡의 제목을 해석해 놓았는데 이 곡을 파티 노래로 번역하는 오류를 담고 있으니 유의하기 바란다.

한 루나차르스끼의 언급을 참고하자.

 설탕을 너무 많이 뿌려서 못쓰게 된, 너무 달아서 오히려 역겨운 호두과자가 아니라 정말로 식욕을 돋우는, 영영가가 많고 알맞게 구어진 음악의 빵을 우리는 원한다.

 이러한 과제는 매우 중요하다. 이때 인민대중은 스스로 적극적으로 참여할 수 있을 것이다. 삶은 대중을 도울 수 있다. 우리는 지금보다 더 새롭고 더 흉허물 없어 농민음악—우리 연방의 슬라브 민족들뿐만 아니라, 이제 우리의 가족이 된 수많은 다른 민족들의 음악까지도—의 거대한 원천들에 접근해갈 수 있어야 한다. 우리는 우리 혁명 도시의 단순한 리듬에도 귀를 귀울여야 한다. 음악가라면 우리 시대의 형상화되지 못한, 원초적인 음악의 굉굉히 울리는 새로운 요소들의 공기 속에서 이러한 거대한을 포착할 수 있다.[86]

[그림 7] ≪레닌의 세 노래≫ 해외상영을 위한 포스터

---

86) 루나차르스끼, 같은 글, pp. 164-165.

4. 소위 '개인 숭배'의 문제에 대해

[영화 장면 17] 1918년 맑스와 엥엘스 기념비 제막식에서 연설하는 레닌. ≪레닌에 대한 세 노래≫ 중에서.

1930년대에는 수많은 레닌과 관련한 영화들이 등장하였다. 이에 대해 현미경을 들이 밀며 쓰딸린 '개인숭배'의 초기 형태를 찾아내려는 이들이 있다. 쓰딸린이 레닌 자신이 거부한 우상들을 곳곳에 세우면서 혁명의 대의를 훼손해 버렸다는 것이다. 그러나 그러한 이들에게 유감스러운 일이지만 그런 식으로 보자면 레닌조차 '개인숭배'에서 자유롭지 못하다.

레닌은 혁명 직후 광장에 과거의 위대한 위인들을 기념하기 위한 조형물을 건립하려고 했다. 1918년 4월 12일 인민위원회 회의는 법령 "공화국의 기념물에 관하여"를 포고하였다. 이 조치는 쏘비에뜨 정권의 탄생 이후 처음 맞이하게 될 5월 1일 노동절을 맞이하기 위한 것이었다. "짜르와 전제정 시대의 관리들을 기리기 위해 세워졌던 기념물들 및 역사적, 예술적으로 가치가 없는 기념물들은 거리와 광장에서 제거되거나 창고로 옮겨져야 한다고 선언하고 있다. 그리고 공화국 재산 인민위원회와 교육인민위원회 예술분과장으로 구성된 특별위원회가 어떤 기념물이 철거되어야 하는지를 모스끄바와 뻬뜨로그라드의 예술협회의 동의를 거쳐 결정해야 한다고 못박고 있다.87) 당시 인민위원회의 의장은 레닌이었으며 이 법령은 레닌이 서명하고 포고한 결정이었다. 또한 레닌은 미래파 예술이 아닌 머리카락 하나하나까지 세밀한 사실주의 초상화와 같은 작품을 선호하였다. 바로 레닌이 선호하던 방식으로 ―과거의 위인들을 위한 조형물이 제작되었던 것처럼― 레닌을 위한 조형물이 제작되었다.88)

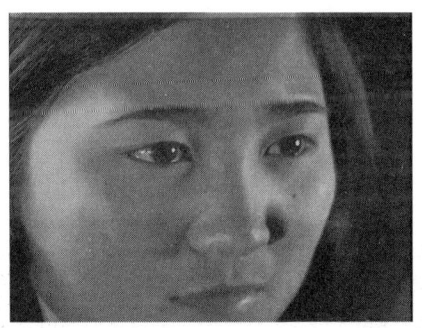

[영화 장면 18] 레닌의 죽음을 슬퍼하는 눈동자.
≪레닌에 대한 세 노래≫ 중에서.

1924년 레닌이 서거하였다. 각지에서 몰려든 여러 민족구성의 인민들이 레닌의 시신에 몰려들었다. 그들은 폐위되어 처형당한

---

87) ≪문학예술론≫, p. 299.
88) 앞으로 건설될 사회주의 사회에서 쏘련에서와 같은 조형물이 건립되어야 한다고 주장할 수는 없다. 다만 사회주의 사회의 예술을 이해하는데 있어서는 그 구체적인 역사적 배경과 사회상에 대해 이해가 전제되어야 함을 강조하고자 한다.

짜르의 죽음에 슬퍼하지 않았던 바로 그 인민들이다. 한 세대를 자신들과 함께 하여 새로운 사회주의 사회의 전망을 제시하였으나 사회주의 사회의 성과를 누리기도 전에 과로로 쓰려져간 혁명가의 죽음에 진심으로 슬퍼하며 모여들었다. 이러한 상황에서 건립된 레닌을 위한 기념물은 생전에 바치지 못한 마지막 선물과도 같은 것이다. 물론 위대한 혁명가의 사상과 업적을 조형물 속에 가두어진다면 그 한계는 명확하다. 하지만 레닌을 대상으로 한 조형물과 예술작품 뿐만 아니라 근로인민 그 자신이 주인공이 되고 그 자신이 주체로 된 수많은 조형물과 예술작품이 함께 등장하였음을 있지 말아야 한다. 시대를 개척한 영웅들이 있었다. 그리고 그 영웅들에 대한 숭배도 존재하였다. 그리고 그 시대의 영웅들은 자신들만을 숭배받기 위해 만인을 들러리로 내세우지 않았다. 위대한 영웅들과 함께 평범한 인민들이 역사에서 복무하며 사회주의를 건설해 나갔다.

[영화 장면 19] 증언하는 집단농장의 농민
≪레닌에 대한 세 노래≫ 중에서

Ⅳ. 사회주의 리얼리즘 온고지신(溫故知新)을 위하여

이렇게 베르또프의 작품 ≪레닌에 대한 세 노래≫는 1934년이라는 구체적인 시대적 역사적 배경과 사회주의 리얼리즘의 발전이라는 조건에서 이해되어야 한다. 베르또프는 자신의 다큐멘터리에 대한 원칙을 이어가면서 새로운 전환기의 인민대중적 예술적 요구를 반영하여 작품을 완성하였다. 그리고 이 작품은 당대에 쏘련에서 뿐만 아니라 여러 해외 국가들에서도 상영되어 H. G. 웰스와 같은 러시아어를 모르는 이들에게서도 화면만으로도 충분히 내용을 이해할 수 있다는 반응을 이끌어냈다. 물론 오늘날에도 맑스-레닌주의와 사회주의 리얼리즘을 구현한 영화를 학습하는 이들에게 지침서 역할을 할 것이다.

그런데 1930년대에 달성해낸 영화 예술의 성취를 쏘련에서 지속적으로 이어갔는지에 대해서는 심각한 의문이 든다. 물론 쓰딸린 사후에도 뛰어난 작품들도 많다. 그러나 1930년대와 같은 격렬한 사회적 갈등 속에서 예술을 창작하여 사회주의의 과거와 미래를 이어내려는 조직적인 노력은 퇴조하였다.

특히 '해빙'기와 '전인민의 국가' 슬로건이 발표된 이후 쏘련의 영화는 기술적으로 과거보다 진보하였지만 사회주의의 진실을 영화적으로 구현해내는 데 있어서는 심각하게 퇴보했다고 할 수 있다. 오히려 많은 모순과 한계 속에서 생산된 레닌과 쓰딸린 시대의 영화 작품들을 통해서 오늘날에도 새로운 사회주의 건설을 위한 예술적 영감과 원천을 얻어낼 수 있다. 치열한 비판과 갈등이 사라진 '해빙'기 이후의 작품들에서는 현실에 안주하려는 안락한 나태함이 가득하다. 페르난도 솔라나스(Fernando E. Solanas)와 옥따비오 게띠노(Octavio Getino)는 레프 똘스또이의 동명 소설을 원작으로 한 세르게이 본다르추크(Сергéй Фёдорович Бондарчýк) 감독의 ≪전쟁과 평화(Война и мир)≫(1967)를 혹평한다. '미국 영화 산업에 부과된 모든 전제들(구조, 언어 등), 특히 영화의 개념들에 완전히 종속한 기념비적인 예'[89]라는 것이다. 과거의 위대한 문학작품을 영화로 재탄생시키기 위해 총 70만 이상 엑스트라를 쓴 거대한 국책 사업을 아카데미에서 주목한 것은 의미심장하다. 소위 해빙기에 발표된 ≪나는 모스끄바를 걷고 있네(Я шагаю по Москве)≫(1963)에서의 '유쾌한' 분위기 속에서도, 전후 쏘비에뜨 영화로 해외에서 도 인기를 얻은 ≪병사의 발라드(Баллада о солдате)≫(1959)에서도 더 이상 사회주의를 위한 고뇌와 실천을 찾아보기는 힘들다. 매력적인 로맨스 ≪운명의 아이러니(Ирония судьбы)≫(1975)에서는 아예 프랑스제 선물을 선사하며 장면이 나오며 제국주의 국가에 대한 경계심이 완전히 무너졌음을 알리고 있다. 영화 속에 아름다운 선율에 실린 아흐마또바(Анна Андрéевна Ахмáтова)와 예프뚜셴꼬(Евгений Александрович Евтушенко)의 시의 시적 화자는 철저한 개인이다. 쏘련이 무너지고 발표된 러시아 영화는 보다 심각하다. ≪다 잘될 거야(Всё будет хорошо!)≫(1995)에서는 쏘련 해체 이후 잃어버린 방향성을 새로운 시대에 적응하지 못하는 남주인공을 통해서 드러내고 있다. ≪삐쩨르 FM(Питер FM)≫(2006)에서 '테러의 위협'에 검문검색을 당하는 장면은 너무나 자연스러운 것이다. 이제는 ≪나는 모스끄바를 걷고 있네≫에서 경찰의 고압적이고 관료적인 태도에 밝고 당당하게 항의하는 모습조차 없다. 삼성의 협찬을 받았는지 삼성 휴대폰이 광고처럼 클르즈업 된다.

---

89) ≪영화운동론≫, 서울영화집단 편, 화다, 1985, p. 28.

다시 지가 베르또프의 이야기로 돌아가 보자. 전술한 대로 베르또프 작품은 무수한 논쟁을 야기하였다. 그리고 그의 말년에는 거대한 국책 영화 제작에서 물러났고 뉴스를 제작하고 편집하는 일을 하다 사망하였다. 이에 대해 많은 부르주아 이데올로그는 당국에 의해 희생된 뛰어난 개인을 부각한다.

그러나 쏘련에서 영화 예술을 둘러싼 이러한 논쟁과 비판은 베르또프만을 향한 것이 아니었다. 에이젠쉬쩨인을 비롯한 거장들도 비판을 피해갈 수 없었다. 에이젠쉬쩨인의 위대한 영화 ≪10월(*Октябрь*)≫(1927)도 당대에 상영되었을 때는 앞줄의 많은 관객이 코를 골며 잘 정도로 대중들에게 어렵게 받아들여졌다.90) 또 도브쮄꼬의 ≪이반(*Иван*)≫(1932)에 대해 "영화는 내부적으로 무질서하고 혼돈스러움 속에서 인간을 물질 소재의 무게로 짓누르고 있다"는 고리끼의 비판이 있었다.91) 뿌도쁘낀 같은 이들은 도브쮄꼬를 지지하였지만, 보다 젊은 감독과 비평가, 작가, 관객들은 보다 친밀하고 이해하기 쉬운 에르믈레르(Фри́дрих Ма́ркович Эрмлер)와 유뜨께비취(Серге́й Ио́сифович Югке́вич)의 ≪대항하는(*Встречный*)≫(1932)에 긍정적인 평가를 내렸다.92) 따라서 새롭게 성장하고 있던 영화인들과 당대 대중의 이데올로기적 지형 속에서 벌어진 논쟁을 철저하게 무시하고 당국에 의해 희생된 감독으로서 베르또프를 부각하는 것은 반공주의의 논리에 봉사하게 되는 것이다.

제2차 세계대전 이후에 베르또프가 뉴스 편집에만 종사하게

---

90) 박원용, "소비에트 권력 초기 10월 혁명의 기억 만들기", ≪슬라브학보≫ 제24권 1호, pp. 204-205.
91) Газ, Кино от 17, IV, 1935.(≪끼노≫, 1935년 4월 17일자.) 정태수, 같은 책, p. 198에서 재인용.
92) 정태수, 같은 책, p. 198.

된 것은 시대의 거대한 변화와 그에 따른 요청 그리고 현실에서 굴절될 수밖에 없는 이데올로기의 관철 과정을 보여주는 것으로 보인다. 말년의 베르또프와 관련한 필자의 학습이 부족하여 더 이상 자세한 언급은 힘들다. 다만 직접 적용하는 데에는 비약이 있을 수밖에 없지만 1977년 또마스 구띠에레쓰 알레아(Tomás Gutiérrez Alea) 감독과 대담에서의 ≪영화인(Cineaste)≫ 측의 다음과 같은 발언은 새겨들어야 할 것이다.

당신을 꾸바 정치체제의 죄인으로 보려는 것이 해외에서의 전형적인 강한 바람입니다. 그들의 생각은 당신이 일 년에 영화 한 편을 발표해야 할 위대한 감독이라는 것이지요. 만약 당신이 그렇게 하지 못한다면, 그것은 당신이 그렇게 하는 것을 금지당했기 때문이라는 거죠.[93]

이상으로 1930년대의 시대적인 배경과 쏘련 영화 산업의 역사라는 배경 하에서 지가 베르또프 감독의 ≪레닌에 대한 세 노래≫에 대해 소개하였다. 그런데 오늘날 기술적 진보의 성과는 스마트폰 하나만 있어도 베르또프 시대의 것보다 훨씬 기술적으로 뛰어난 작품들을 생산할 수 있게 한다. 이제는 단순히 스크린에 비춰진 영상을 객석에서 관람하는데 그치는 것이 아니라 가상현실(Virtual Reality, VR)을 통해 직접 체험가능한 형태의 예술작품을 제작하는 것도 가능하다. 디지털 혁명과 인공지능의 시대의 기술적 진보는 발터 벤야민의 ≪기술복제 시대의 예술작품≫에서 전개한 선구적인 예술적 논의를 폐기하는 것이 아니라

---

[93] "개인적인 수행과 집단적 달성 —또마스 구띠에레쓰 아레아와의 대담", 같은 곳.

더욱 새롭고 풍부하게 한다. 우리는 진작에 폐지되어야 할 자본주의와 자유의 왕국을 가능하게 할 비약적인 생산력의 발전의 한 가운데에서 새로운 예술을 건설해 내야 한다. 우리는 영웅적 투쟁 끝에 패배한 쏘련의 역사와 그 예술적 성취로부터 배워야 하며 거기에서 새로운 사회를 위한 예술의 기초를 배워야 한다. 뿐만 아니라 나날이 새롭게 발전하는 생산력과 기술적 진보를 온전히 활용하고 또 결국에는 그러한 생산력을 노동자 계급의 손에 온전히 장악해야 한다. 따라서 새로운 예술을 위해서는 사회주의 리얼리즘은 폐기될 것이 아니라 새로운 시대에 대한 고찰 속에서 그 내용을 더욱 풍부하게 해야 한다. 오직 그러할 때만이 노동자 계급의 21세기 사회주의 예술의 미래를 열어갈 수 있을 것이다. 노사과연

10월 사회주의 대혁명 100주년에 즈음한 그리스 공산당 중앙위원회의 선언

그리스 공산당 중앙위원회
번역: 문영찬(연구위원장)

들어가며

쏘련이 붕괴된 이후 제국주의 진영에서는 '역사의 종말'이니 '이데올로기 시대의 종언'이니 하며 현시대를 규정하려 하였다. 이들이 말하는 역사의 종말은 자본주의가 영원할 것이라는 자신감과 희망을 말한 것이고, 이데올로기 시대의 종언은 사회주의 이념의 좌절을 표현한 것이다. 이러한 자본가들의 바람에도 불구하고 2008년 대공황이 자본주의를 엄습해 왔다. 그리고 그 여파는 아직도 진행 중이다. 이에 진보진영은 고무되어 성급하게 자본주의 붕괴 날짜를 점치는 이들도 등장하기까지 하였다.

그리스 공산당 중앙위원회는 10월 사회주의 대혁명 100주년을 기린다. 우리가 기리는 20세기 세계사의 정점의 사건은 자본주의가 무적이 아니라는 것을, 인간에 의한 인간의 착취가 없는 보다 우월한 사회 조직을 우리가 건설할 수 있다는 것을 드러내었다.

10월 혁명은 혁명적 계급투쟁의 힘을, 피착취자와 피억압자들의 힘을 두드러지게 했는데 그때 그들은 중심 무대에 서서 역사의 수레바퀴를 사회적 해방의 방향으로 돌렸다. 역사적 견지에서 그것은 노예들의, 중세의 농민들의, 부르주아 혁명들의 연속이었는데 그러나 그것은 또한 이 과정의 정점이었고 그것을 넘어서는 것이었다. 왜냐하면 처음으로 혁명의 목표가 착취적인 계급사회의 폐지였기 때문이었다. 영웅적인 파리꼬뮨에 의한 "하늘의 폭풍" 후 46년이 지난 후 러시아 노동계급은 10월 혁명을 통해 더 나은 삶을 위한 노동계급-인민 대중의, 수백만 인민의 비전을 구현하게 되었다.

10월 혁명은 자본주의의 불균등 발전의 결과로 하나의 나라 혹은 몇몇의 나라에서 사회주의의 승리가 가능하다는 레닌주의의 분석의 올바름을 드러냈다.

1917년 10월은 전 지구적이고 지속적인 중요성을 지니는 사건이었다. 그것은 자신의 역사적 사명을 충족시키는 노동계급(착취, 불안정, 빈곤, 실업 그리고 전쟁들이 없는 사회를 위한 혁명 투쟁을 이끌 수 있고 이끌어야만 하는 사회적 세력)의 잠재력을 확증했다. 또한 그것은 노동계급의 역사적 사명의 실현은 경제활동인구에서 노동계급의 비율에 의해 결정되는 것이 아니라 노동계급이 새로운 사회주의적 생산관계를 위한 매개라는 사실에 의해 결정된다는 것을 확증했다.

동시에 10월은 혁명적 정치적 전위, 공산당의 대체할 수 없는 역할을 두드러지게 했는데 사회주의 혁명에서만이 아니라 새로운 공산주의 사회의 형성, 강화, 그리고 최종적인 승리를 위한 전체 투쟁의 기간에서 지도적 요소로서 그러하다.

10월의 불길은 이 시기의 사회민주당—노동계급과 혁명적 정치를 배신했고 부르주아 계급의 기치 하에 노동운동의 흡수의 길을 선택하고 뿐만 아니라 러시아의 젊은 노동자 국가에 대한 제국주의의 군사공격을 지지한—에 반대되는 새로운 유형의 수 많은 공산당들, 혁명적 노동자당들의 수립을 초래했고 가속화시 켰다.

10월 혁명의 승리는 이전의 모든 노동자들의 봉기의 연속이었 고 "필연의 왕국에서 자유의 왕국으로" 인류의 역사적 이행을 위 한 길을 닦았다. 10월 혁명의 역사적 중요성을 요약하면서 레닌 은 다음과 같이 썼다:

"우리는 출발점을 마련하였다. 언제, 어느 날짜에 그리고 어느 나라의 프롤레타리아들이 이 과정을 완수할 것인지는 중요하지 않다. 중요한 것은 얼음이 깨졌다는 것이다; 길이 열렸고 그 길 이 보이고 있다."

10월의 교훈은 오늘날 특히 중요한데, 역사의 수레바퀴가 뒤 로 움직이고 있고, 국제 공산주의 운동이 위기와 후퇴의 상황에 처해 있고, 반혁명의 장기간의 결과(1990년대의 시작 이후로)들 이 자본주의에 대한 대안은 없다는 많은 노동자들이 갖고 있는 잘못된 견해를 강화하고 있는 오늘날에 그러하다.

역사적 발전은 그 자체로 사회주의적-공산주의적 프로젝트는 유토피아적 성격이었다고 주장하는 부르주아적 선전을 우리가 폭로하게 해준다. 어떠한 사회-경제적 체제도 인류의 역사에서 한 순간에, 단 한번에 수립되지는 않았으며 각 특수한 국면에서 사회적 진보의 매개였던 그러한 계급세력들의 승리 또한 일직선 적인 과정이 아니었다. 위대한 노예 봉기인 스파르타쿠스가 박 해를 받은 후에 노예제는 그러나 결국은 역사 속으로 사라졌다. 1789년의 프랑스 부르주아 혁명이후 로베스삐에르는 교수형에 처해졌지만 봉건제의 시대는 오래가지 않았다.

부르주아 계급은 부르주아지가 자신의 권력을 공고화하는데 약 4세기가 걸렸다는 사실을 고의적으로 숨긴다. 자본주의적 관계가 봉건적 생산관계를 완전히 폐지할 수 있을 정도로 만족스러운 수준으로 발전하기까지 14세기의 북이탈리아 무역도시의 부르주아지의 첫 시도로부터 18세기 그리고 19세기의 부르주아 혁명들까지 수 세기가 걸렸다. 이 시기에 부르주아 계급이 당한 정치적 패배는 지주와 농노 간의 낡은 생산관계가 자본가와 노동자 간의 부르주아적 관계에 의해 대체되는 것이 역사적으로 필연이었다는 사실을 부정하지 않는다.

부르주아 계급의 정치적 대표들은 자본주의는 대체될 수 없고, 영원하며 혁명적 계급투쟁은 더 이상 역사적 발전의 수단이 아니라고 헛되이 주장한다.

10월 혁명에 의해 시작된 사회주의 사회의 수십 년간의 존재와 성공들은 시장이 없는, 생산수단을 소유하는 자본가가 없는 사회가 가능하다는 것을 보여주었다. 이러한 결론은 이러한 특수한 국면에서 모든 자본주의적 소유와 가본가의 이윤을 영원히 폐지할 수 없었다는 사실에 의해 부정되지 않는다.

사회주의는 필연적이고 시의적절하며 현실적이다

사회주의의 필연성 그리고 시의적절성은, 집중화된 생산수단에 대한 사적 소유를 폐지할 잠재력은, 생산의 집중을 초래하는 자본주의의 발전으로부터 흘러나온다. 자본주의적 소유는 생산의 사회적 성격에 대해 제동을 건다. 자본주의적 소유는 모든 노동자들이 자신들의 증대되는 인간적 필요—모든 사람이 실업의 악몽없이, 더 적은 시간을 일하고, 더 나은 생활수준을 누리고 높은 수준의 전적으로 공적인 무상의 교육과 건강과 복지에서 유사한 서비스를 누리기 위한—에 조응하는 더 나은 사회적으로 조직된 조건들에서 살 수 있는 잠재력을 소멸시킨다.

노동계급은 자본주의 내부에서 노동을 통해 이러한 가능성을, 과학과 기술의 발전에 의해 확대되는 가능성을 창출한다. 그러나 생산되는 모든 것이 사적이고 자본주의적인 이윤의 기초 위에서 결정되는 사회에서는 노동계급과 인민 층의 필요는 분쇄된다. 문제의 본질은 생산하는 사람이 생산의 목표와 그 조직화에 대해 결정하는 사람들이 아니라는 점이다. 주기적인 경제적 공황은 자본주의의 DNA에 있으며 점차 깊고 동시다발적으로 되고 있는데, 실업의 격심한 증가, 사회안전망이 없는 저임금 노동의 확대를 결과하고 있으며, 인권의 모자를 쓴 삶이 파괴되고 시장과 영토의 분할을 위한 제국주의 전쟁이 초래되고 있다.

노동생산성의 상승에도 불구하고 노동조건과 생활조건의 악화는, 전체 자본주의 세계 그리고 물론 가장 발전된 자본주의 국가들에 관련된다. 자본주의 국가 스스로가, 그들의 연구조사센터들이 노동자의 수입이 축소되고 있는 반면에 자본가들의 부는 증대되고 있음을 인정한다.

이전 시기의 사회혁명들에서처럼, 낡은 착취체제의 힘의 침식을 위한 오늘날의 결정적 요인은 언제나 마찬가지로 그 내적인 모순들과 그 모순들의 격화이다.

이 점은 계급투쟁의 발전과 상승 그리고 그것의 혁명적 성격의 획득을 위한 잠재력을 제공한다. 오늘날 독점자본주의의 시대에 체제의 기본적 모순은 첨예화되고 있는 반면에 노동과 생산은 유례없는 수준으로 사회화되어 왔는데 그러한 사회화의 결과의 대부분은 기업 집단들의 주주들에 의해 향유되고 있다. 이들은 경제적 생활의 대주주들-기생체들인데 그들은 생산의 조직화와 감독과 관련이 없음에도 불구하고 노동계급을 착취한다. 주주들은 자신들이 주식을 소유하고 있고 성과로부터 배당액을 받고 있는 회사가 어떤 회사인지, 그것들이 어디에 위치하고 있는지도 종종 알지 못한다.

동시에 독점 그룹들의 지배에 따라 거기에는 상대적인 정체의 경향이 강화되고 있다. 즉, 생산력의 발전의 현재의 수준에 의해 창출되는 잠재력과 활력과 관련한 정체, 사회가 생산의 추진력으로서 이윤을 제거한다면 양적으로 그리고 질적으로 생산될 수 있는 것과 관련한 정체. 기생성이라는 특징 그리고 상대적인 정체는 다음과 같다: 상품들의 소위 인위적인(in-built) 노후화(생산물의 수명을 제한하기 위한 과학적 지식의 사용), 기업집단들에 의해 소유되는 특허에 기인하는 기술의 확산에 대한 제한, 충분한 이윤을 가져오지 않는 부문들에서 다양한 기간 동안의 저발전(예, 지진에 대한 보호), 자본주의적 이윤의 극대화를 위한 환경의 비이성적 활용으로 인한 파괴, 무기생산과 억압의 수단 등의 생산을 위한 과학적 연구에 대한 거대한 소비.

오늘날, 노동계급을 위한 세력들의 부정적인 상호관계는 자본의 힘과 공세가 무적이라는 인상(부르주아 이데올로기의 지배에 기인하는)을 재생산한다. 그럼에도 불구하고 그것은 자본주의의 부패성을 감출 수 없고, 생산수단의 사적 소유의 폐지를 위한, 노동자의 권력에 의한 사회화와 중앙의 계획 및 사회의 이익에 기초하는 그것들의 활용을 위한 객관적 잠재력을 감출 수 없다.

10월 혁명의 전체 역사는 그리고 그에 앞서서 있었던 일들은 세력들의 부정적인 상호관계가 영원하거나 불변하지 않는다는 것을 드러내준다.

혁명적 격변을 위한 우호적인 조건들의 출현

사회주의-공산주의 사회의 건설을 위한 전제조건들이 형성되었다는 사실은 자동적으로 그것의 실현을 수반하지는 않는다. 이에 대한 중요한 이유는 자연의 법칙과 비교해 볼 때, 사회적 진보는 인간의 적절한 활동을 요구하는데 이 경우에는 낡은 사회의 폐지와 새로운 사회의 건설을 위한 계급투쟁을 요구한다.

사회주의 혁명의 발발은(인간 사회에서 모든 사회혁명처럼) 인민을 흡수하고 억압하고 진압하는 지배계급의 능력이 약화되는 상황의 출현을 전제로 한다.

레닌은 혁명적 상황의 정의를 정식화했고 혁명의 전야에 사회에서 축적되는 주요한 객관적 및 주관적 특징들을 확인했다.

 -"상층의" 사람들이(자본가들의 지배계급) 그들이 과거에 했던 것처럼 지배하고 관리를 할 수 없다.
 -"하층의" 사람들이(노동계급과 인민층) 그들이 과거에 했던 것처럼 살기를 원하지 않는다.
 -대중의 활동성의 비상한 상승이 관찰된다.

그리하여 "하층의" 사람들의 궁핍 그리고 불만이 그들의 정치적 활동을 증가시키고, 반면에 혼란, 약점, 모순, 우유부단이 "상층의" 사람들 사이에서 지배적이게 된다.

자본주의 사회의 혁명적 타도를 위한 이러한 우호적인 상황의 출현은 객관적인 특징을 갖는다; 그것은 모순의 급격한 첨예화로부터 흘러나온다.

그럼에도 불구하고 레닌이 강조했듯이, 이것은 모든 혁명적 상황이 혁명으로 전화된다는 것을 의미하지는 않는다. 그 의식적 전위에 의해 지도되는 노동계급의 계획된 혁명적 봉기없이는 하층의 사람들의 반발 혹은 상층의 사람들의 위기는 타도의 계기가 되지 않을 것이다.

다른 말로 하면, 노동자의 혁명이 발발하기 위해서는 정교한 이론과 발전을 예측할 수 있는 능력을 갖춘, 맑스-레닌주의 세계관에 기초하고 노동계급의 혁명적 봉기을 지도할 수 있는 혁명적 정치적 전위, 공산당이 출현해야만 한다.

물론 혁명적 상황을 초래할 수 있는 모든 요인들을 예측하는 것은 가능하지 않다. 역사적 경험은 중요한 요소로서 제국주의 전쟁의 발발과 결합된, 깊고 동시다발적인 자본주의 공황의 표현들을 두드러지게 나타냈다.

러시아에서 최초의 노동자 혁명의 승리는 당에 의해 지도되는 노동계급이 유사한 상황에서 이러한 역할을 떠맡을 수 있는 능력의 결과였다. 레닌은 러시아에서 혁명적 상황을 위한 잠재력을, 러시아가 제1차 세계대전의 상황에서 제국주의 사슬의 약한 고리로서 출현하는 가능성을 성공적으로 예기했다.

1917년 10월의 승리를 향한 볼쉐비끼의 역정

제1차 세계대전 이전의 짜르 러시아에서는, 자본주의가 비록 급속하게 발전하고 있었지만 짜르를 수반으로 하는 낡은 절대주의 국가의 강한 특징들이 존재했었다. 시골에는 봉건적 관계들의 중요한 잔재에 의해 고통받는 농민층/소생산자들의 광범한 대중들이 존재했다.

1905-1907년의 혁명은 국가 두마, 즉, 매우 제한된 권한을 가진 입법적인 대표기관의 형성—그것은 어떤 의미에서도 형식적인 부르주아 의회체제로의 이행을 의미하지 않았다—을 초래했다. 두마라는 기관은 부르주아 계급과 짜르 정권 간의 타협을 표현했다. 시골에서는, 러시아에서 농노제가 1861년 이래로 폐지되었다는 사실에도 불구하고 농민들의 광범한 부분은 대지주들의 억압으로 고통당했는데 대지주들은 농민들로 하여금 자신들을 위하여 허드렛일을 하도록 강요하고 그들의 수확의 절반을 넘기도록 강요했다.

1905년 혁명의 시기에, 쏘비에뜨는 강화되는 파업투쟁과 계급대립의 조건 내부에서 노동계급의 혁명적 활동의 조직화를 위한 기관으로서 탄생했다. 쏘비에뜨는 선출된 대의원을 가진 노동계급의 조직의 새로운 형태였고 미래의 노동자 권력의 씨앗과 형태로 기능했다.

모스끄바와 뻬뜨로그라드(후에 레닌그라드라고 재명명된) 같은 주요한 러시아의 도시들의 핵심적 중심들에 있는 대공장의 창출은 임금노동의 중대한 성장을 초래했고 노동계급이 짜르 제국의 전체 인구의 다수가 아니라는 사실에도 불구하고 노동계급을 나라에서 기본적인 사회적 세력으로 만들었다.

이러한 복잡한 상황에서 볼쉐비끼들은 계급투쟁의 발전을 통해서 두 가지를 옹호하는 것을 목표로 하는 전략 노선을 세웠다: a) 임박한 부르주아 민주주의 혁명에서 프롤레타리아트가 부르주아지의 꼬리가 되지 않기 위한 노동계급의 정치적 독립성 b) 혁명이 그 역사적 시기와 관련하여 근본적 성격을 가질 수 있고 사회주의 혁명으로 이행을 촉진하기 위해서 노동계급에 의한 전체 인민의 운동의 지도(즉 프롤레타리아트와 소농 및 중농과의 사회적 동맹). 결론적으로 농민층을 노동계급의 측으로 획득하기 위한 투쟁에서, 볼쉐비끼의 전략은 중세 시대에 반대하는 모든 농민들과 함께한다는 노선에 기초했다. 그리고 그 후에는 빈농과 함께, 자본주의에 반대하는 반프롤레타리아들과 함께 하고 그리고 시골마을의 부농에 반대한다는 것이었다.

이러한 전략은 러시아에서 자본주의의 객관적인 발전이 짜리즘이라는 후진적인 정치적 상부구조와 그리고 시골에서 농노제의 잔재의 유지와 모순되게 되었다는 평가에 기초한 것이었고 또한 유럽적 수준에서 혁명적 과정이라는 사상에 기초한 것이었다. 동시에 1905년의 부르주아 계급은 18세기와 19세기의 부르주아 혁명의 시기의 진보적인 부르주아 계급이 더 이상 아니었다. 어쨌든 자본주의는 지금 전 세계적 수준에서 제국주의라는 반동적 시대로 이행했다. 부르주아 계급은 자신의 경쟁자인 노동계급이 스스로를 독립적인 정치적 세력으로 세워냄에 따라 정치적 혁명을 바라기 보다는 오히려 두려워했다.

결론적으로 레닌은 혁명이 임시혁명정부, "프롤레타리아트와 농민층의 혁명적 민주주의 독재"를 수립해야만 한다고 평가했는데 그것은 볼쉐비끼의 "최소" 강령에 포함되어 있는 것을 수행해야 할 것이었다(제헌의회, 보통선거권, 농업개혁 등). 이 권력은 짜리즘의 흔적을 근절할 것이었는데 그것은 선진적인 자본주의 서유럽에서 프롤레타리아 혁명에 불을 붙이고 그것은 차례로 러시아에서 프롤레타리아 혁명을 지지할 것이었다. 볼쉐비끼는 이 시기에 부르주아 민주주의 혁명을 사회주의 혁명과 연계시키고 노동계급의 특수한 이익의 옹호와 혁명의 성과를 확대하기 위해 혁명정부에 대해 끊임없이 압력을 가할 필요를 강조했다.

"프롤레타리아트와 농민층의 민주주의적 독재"는 레닌이 말했듯이, 절대주의를 분쇄한다는 점에서 통일적인 관점을 갖고 있지만 사회주의라는 점에서는 그렇지 않았다. 레닌은 혁명이 발전함에 따라, 동맹 내부에서 그리고 노동자와 농민의 지배 내부에서 투쟁이 첨예화되고, 소부르주아 요소에 대한 프롤레타리아 요소의 지배 그리고 "프롤레타리아 독재"로의 이행을 목표로 하는 노동계급의 중농과 부농으로부터의 완전한 분리가 궁극적으로 초래될 것임을 예견했다.

볼쉐비끼의 노선은 그 시대의 우익기회주의자들인 멘쉐비끼들에 반대하여 그리고 또한 농민층의 역할과 중요성을 과소평가하는 뜨로츠끼에 반대하여 형성되었다. 레닌은 뜨로츠끼의 입장이 "농민층의 역할에 대한 부정"과 혁명의 불구화를 초래할 것이라고 평가했다.

제1차 세계대전에 대한 러시아의 참가는 사회적 모순들을 첨예화시켰다. 전선에서 러시아 군대의 반복되는 패배, 영토의 손실(예, 폴란드, 발틱 나라들)은 전쟁의 파괴로 인해 고통받는 노동자와 농민들에게서만이 아니라 러시아의 부르주아 계급 사이에서도 중대한 불만을 야기했다. 짜리즘의 기구들이 독일쪽으로 방향을 잡기 시작했다는 사실 그리고 독일과의 단독 평화조약에 조인할 가능성은 부르주아지의 반작용을, 영국과 프랑스에 의해 지지받고 짜르를 타도할 계획의 조직화를 초래한 반작용을 유발했다. 1916년에 다양한 민족들의 동시다발적인 봉기가 까프까즈 그리고 중앙아시아에서 짜르제국에 반대하여 발발했다.

짜르를 타도하려는 부르주아지의 계획들은 주요하게 인민들의 동원 그리고 파업들과 결합되었는데 그것들은 식량부족, 대규모의 실업 그리고 사회문제들의 급속한 강화의 결과로서 1917년 2월에 수행되었다. 혁명적 상황의 형성, 쏘비에뜨에 조직된 노동자와 농민들의 대규모적인 정치적 활동, 군대의 분해는 결국 짜르의 혁명적 타도를 초래했다.

혁명적 상황은 수많은 중요한 요인들을 포함하는 복잡한 과정의 지형에서 창출되었다: 제국주의 세력 상호간의 적대의 첨예화, 제국주의 전쟁이 지난 3년간 인민 층에 대해 창출한 문제들, 짜리즘과 부르주아지의 동맹에서의 불협화음—이는 더 이상 "상층의" 사람들이 이전과 같이 지배하는 것을 허용하지 않았다—, 노동계급과 병사들의 대열에서 전쟁 전과 전쟁 동안에 수행된 볼쉐비끼들의 정치적 및 조직적 작업.

위기와 제국주의 전쟁이라는 조건에서 부르주아지와 짜리즘 사이의 모순들의 갑작스런 강화는—이것의 불가피성은 볼쉐비끼에 의해 강조된 바 있다—부르주아지가 2월 혁명에서 우세를 점하도록 했다.

임시민주정부가 러시아의 부르주아 자유주의 당들의 대표들에 의해 수립되었고 부르주아 권력기관을 구성했다. 동시에 노동자와 농민의 대중적인 정치적 투쟁은 쏘비에뜨(대의원들의 회의체)를 통하여 짜르의 타도에 참가한 무장한 대중들의 조직을 표면화시켰다.

멘쉐비끼들(기회주의적 조류) 그리고 사회혁명당원들("소부르주아 사회주의 혁명가들")은 이 시기에 쏘비에뜨를 지배했는데 임시민주정부를 지지한다는 쟁점을 제기했다. 그리하여 레닌이 "이중권력"이라고 규정지은 상황이 출현했는데 이는 부르주아 계급이 권력을 갖고 있지만 무장한 인민대중의 조직(예, 쏘비에뜨는 자기 자신의 방위대를 갖고 있었다)을 해산할 수 있을 정도로 강하지 못한 혁명적 과정의 이행기적 시기를 묘사하는 것이었다.

레닌은 임시민주정부와 쏘비에뜨 간의 타협을 이해하고서, 다음의 필요를 노동자들이 자기 자신의 경험을 통하여 확신하기 위하여 특수한 노선이 제출되어야만 한다고 사고했다:

a) 부르주아 계급의 정부인 임시민주정부를 지지하지 말 것.
b) 계속되고 있는 전쟁은 제국주의적이며, 침략적이며 부정의하다는 것을 이해하는 것
c) 쏘비에뜨에서의 세력들의 상호관계를 볼쉐비끼에 우호적으로 변화시키기 위해 멘쉐비끼들과 사회혁명당원들을 포기하는 것.
d) 인민 층의 모든 절박한 요구들(평화, 토지, 빵)의 해결을 위한 전제조건으로서 쏘비에뜨가 권력을 장악하는 것.

잘 알려진 "4월 테제"와 이 시기의 다른 저작들에서 레닌은 2월 혁명의 성격에 대한 매우 명확한 평가를 하였다. 그는 권력이 바뀌었고 부르주아 계급의 수중으로 들어갔다고 평가했다. 그는 그때까지 볼쉐비끼 전략에서 기본적인 쟁점, 노동자와 농민의 사회적 동맹이라는 쟁점은, 프롤레타리아트 다수가 방향을 잃고 부르주아지의 꼬리로서 역할하는 소부르주아의 대표자들을 신뢰하고 있었다는 사실과 무관하게, 이미 쏘비에뜨라는 형태로 실현되었다는 것을 명확히 하였다.
부르주아 민주주의 혁명은 완수되지 않았고 많은 목표들이 실현되지 않았다(예, 제헌의회, 농업개혁들)는 "구볼쉐비끼들"(카메네프, 지노비예프 등)의 입장에 반대하여 레닌은 각각의 혁명의 주요 쟁점은 권력이라는 쟁점이라는 것이라고 답하였다. 이런 의미에서, 부르주아 민주주의 혁명은 완수된 것이었다.
그리하여 볼쉐비끼 전략에서 변화가 요구되었다. 2월부터 계

속하여, 풀려야할 최초의 그리고 기본적인 쟁점은 프롤레타리아트의 의식을 끌어 올리는 것, 사회적 동맹의 틀 내에서 전위적 입장의 승리였다. 이것은 혁명적 기관 자체 내에서(쏘비에뜨들) 투쟁을 요구했고 사회주의 혁명을 위한 토대를 준비하기 위하여 반프롤레타리아들 그리고 빈농을 집결시키는 것을 요구했다.

임시민주정부가 7월에 볼쉐비끼들과 노동운동에 대한 거친 억압적 조치를 취했을 때, 볼쉐비끼들은 "모든 권력을 쏘비에뜨로"라는 구호를 철회하였다. 이 결정적 시기에 그리고 특히 꼬르닐로프의 군사 쿠데타의 발발 이후에 레닌은 객관적인 상황은 부르주아 군사독재의 승리의 완성을 초래하든가 혹은 노동자들의 무장봉기의 승리를 초래할 것이라고 예측하였다. 그는 사회주의로의 평화로운 의회적 이행에 관한 환상들에 반대하는 이데올로기 투쟁을 강화하였고 무장봉기의 목표는 당의 강령적 목표의 실현을 위하여 빈농층의 지지를 받는 프롤레타리아트에 의한 권력의 장악일 뿐이라고 선언하였다.

1917년 9월에, 볼쉐비끼가 뻬뜨로그라드와 모스끄바의 쏘비에뜨들에서 다수를 획득한 이후 그들은 새로운 내용을 가진 "모든 권력을 쏘비에뜨로"라는 구호로 돌아갔다. 이전처럼, 타협, 멘쉐비끼와 부르주아 정부의 연합을 폭로하고 세력들의 상호관계를 변화시킬 구호로서가 아니라, 임시민주정부의 타도를 위한 구호로서, 혁명적 봉기를 위한 구호로서. 볼쉐비끼들은 제헌의회 혹은 쏘비에뜨 대회를 위한 선거를 기다리지 않고 이런 방향에서 행동했다.

레닌과 그의 입장을 지지하는 볼쉐비끼 지도부의 단호함이 1917년 10월 25일(새로운 달력을 따르면 11월 7일) 결국 사회주의 혁명의 승리를 가져왔다.

10월 혁명의 경험은 쏘비에뜨 노동자의 권력, 프롤레타리아트의 독재는 노동자들의 절박한 쟁점들(토지, 빵, 평화)를 다루었다는 것을 그리고 부르주아 권력이 아니며, 실제로는 존재할 수 없는 어떤 "중간적" 형태의 권력이 아니라는 것을 두드러지게 했다. 쏘비에뜨 권력은 자본주의 생산관계의 폐지를 위한 길을 닦았다.

볼쉐비끼당은 레닌의 결정적인 공헌과 더불어 혁명의 승리에 도달하기 위해 자신의 전략적 견해를 발전시키고 경쟁하는 계급들 간의 상호간의 세력관계의 빠른 변화를 심화시키고 예측하고, 뿐만 아니라 노동계급 자체 내부에서 자신의 정치적 영향력을 증대시키기 위하여 항상적인 이론적 및 정치적 노력을 하였다. 1905년에서 1917년 10월까지 혁명적인 정치노선에서 변화는 그것의 전략적 정교화의 성숙을 반영했다.

그것은 쉽지 않았다. 1903년에 러시아 사회민주노동당(RSDLP)의 2차 대회에서 멘쉐비끼로부터의 분리와 1912년에 독립적인 당의 형성으로부터 시작하여 볼쉐비끼들은 기회주의세력에 반대하는 투쟁의 조건에서 그리고 그들로부터 사상적-정치적-조직적 분리의 조건에서 단련되었다.

승리를 향한 과정은 항상적인, 일관된 이론적 및 정치적 정교화의 결과였다. 사회주의 혁명의 전략의 형성을 위한 결정적인 공헌은 독점자본주의의 특성에 대한 연구("제국주의, 자본주의의 최고단계"라는 저작에서), 부르주아 국가에 대한 입장과 노동자의 권력 즉, 프롤레타리아 독재의 성격에 대한 연구("국가와 혁명"), 그리고 변증법적 사고에서 더 일반적인 심화와 발전에 대한 분석("유물론과 경험비판론"이라는 저작에서)에서 제공되었고 반면에 짜르 러시아에 대한 경제적 분석은 이미 그 이전에 있었다("러시아에서 자본주의 발전"이라는 저작에서).

이러한 역작(力作)들은 독점자본주의의 시대에 집적된 생산수단의 사회화를 위한 잠재력 그리고 불균등한 경제적-정치적 발전에 의해 창출되는 잠재력 그리고 제국주의 사슬에서 가장 약한 고리가 파열되고 한 나라 혹은 몇몇 나라에서 사회주의 건설이 시작되기 위한 제국주의 상호간의 모순의 첨예화를 강조하였다.

레닌은 볼쉐비끼의 전략을 발전시키면서 플레하노프, 카우츠키, 마르또프의 입장뿐만 아니라 러시아가 소위 자본주의의 성숙을 강제적으로 경과하여야만 한다고 사고한 볼쉐비끼 간부들의 입장에 대해 실천적으로 반대했다.

이러한 입장은 혁명전 러시아에 광범하게 퍼져있었고 영향을 미쳤다. 그러한 입장은 러시아 경제에서 농업생산의 특별한 비중, 그것의 기계화의 결여, 전기화라는 측면에서 후진성, 짜르제국 대부분의 전자본주의적 잔재들에 기초해 있었다. 레닌은 자본주의 관계들의 발전, 대도시에서 독점그룹들의 창출 그리고 생산력의 발전에 커다란 자극을 주는 사회주의 생산관계를 위한 잠재력에 대해 조명했다.

자연스럽게도, 볼쉐비끼 전략의 성숙은 빠르고 쉽게 발생하는 어떤 것이 아니었다. 볼쉐비끼 당은 계급투쟁의 첨예화의 순간에 대중들에 의해 발전하는 혁명적 주도력으로부터 결론을 이끌어 내고 또한 그들에 의해 창출되는 기관들(쏘비에뜨들)을 혁명적 봉기를 위하여 활용할 수 있는 능력을 획득하였다.

계급투쟁의 발전의 각 국면에서 볼쉐비끼 당은 상응하는 정치노선으로써, 동맹, 슬로건들, 교묘한 책략으로써, 그리고 멘쉐비끼와 나머지 기회주의 세력에 맞서서 기민하게 수행되는 대결로써 자신의 전략에 봉사하게 하는 특별한 능력을 드러내었다. 볼쉐비끼 당은 1905-19017년의 전 기간에 걸쳐 거친 계급 전투들에서 자신의 당원들에 의해 획득된 전투경험을 최선의 방식으로 활용하였다. 볼쉐비끼 당은 노동운동과 노동조합운동에서 세력들의 상호관계를 변화시키기 위해 견고하고 단호하게 작업하였고 제1차 대전 기간에 뻬뜨로그라드와 모스끄바에서 대규모 노동조합들에서 세력들의 상호관계를 변화시킬 수 있었고 주요하게는 점차적으로 노동자와 병사의 반란의 기관들(쏘비에뜨들)에서 자신의 영향력을 증가시킬 수 있었다. 이러한 이론적 준비성과 전투적인 실천적 능력은 볼쉐비끼 당에게 노동자-인민세력과의 혁명적 유대를 강화시키고 자신의 활동에서 직면하는 국가폭력, 준국가적 폭력과 같은 실천적 어려움들에 굴복하는 것을 회피할 수 있는 능력을 주었다.

1905년에서 1917년에 이르기까지 어려운 과정에서, 볼쉐비끼들은 짜르 국가의 폭력과 소부르주아적인 그리고 후진적인 인민층의 반혁명적 활동에 실천적으로 마주쳤다. 특징적인 사례는 1905년 혁명에서 백인조였는데 그때 레닌은 실천적 방식으로 그들을 다루는 것은 노동자의 전투그룹을 위한 훈련을 제공할 것이라고 생각했다. 볼쉐비끼들은 이 시기에 노동자들의 계급의식을 심화시키기 위하여 거대한 노력을 하였다. 1905년에 뻬뜨로그라드에서 최대규모의 시위에서 군중은 짜르 경비대에 의해 공격당하기 전에 성인(the saints)들과 짜르 자신의 상을 들고 찬송가를 불렀다.

특히 1917년의 2월에서 10월까지의 결정적 기간에 그들은 대중을 오도한다는 점에서 커다란 능력을 지닌 께렌스끼와 같은 유능한 부르주아 정치가들과 직면하였다. 볼쉐비끼들은 혁명적 봉기를 위한 정치적, 조직적 그리고 군사적 준비의 계획을 가지고 인내하면서, 과감하게 작업했기 때문에 성공할 수 있었다.

10월 혁명의 승리의 결과는 사회주의 혁명의 전략을 확증할 뿐만 아니라 자본주의의 혁명적 타도와 연계되어 있는 많은 교훈을 준다: 혁명적 공산당의 지도적 역할, 민주집중제의 원칙에 입각한 그것의 작동, 이것은 자신의 근본적 특징으로 집단성과 통일된 행동의 수호를 가지고 있다. 노동계급을 자본의 권력에 반대하여 집결시킬 필요, 농민과 다른 중간층을 혁명으로 견인하고 다른 부문들을 중립화시킬 필요. 부르주아 계급의 역사적으로 낡고 반동적인 성격, 자본주의의 틀에서 어떤 정부에 참가하지 않거나 혹은 지지할 필요성, 자본주의와 사회주의 사이에 권력의 이행기적 형태가 존재하지 않는다는 것, 부르주아 국가를 분쇄할 필요.

10월 혁명에서 볼쉐비끼들의 전략뿐만 아니라 그것의 형성과 발전(1905년부터 1917년까지)에 대한 연구는 결정적으로 중요한 교훈을 준다. 그것은 공산주의자들이 계급의식이 성숙된 수준의 노동자와 인민층에 접근하는 방식에 대한 귀중한 경험을 제공한다. 볼쉐비끼들은 국내적 및 국제적 발전의 연구, 이론적 작업뿐만 아니라 러시아의 거친 계급투쟁으로부터의 경험에 대한 연구를 성공적으로 결합시킬 수 있었다. 이러한 결합은 공산주의자들이 세력들의 상호관계가 부정적인, 복잡하고 어려운 조건들에서 효과적으로 작업할 수 있도록 하기 위해 오늘날 더욱 더 필요하다.

20세기의 국제 공산주의 운동의 전략에 대하여

볼쉐비끼 당과 10월 혁명은 제 1 그리고 제 2 인터내셔널의 틀에서 맑스주의자들의 혁명적 진영의 활동의 계속이다. 그들은 노동자들의 봉기의 발발에 기여했는데 그 봉기는 그 뒤에 베를린, 부다페스트, 튜린으로 확산되었으나 패배하였다. 일반적으로 보면, 10월 혁명은 국제공산주의 운동의 발전을 가속화시켰고 제 3 인터내셔널(1919-1943)을 창출했는데 그것은 자본의 국제적 힘에 대응하기 위해 수립되었다. 제1차 대전에서 노동계급을 배신한 사회민주당으로부터 명확한 분리를 위한 필요, 그들에 반대하는 투쟁을 강화할 필요는 1920년의 제2차 대회에서 제 3 인터내셔널에 대한 어떤 당의 가입을 위한 21개의 조건들, 자신의 혁명적 성격을 수호하는 것과 연관된 조건들의 정식화를 가져왔다.

그러나 후에 10월 혁명의 적극적 경험은 수용되지 않았고 공산주의 인터내셔널의 역사의 기간 동안 지배적이지 않았다. 오히려 반대로 사회주의 권력의 이행의 국면으로서 부르주아 권력과 노동자의 권력 사이에 중간적 형태의 권력 혹은 정부라는 목표를 설정하는 전략이 그 존속 기간에 상당한 정도로 퍼졌는데 그것은 이 쟁점에 대한 모순들에 의해 특징 지워졌다. 종종 이러한 선택은 볼쉐비끼들의 최초의 전략적 정교화에 기초하여 정당화되었고 물론 자본주의 경제체들에 적용되었고 1905년의 러시아의 상황과 유사한 상황을 갖지 못했던 나라들에서 부르주아 국가를 수립하였다.

이러한 과정에 대한 이유는 명확하게 더 깊고 자세한 연구를 요구하는데 우리 당은 이 연구를 계속하고 있다. 그러나 우리는 이미 문제되는 전략적 정교화의 확산에 기여한 어떤 요인들과 어려움들을 주목할 수 있다.

10월의 승리 몇 년 후에 노동운동의 혁명적 물결이 특히 1918년의 독일과 1919년의 헝가리 혁명의 패배 후에 퇴조했는데 반면에 혁명적 상황을 위한 전제조건의 창출이 일부 공산당들에 의해 활용되지 못했는데 후에는 1920년 이후 자본주의 열강들이 일시적으로 경제 공황을 극복하고 안정화되었다. 노동조합으로 조직된 다수 노동자들은 사회민주당의 덫에 걸려 있는 상태였고 그 중 몇몇은 이탈리아와 독일과 같이 강력한 당내 투쟁이 지속되었다.

동시에 선진적인 자본주의 서유럽에서 사회주의 혁명의 승리가 없다면 사회주의 건설은 불가능하다고 주장하는 세력(뜨로츠끼와 다른 사람들)과 쓰딸린에 의해 영도되는, 쏘비에뜨 권력은 사회주의 건설의 방향을 우선시해야 한다고 주장하는 세력 간의 전연방 공산당(볼)내부의 대결이 강화되었다.

1930년대에 쏘련에 대한 새로운 제국주의 군사공세의 증대되는 위협은 혁명적 물결의 퇴조에 더하여 또 하나의 요인이었는데 그것은 쏘련 내부에서의 매우 첨예한 계급투쟁과 시급히 극복되어야 하는 장애물과 결합되어 있었다. 이것에 대해 어떻게 대처해야 하는가의 논쟁은 적절한 혁명적 전략을 정교화 함에 있어서 모순들과 이론적 약점들을 첨예하게 했다.

제국주의의 공세를 가능한 한 늦추고 이 방향에서 제국주의 중심들 간의 모순들을 활용하려는 쏘련의 대외정책의 복합적인 노력은 다음의 수십 년간에 국제공산주의 운동의 과정이라는 점에서 이후 부정적 역할을 한, 국제 공산주의 노선에서의 중대한 변경과 변화와 관련되어 있었다. 변화들은 파시스트 조류와 어떻게 대결할 것인지, 사회민주주의에 대해서 뿐만 아니라 부르주아 민주주의 자체에 대한 입장이라는 쟁점과 관련되어 있었다. 제국주의 동맹들을 파시즘 세력을 포함하는 침략적인 것과 부르주아 민주주의적 세력을 포함하는 방어적인 것으로 정치적으로 분리하는 접근이 이 시기에 출현했다.

더욱 특별하게는, 1930년대에 사회민주당의 좌익과 우익의 존재와 관련한 잘못된 평가가 있었는데, 이는 그들과 동맹하는 것을 정당화하였고 이 시점에서 부르주아 계급의 당으로 그들이 완전히 변형되었다는 것을 과소평가하는 것이었다. 이러한 잘못된 구별은 제2차 대전이후에도 또한 유지되었다.

이러한 변화는 객관적으로 노동운동의 투쟁을 부르주아 민주주의의 기치 하에 덫에 걸리게 했다. 유사하게 제국주의 중심들을 평화에 친화적인 것과 전쟁에 친화적인 것으로 분리하는 것은 제국주의 전쟁과 파시즘의 대두의 실제적인 원인을, 즉 독점 자본주의라는 것을 감추었다. 다른 말로하면, 그것은 민족해방 혹은 반파시즘 투쟁을 위한 세력의 결집을, 많은 나라들에서 형성되었던 혁명적 상황이라는 조건을 활용하면서 부르주아 권력의 타도를 위한 투쟁과 결합시킨다는 공산당의 긴급한 전략적 과제들을 조명하지 못했다.

일반적으로는, 그 시기의 성격이 공산주의 인터내셔널의 전략적 정교화에서 과소평가되었고 혁명의 성격에 대한 지배적인 정의는 국제 제국주의 체제에서 어떤 자본주의 나라의 위치에 대한 기준에 기초해 있었다. 즉, 국제 제국주의 체제에서 지도적인 열강에 의해 달성된 높은 수준과 비교하여 어떤 나라의 발전의 낮은 수준이, 뿐만 아니라 혁명적 노동운동을 희생시키는 세력들의 부정적 상호관계가 그릇되게도 혁명의 성격을 규정하는 기준으로 채택되었다.

　이 잘못된 방법론의 접근은 사회주의 생산관계가 하나의 자본주의 나라에서 생산력의 발전에 커다란 자극을 주고 그것을 해방시키는 잠재력을 과소평가했다. 예를 들면 쏘련이 물려받은 전기화에서의 현존하는 후진성은 문맹의 경우에 있어서처럼 매우 빠르게 극복되었다. 노동자의 권력은 그 시대에 유례가 없을 정도의 사회적 서비스를 조직했다.

　자본주의 경제체들의 불균등한 발전과 국가들 간의 불평등한 관계는 자본주의의 틀 내에서 근절될 수 없다. 최종적으로 분석하면, 각각의 자본주의 나라에서 혁명의 성격은 국제 제국주의 체제에서 각 나라의 위치의 상대적 변화와 무관하게, 그것이 해결하도록 요청받고 있는 기본적인 모순들에 의해 객관적으로 결정된다. 혁명의 사회주의적 성격과 과제들은 독점자본주의 시대에 각 자본주의 나라에서 자본과 노동 간의 기본적인 모순의 첨예화로부터 발생한다.

　공산당들의 많은 노작들에서, 노동자 권력이라는 목표를 향한 접근은 세력들의 상호관계라는 기준에 기초해 있었고 우리가 살고 있는 역사적 시기의 객관적인 규정—그것은 어느 계급이 사회적 발전 즉, 사회적 해방을 향한 운동의 선두에 서 있는지에 의해 결정된다—에 기초해 있지 않았다.

　레닌은 "잘못된 깃발아래"라는 저작에서 다음과 같이 독점자본주의의 시대를 요약했다: "막 시작된 세 번째의 시대는 부르주아지를 봉건지주들이 최초의 시대 동안에 스스로를 발견했던 것과 같은 "위치"에 놓는다. (레닌은 1789년의 프랑스 부르주아 혁명으로 인한 부르주아지의 혁명적 부상의 시대를 언급하고 있었다). 이것은 제국주의와 제국주의적 격변의 시대이며 뿐만 아니라 제국주의의 본성으로부터 뻗어 나오는 격변의 시대이다."

그 시대의 성격은, 사회주의로 이행을 위한 물질적 전제조건들의 성숙의 정도와 방식이라는 점에서 나라마다의 변형들과 무관하게, 전 지구적 차원을 갖는다. 자본주의적 착취를 겪는 임금노동의, 노동계급의 집중과 팽창은 자본주의의 성숙의 주요한 지시기이다.

쏘련에서 사회주의의 건설

10월 혁명은 우월한 사회조직을 전면화 시켰는데 그것은 역사적으로 자신에 선행했고 또 공통의 특징으로 인간에 의한 인간의 착취를 갖고 있었던 모든 체제와 근본적으로 달랐다.

쏘련에서는 누구도 어떤 개인을 고용할 수 없었다. 소외된 노동의 고용의 폐지는 10월 혁명의 가장 중요한 사회적 결과이며 노동자의 삶을 위해 성취된 모든 다양한 것들의 자궁이었다. 사회화된 생산수단을 사용하기 위한 사회적 생산관계로서 중앙의 계획을 통해, 중요한 사회적 성취들이 수십 년간 수행되었다.

쏘련에서 노동할 권리가, 사회적 현상으로서 실업의 폐지에 의해 최초로 실천적으로 보호되었다. 여성에 대한 다면적인 경제적, 정치적-이데올로기적 그리고 사회적 차별의 폐지를 위한 토대들이 구축되었고 이 분야에서 거대한 후진성을 보이던 지역에서조차 그러했다. 과학과 무상교육 그리고 무상의 높은 질의 의료가 모든 수준에서 빠르게 발전되었고 문화와 스포츠에 기여하는 인민의 보편적인 접근과 능력이 확보되었다.

또한 역사상 처음으로 노동자들이 사회의 여러 측면의 관리에 효과적으로 참가하는 것을 보장하는 기관들이 창출되었고 그리하여 대중들에게서 정치적 및 사회적 삶의 한계를 제거하였다. 처음으로 노동자와 청년들이 선출하고 선출되는 권리가 실제화되었는데 자본주의에서 이들 권리의 순전히 형식적인 내용과 비교해 볼 때 그러하다. 이러한 성취들은 참조점을 구성하고 다른 요인들과 더불어 자본주의 국가들에서 노동-인민의 운동에 의한 이익의 획득에 기여했다. 공산주의적 생산관계가 심화될수록 사회적 관계들 자체는 더욱 더 혁명화 되고 개인과 사회의 관계가 그렇게 된다는 것이 실천적으로 입증되었다. 사회주의 생산관계가 집단적인 사회적 권리를 보장할 수 있다는 것이 입증되었다.

위에서 언급한 성취들의 중요성은 우리가 그것들이 성취되었던 조건들을 고려한다면 더욱 증가될 것이다. 혁명 전의 러시아를 미국, 영국, 독일, 프랑스 같은 자본주의 열강들과 분리시키는 거리는 매우 컸는데 왜냐하면 이들 국가들은 생산력의 발전에서 그리고 노동생산성의 수준에서 매우 우월했기 때문이다.

자본주의 열강들은 자기 자신의 인민과 다른 민족들에 대한 착취에 자신들의 발전의 근거를 두었다(고용주의 협박, 식민지 체제, 토착민에 대한 폭력, 어린이 노동에 대한 착취). 이것과 비교해 볼 때, 젊은 쏘비에뜨 권력은 자기 자신의 힘으로 사회주의의 경제적 토대를 창출하려고 했는데, 계급투쟁의 첨예화라는 조건에서 즉, 해외로부터 노동자 권력을 타도하려는 적극적인 시도와 연계된 그 나라 내부의 부르주아의 반동이라는 조건에서였다. 쏘련의 성취는 생산에 대한 적극적인 침해, 외국의 무장간섭의 항상적인 위협, 볼쉐비끼들과 다른 지도적 노동자와 농민에 대한 암살이라는 조건에서 이루어진 것이었다.

특징적인 시기는 다음과 같다: 14개 국가—E. 베니젤로스가 수상으로 있던 기간에 그리스 또한 참가했다—가 1919년에 혁명의 진압을 위해 우끄라이나를 침략했던 것. 1929-1934년간의 1차 5개년계획(이것은 산업화와 농업생산의 집단화를 포함했다) 기간에 소위 "자본주의 세력에 대한 사회주의의 공세"에 대한 러시아 내부의 부르주아 계급의 반응이었던 반혁명적 잔학행위 그리고 후에는 제2차 제국주의 세계전쟁 전의 시기와 전쟁기간 동안에 자본주의 국가들의 입장은—각 국가의 특수한 열망들과 더불어— 또한 쏘련의 타도라는 공통된 목표를 갖고 있었다.

제1차 세계대전과 제2차 세계대전의 결과들은 사회주의 건설에 추가적인 장애를 가져왔는데, 다른 어떤 나라도 이런 대규모의 파괴를 경험하지 않았고 사회주의-자본주의 간의 지구적 경쟁에서 쏘련의 주요 적이었던 미국이 자신의 영토에서 전쟁을 경험하지 않았다는 것을 고려할 때 그러하다.

우리가 위의 성취들을 접근할 때, 우리는 쏘비에뜨 사회가 성숙되고 충분히 형성되고 "번성하는" 공산주의 사회가 아니었다는 점을 명심해야만 한다. 그러나 발전의 초기 단계에 있는 공산주의 사회, 공산주의적 구성 하의 사회였다.

공산주의 사회의 탄생과 발전은 상당한 정도로 자본주의적 과거로부터의 잔재를 수반할 뿐만 아니라 지구적 수준에서 자본주의의 지배의 결과를 수반한다. 이러한 결과들—그것은 쏘련의 사회적 생활의 모든 부문에서 마주칠 수 있었다—은 새로운 사회 내에 있는 낡은 사회의 잔재였고 그것과 아직 근본적으로 대결하지 않았고 또 모든 사회적 관계들이 충분히 공산주의적인 것으로 변형되지 않았다는 점에서의 그러한 잔재였다.

쏘련의 역사에 대한 부르주아적 및 소부르주아적 비판은 쏘련이 미성숙한 수준의 공산주의 사회라는 것을 의식적으로 숨긴다. 이러한 비판은 혁명적 노동자의 활동을 비방하고 좌절시키기 위해 이상적인 공산주의 사회의 견지로부터 약점과 실수들을 지적한다. 동시에 다면적인 부르주아 선전은 범죄들을 만들어내는데 노동자의 권력이 그것을 침식하려는 외부의 시도로부터 스스로를 방어하기 위한 권리에 갖다 붙이는 것이며 반면에 동시에 공산주의를 파시즘과 동일시하는 것에 의해 역사를 위조한다.

   그러나 부르주아 선전은, 노동자의 권력 그리고 생산수단에 대한 사회적 소유, 공장들, 국내의 에너지 자원들, 광물적 부, 토지, 기반시설 등에 의해 보장되는 견고한 토대에 기초한, 생산력의 발전을 위한 중앙 계획의 우월성을 감출 수 없다. 쏘련의 역사는 노동자들이 생사수단과 사회적 부의 주인이 되었을 때, 그들이 정치적 권력을 획득했을 때 무엇을 성취할 수 있는가를 입증한다. 후자의 민주주의 형태는 부의 실제적 생산자들을 운전석에 앉히는데 그것은 노동계급의 종속을 위한 자본주의적 지배의 무기인 위선적인 부르주아 의회제 민주주의가 아니다. 실업의 일소, 작업장의 빠르고 효과적인 전문화, 경제에 관철되는 적절한 분배, 우주공간의 탐험에서의 성취, 제2차 대전 전야에 평화시 산업의 전쟁 산업으로의 전환과 같은 노동자 권력의 중앙의 과학적인 계획의 결과들은 유례가 없는 것들이다. 우리가 짜르 러시아에서 지배적이었던 많은 지역에서의 전자본주의적 후진성 그리고 자본주의 발전의 심각한 불균형을 고려한다면 말이다. 국내적으로 그리고 국제적으로 생산력의 발전에서 노동자 권력이 돌파한 거리는 실로 거대하다.

우리는 어떻게 그리고 왜 반혁명과 사회주의 건설의 타도에 부딪혔는가

쏘련에서 사회주의 건설의 경로는 직선적 방식으로 위로 상승하는 부드러운 운동이 아니었다.

역사상 최초의 사회주의 건설의 긍정적 및 부정적 경험을 비판적으로 평가하기 위하여 그것의 주요한 역사적 시기들을 간단하게 구별하는 것이 필요하다.

나라의 생산적 토대에 재난을 가져왔던 외국의 간섭과 계급에 토대를 둔 내전(1917-1922) 그리고 신경제정책(1922-1929)—이것은 주어진 상황에서 잠정적인 후퇴였다—이후에 1929년의 최초의 5개년 계획의 작성은 사회주의 세력의 공세의 시작을 의미했다. 이 시기로부터 제2차 세계대전까지의 기간에, 쏘련에서 공산주의적 생산관계의 발전을 위한 투쟁, 임금노동의 폐지와 중앙의 계획에 기초한 생산의 사회주의화된 부문의 지배는 전반적으로 성공적이었다. 이 투쟁은, 제국주의의 포위와 전쟁의 위협이라는 조건—커다란 후진성의 유산과 결합되어 있는—이 새로운 (생산)관계의 건설을 위한 과정의 가속화를 요구했다는 사실에도 불구하고 성공적이었다.

그 기간 동안에 노동자의 참가의 기관들이 발전되었는데 그것의 핵심은 작업장이었다; 이러한 정치적 관계는 그 뒤 침해되었는데 존재하는 객관적인 어려움들 그리고 또한 주체적인 압력에 직면하여 후퇴하였다. 임박하는 전쟁에 대비하여 모든 인민의 적극적 공헌을 위한 준비라는 압력 하에서, 1936년의 쏘비에뜨 헌법은 거주지에 따른 보통의 비밀선거권을 일반화하였다. 노동자 권력의 조직의 핵심으로서 각 생산단위의 회의체

(assemblies)는 강등되었다. 실천적으로 상층의 국가 기관으로부터 대의원을 소환하는 것의 어려움이 증가되었다.

제2차 대전 후에 재건과 공산주의 관계의 가일층의 발전은 혁명전략의 적절한 조응을 요구하는 새로운 도전과 요구들을 제기했다. 전쟁 후 최초의 기간에 쏘련공산당 내에서 지배적인 방향은 반시장적인 것이었는데 그것은—이론적 약점과 결함들에도 불구하고—공산주의적 관계들의 발전, 불평등과 농업생산에서 상품의 계획된 근절(콜호즈 협동조합을 사회적 소유로 전환시킨다는 목표와 결합된)이라는 목표를 유지하고 있었다.

최초의 전후 경제계획의 성공에도 불구하고, 농업 생산은 지체를 경험하였다. 또한 생산부문간의 비율과의 관련을 포함하는 중앙계획에서의 어떤 문제들이 불거졌다.

공산주의 전략을 사회적 생산에서 새로운 발전 수준에 의해 제기되는 도전들에 적응시킬 수 있는 집단적으로 성취되는 이론적 역동성이 없었다. 떠오른 문제들은 올바르게 해석되지 않았고 공산주의적 관계들의 강화와 확대의 방향에서 다루어지지 않았다.

그것들은 중앙계획의 본성에 존재하는 불가피한 약점들로 해석되었고 낡은 잔재로 인한 모순들의 결과로서, 비과학적으로 정교화된 계획의 오류의 결과로서 해석되지 않았다. 그리하여 공산주의 생산관계의 고무와 확장을 향한 해결책을 추구하는 대신에, 과거 즉, 도구의 이용과 자본주의 생산관계를 주목하는 것이 추구되었다. 그 해결책은 시장의 팽창에서, "시장 사회주의"에서 추구되었다.

쏘련 공산당 20차 대회(1956년)는 전환점이었는데 왜냐하면 그 대회에서 소위 "개인숭배"(에 대한 비판—역자)라는 구실 하에서 공산주의 운동 전략에 대하여, 국제관계에 대하여 그리고 부분적으로는 경제에 대하여 일련의 기회주의적 입장들이 채택되었다. 전반적으로 중앙의 계획 기능이 약화되었다. 콜호즈를 소포즈로 전환하는 계획을 세우는 대신에, 모든 협동조합적인 콜호즈 생산을 국가 통제로 이행시키는 것을 시작하는 대신에, 이전에 거부된 적이 있었던, 트랙터와 다른 기계들을 콜호즈 소유로 하는 것이 1958년에 실시되었다.

몇 년 후에 소위 "꼬시긴 개혁"(1965년)을 시작으로 각 개별적 생산단위의 "기업 이윤"이라는 부르주아적 범주가 채택되었고 관리자와 노동자의 임금은 그와 연동되었다. 생산량에 기초한 사회주의적 생산단위들의 생산성에 대한 평가는 생산물에 대한 가치 평가로 대체되었다. 각 사회주의 단위의 축적의 과정은 중앙계획과 분리되었는데, 생산수단과 생산 원료의 사회적 성격의 약화를 초래했다. 동시에 1975년 즈음에 모든 국영농장들, 소포즈들은 완전한 자기관리 하에 놓였다. 이러한 모든 조치들은 법적으로 금지되어 있었던 사적인 횡령과 사적인 소유를 위한 조건의 창출을 초래했다.

각 기업에서 노동자와 관리자 간에, 뿐만 아니라 상이한 기업의 노동자들 사이에서 노동수입의 차이가 증가하였다. 사회적 이익을 희생하는 개인적 이익이 강화되었고 공산주의적 의식, 사회적 소유를 방어하고 증진시키는 입장이 침해되었다.

소위 "그림자 자본"이 기업 이윤뿐만 아니라 "암"시장, 사회적 생산물을 찬탈하는 범죄적 행동의 증가의 결과로 출현했는데 이것은 생산에서 자본으로서의 합법적 기능을 추구했다; 실제로는 생산수단의 사유화와 소외된 노동의 고용, 자본주의의 복고였다.

그것의(그림자 자본)의 소유자들은 반혁명의 추진력이 되었다.

거의 같은 시기에 노동자의 국가에 대한 맑스-레닌주의적 인식 또한 수정되었다. 쏘련공산당 22차 대회(1961년)는 쏘련이라는 국가를 "전인민" 국가로 그리고 쏘련 공산당을 "전인민 당"으로 묘사했다. 이러한 입장들은 당의 혁명적 성격과 사회적 구성을 빠르게 무디게—그리고 결과적으로 변전하게—했다. 쏘련공산당의 공공연한 반혁명세력으로의 기회주의적 타락이라는 변화는 1987년에 명백하게 되었는데 악명높은 "뻬레스뜨로이까"와 "글라스노스찌" 정책, 소유관계의 다양성이라는 구실 하에 자본주의적 관계들을 제도적으로 수립하는 법률을 통과시켰다. 이 사실은 반혁명 시기의 공식적인 시작을 특징짓는다.

쏘련 공산당의 지도부가 소유의 사회적 성격을 약화시키고 협소한 개인적 및 그룹별 이익을 강화하는 선택을 채택함에 따라, 사회적 소유로부터 소외의 감정이 생겨났고 노동자의 계급의식을 좀먹게 되었다. 실천이 선언으로부터 점차 멀어짐에 따라 무관심과 개인주의의 길이 활짝 열렸다. 이러한 과정은 반혁명적 격변의 시기 동안에 나타난 대부분의 인민의 수동성을 설명해주며 그리고 동시에 그것은 쏘련공산당의 지배써클이 도달한 타락을 보여준다.

그리스 공산당의 현대 혁명전략의 계획

쏘련과 다른 사회주의 나라들에서 사회주의의 전복 그리고 1991년의 그리스 공산당의 내적인 당적 위기의 발발—자신의 대열에서 활동하던 기회주의 그룹의 제거를 가져온—에 이어서 그리스 공산당은 자신의 혁명적 재조직화를 시작했다.

국제공산주의 운동에서 반혁명의 결과에 기인하는 어려운 상황에서, 그리스 공산당은 이 모든 기간에, 현대의 발전을 연구하고 그리스와 국제적인 계급투쟁의 역사적 경험으로부터 결론들을 이끌어 내고 동시에 노동계급과 인민 층과의 전투적 연계를 심화시키고 확장하는 노력을 다했다. 이 과정의 주요한 결론들은, 1990년대에 그것을 연구하려는 최초의 시도 이후로, 쏘련에서 사회주의에 대한 평가(2009년의 18차 당 대회)와 2013년의 19차 당 대회에서 채택된 강령에 포함되었다. 물론 적절한 연구는 계속되고 있다. 일반적으로 보면, 그리스 공산당은 일상의 경제적 및 정치적 투쟁을 자본의 권력을 타도하는 주요한 혁명적인 정치적 과제로부터 분리하려고 하지 않는다.

혁명적 상황을 초래하는 요인들은 예언될 수 있는 것이 아니다. 그럼에도 불구하고 경제적 공황의 심화, 심지어 무력 충돌로 끝나는 제국주의 중심들 간의 모순의 격화는 그리스에서 이러한 상황을 창출할 수 있다. 방어적 전쟁이든지 침략적 전쟁이든지, 그리스가 제국주의 군사적 행동에 얽혀들 경우, 노동계급과 인민의 운동은 잘못된 깃발 아래 있어서는 안된다. 당은 전쟁 혹은 인민의 머리에 총구를 겨누는 "평화"를 부과하는 부르주아지의 총체적 패배를 가져오기 위하여 노동자-인민의 투쟁의 독립적인 조직화를 이끌 것이다.

그리스 공산당이 현대의 혁명전략을 입안했다는 사실은 경제의 모든 부문, 모든 대규모 작업장, 나라의 모든 지역에서 저항과 반격의 지도적 위치를 조직화하는 능력을 증가시킨다.

모든 수준에서 그리스 공산당의 강화는—그것은 최근의 20차 당 대회에서 중요한 쟁점이었다—자신의 혁명적 정책의 강화를 위한 전제조건이다.

많은 노동자들은 좋은 취지로, 사회주의 건설이 현대의 그리스와 같은 잠재력을 가진 나라에서 시작될 수 있는지 의아해한다. 이에 대해 그리스 공산당은 다음과 같이 답한다:

- 인민들의 요구는 생산의 잠재력과 우리나라에서 생산되는 부에 기초하여 충족될 수 있다.
- 국내의 생산은 그것이 자본주의적 소유와 노동계급에 대한 착취로부터 자유로워진다면 높은 수준에 도달할 수 있다.
- 오직 노동자의 권력만이 인민의 이익을 위하여, 오늘날 첨예화되는 제국주의 동맹 간의 모순들을 활용할 수 있다.
- 우리는 광활한 지역에서 세력들의 상호관계에 대해 정태적으로 생각해서는 안된다. 왜냐하면 그것은 우리나라만이 아니라 더 넓은 지역에서 혁명적 상황에서는 중대하게 변화할 것이기 때문이다.

동시에 그리스 공산당은 "만국의 노동자여 단결하라!"는 슬로건으로 표현되는, 프롤레타리아 국제주의의 원칙에 따라, 자본주의와 제국주의 전쟁에 반대하는 인민의 국제적 연대에 따라 국제공산주의 운동의 재조직화를 위해 투쟁하고 있다. 이미 "국제공산주의 리뷰"와 유럽의 공산주의자 이니셔티브를 통하여, 맑스-레닌주의 원칙에 기초하는 명확한 지주의 창출을 위한 노력을 향한 약간의 작은 조치들이 취해지고 있다.

그리스 공산당의 현대의 전략의 통합적 부분은 사회주의에 대한 자신의 강령적 인식이다. 사회주의 건설은 노동계급에 의한 권력의 혁명적 장악으로 시작된다. 노동자의 국가, 프롤레타리아 독재는 다른 형태와 수단으로 사회주의에서도 계속되는 계급투쟁에서 노동계급의 도구이다. 그것은 새로운 사회적 관계들의 계획적인 발전을 위해 활용되는데, 그러한 관계들은 반혁명적 노력에 대한 진압을 전제하면서도 노동계급의 공산주의적 의식의 발전을 전제한다. 정치적 지배의 기제로서 노동자의 국가는, 모든 사회적 관계들이 공산주의적으로 변혁될 때까지, 공산주의적 의식이 노동자의 압도적 다수에서 형성될 때까지, 그리고 가장 강력한 자본주의 나라들에서 혁명의 승리 때까지 필요하다.

노동자의 권력의 질적으로 새로운 요소는 작업장(생산단위, 행정 단위, 사회적 서비스, 농업협동조합)을 그 조직화의 핵심으로 전환시키는 것이다.

직접적이고 간접적인 민주주의가 각 생산단위의 노동자의 회의체(assembly)에 기초한다. 뿐만 아니라 선출된 대의원을 통제하고 철회할 수 있는 능력 즉, 부르주아 민주주의의, 자본의 독재의, 오늘날의 형식적인 선거권과 비교하여 실질적인 선거권 또한 그러한 회의체에 기초한다.

이러한 권력의 우선적인 과제는 새로운 생산양식의 형성인데, 그것의 지배는 자본주의적 관계, 자본과 임노동의 관계의 총체적인 폐지를 기본적으로 전제한다. 그리스 공산당의 강령은 다음과 같이 진술한다:

집중화된 생산수단은 사회화된다. 그러나 최초에는 상품-화폐 관계의 존재를 위한 기초가 되는 개인적 및 그룹별 소유의 형태가 잔존한다. 생산협동조합의 형태들이 형성되는데 그것은 생산력의 수준이 여전히 생산수단의 사회주의화를 허용하지 않는 부분에서이다. 그룹별 소유의 형태는 사적 소유와 사회적 소유 사이의 이행기적 형태이며 공산주의적 관계의 미성숙한 형태가 아

니다.1)

　중앙집중화된 생산수단의 사회적 소유에 기초하여, 경제에 대한 중앙의 계획은 모든 생산자를 연결시키는 공산주의적 관계로서 발전한다. 중앙의 계획은 또한 농업의 협동적 생산을 어느

---

1) 역주) 그룹별(group) 소유와 집단적(collective) 소유가 그리스 공산당의 이 문헌에서는 구분되지 않고 쓰이고 있다. 만약 쏘련에서 집단농장이 전형적인 집단적(collective) 소유가 공산주의적 관계의 미성숙한 형태 즉, 사회주의적 생산관계가 아니라고 주장하는 것이라면 이것은 논쟁의 여지가 있는 부분이다. 집단적 소유는 자본주의적 소유가 아니라는 점에서 착취관계를 포함하지 않는다. 그런 점에서 집단적 소유 또한 사회주의 생산관계의 하나로 볼 수 있다. 그러나 집단적 소유는 국가적 소유, 전인민소유로 표현되는 사회 전체의 이익이 아닌 협소한 집단의 이익을 우선시한다는 점에서 높은 단계의 공산주의적 관계는 아니다. 그럼에도 쓰딸린 시대의 쏘련에서처럼 국가가 협동 농장 등의 집단적 소유와 적절한 관계(MTS, 각종의 지지와 원조 등)를 맺는 것을 통해 그것을 서서히 전인민소유로 발전시키는 것이 필요하다. 그런데 집단적 소유와 구분되어 그룹별(group) 소유가 성립할 수 있다. 이것은 쏘련에서의 집단농장보다 더욱 협소한 그룹의 소유관계일 수 있다. 예를 들면 도시에서 일정 구역의 소비조합, 영세업자들의 생산조합 등이 그러한 사례일 수 있다. 그러나 이러한 소유에 대하여 사회주의 국가는 그것들을 부정하는 방식이 아니라 그것들을 지원하고 육성하여 보다 높은 수준의 집단적 소유로 발전시킬 필요가 있다. 즉, 그 내부에 착취관계가 존재하지 않는다면 협소한 그룹별 소유라고 해서 부정될 필요는 없다. 그런데 쏘련이 붕괴하던 시점에 그룹별 혹은 집단적 소유는 특히 도시에서 자본주의적 소유로 이행하는 형태 혹은 생산수단에 대한 자본주의적 사적 소유를 감추는 도구가 되기도 했는데 이는 그룹별 혹은 집단적 소유가 갖는 한계를 가리키는 것이며 사회주의 국가는 생산력의 발전과 사회주의 사회의 발전에 조응하여 협소한 그룹별 혹은 집단적 소유를 점차 높은 수준으로 발전시킬 필요가 있을 것이다. 그러나 그룹별 혹은 집단적 소유가 그 내부에 착취관계를 포함하지 않는다면 그것이 공산주의적 관계의 미성숙한 형태, 즉, 사회주의적 관계가 아니라고 규정할 필요는 없을 것이다.

지점까지 통합한다. 공산주의적 생산관계의 확장과 심화와 더불어, 노동계급은 점차적으로 생산과정의 상이한 부분들을 충분히 이해할 수 있는 능력을 획득한다.

동시에 필요에 기초하여(교육, 건강, 난방 등) 생산물의 한 부분을 분배하면서 사회주의적 생산은 그 생산물의 나머지 부분을, 복잡노동과 단순노동, 육체(실천적)노동 혹은 정신적 노동의 분리 없이 각 개인이 전체로서 사회적 노동에서 개인적 노동에 따라 공헌하는 것에 기초하여 분배한다.

공산당은 혁명적 노동자의 권력의 지도적 핵이다. 왜냐하면 그것은 사회주의-공산주의 사회의 운동법칙에 기초하여 의식적으로 행동하는 유일한 세력이기 때문이다.

10월 혁명은 길을 보여준다.

오늘날, 반혁명을 민족들 간의 우호와 평화를 위한 길을 닦는 사회주의의 재생의 과정으로 특징짓는 이론들은 완전히 파산했다. 마찬가지로 자본주의 체제의 "인간화"를 위한 모든 이론과 정책들은 또한 붕괴하였다. 동시에, 자본주의 국가들 간의, 국제적 영역의 독점그룹들 간의 모순들은 점점 더 전쟁의 발화점을 만들어내고 있으며 그것을 일반화시키는 현존하는 위험을 만들고 있다. 생산수단에 대한 자본주의적 소유의 사회적 암은 "자신의 피 묻은 이빨을 보여주고 있다"

1989-1991년의 반혁명적 전복을 축복하는 사람들은 모두 완전히 폭로되었다. 그들은 노동운동의 침식에, 지배적인 숙명론과 타협의 태도에 공헌했다. 반대로 그리스 공산당은 붉은 기가 크

렘믈린 궁에서 내려지던 날이라는 결정적 순간에 "리조스타스티스"를 통하여, "동지들, 깃발을 높이 올려라"라고 공산주의자들에게 요구하는 연설을 할 정도의 힘을 갖고 있었다는 점에 자부를 느낀다.

오늘날 그리스 공산당은 "전천후" 혁명적 전위로서 행동하는 것을 가능하게 할 특성을 얻기 위해 거친 투쟁을 수행하고 있다. 오늘날의 조건에서, 계급적–착취적 사회의 명확한 폐지와 사회주의–공산주의 사회의 건설을 위한 투쟁은 10월 혁명과 그것의 목표를 기리는 실제적인 길이다.

반혁명의 지배에도 불구하고 마야꼬프스끼의 다음과 같은 말은 계속해서 그 길을 보여준다:

"혁명이여 영원하라, 즐겁고 빠르게
　이것은 역사가 알고 있는 모든 것 중에서 유일하게 위대한 전쟁이다."

그리스 공산당 중앙위원회
2017년 5월 23일 노사과연

우리의 미래는 자본주의가 아니라 사회주의 혁명 승리의 새로운 세계이고 사회주의-공산주의 건설이다

공산당과 노동자당의 국제 이론 협의회 참가자들의 (2017년) 8월 선언: "10월 사회주의 대혁명 이후 100년, 현대 공산주의자들을 위한 교훈과 과제들"

각국 공산당과 노동자당의 국제 이론 협의회 참자자들
번역: 문영찬(연구위원장)

우리의 미래는 자본주의가 아니라 사회주의 혁명 승리의 새로운 세계이고 사회주의—공산주의 건설이다.

사회주의 혁명을 위한 무장투쟁을 즉각 준비하는 노선을 채택한 러시아사회민주노동당(볼)의 6차 대회의 기념식 동안에 레닌그라드에서 열린 국제 협의회에 참가한 우리는 당들의 공동의 입장으로서 이 선언을 제출한다. 그리고 그 당들은 세계 자본주의의 해결되지 않는 모순들에 의해 결정되는 객관적인 과학적 법칙으로서, 사회주의 혁명에 대한 맑스—레닌주의의 가르침에 토대를 두고 있다.

1917년의 10월 혁명은 부르주아 계급에 맞선 계급투쟁에서 프롤레타리아트의 승리를 위한, 그리고 모든 성원의 자유로운 발전을 위한 사회인 사회주의의 성공적인 건설과 완전한 공산주의를 위한 결정적으로 필수적인 요소로서 사회주의 혁명의 불가피성에 관한 맑스-레닌주의 이론의 올바름을 확증했다. 점진적인 사회적 개혁을 통해 자본에 의해 지배되는 세계를 탈출하고자 하는 모든 노력들은 다양한 방식으로 단지 사회적 불평등의 영구화와 착취형태의 완성만을 가져왔을 뿐이다.

　1917년 10월은 "처음에는 몇몇의 혹은 심지어 하나의 자본주의 나라에서" 제국주의의 조건들에서 사회주의 혁명의 승리에 대한 레닌의 분석의 올바름을 확증하였다. 하나의 착취적 구성체에서 또 하나의 구성체로 변화를 초래했던 이전의 모든 혁명들과 비교할 때, 사회주의 혁명은 정치권력의 장악으로 완성되는 것이 아니라 단지 시작될 뿐이다—사회주의 건설과 완전한 공산주의를 위한 계속되는 투쟁에서 프롤레타리아트의 승리를 위한, 타도당한 착취 계급의, 반혁명적 요소들의 저항을 진압하고 외국의 제국주의 침략의 위협으로부터 보호를 위한 필수적인 조건으로서 프롤레타리아트의 독재의 수립.

　파리꼬뮨이 최초로 걸은 길은 전위의 길이다. 공산주의는, 19세기에 맑스와 엥엘스에 의해 묘사된 유령으로부터, 러시아의 10월 사회주의 대혁명을 통해 자신의 실제적인 여정을 시작했다. 한 나라의 사회주의는 20세기 후반부에 세계체제로 확장되었고 쏘련은 세계 두 번째의 초강대국이 되었다. 외부와 내부의 적들에 맞선 항상적인 투쟁에서, 파시즘에 맞선, 억압과 반계몽주의에 맞선 필사적인 투쟁에서, 쏘련은 착취와 기생성이 없는 새로운 세계를, 자유와 정의의 사회를 창조했다. 쏘련은 자신이 존재했던 70년 동안에, 억압받는 민족들의 길에 빛을 비춘 횃불이 되었다; 그것은 프롤레타리아트가 그들의 해방을 위해 일어서도록 하는 요구였다.

　위대한 10월 사회주의 혁명은 자본주의의 식민지 체제의 위기가 시작되게 했는데 이 위기는 제2차 대전에서 쏘련의 승리 후 가일층 발전하였고 최종적으로 이 체제의 전체의 파괴를 초래했다.

우리는 침략적인 제국주의 정치에 맞서서 자신의 나라의 독립과 주권을 수호하기 위해 투쟁해왔던 민족들과의 연대를 지지하는 입장을 단호하게 갖는다. 왜냐하면 공산주의자들은 언제나 이 투쟁을 자신의 나라와 세계적 규모에서 자본의 권력에 맞선 노동계급의 투쟁과 연계시키기 때문이다.

과학적 사회주의의 이론과 20세기와 21세기에서 사회주의의 건설의 실천은 사회주의 혁명의 결과 수립되는 권력은 그 본질에 있어서, 프롤레타리아트의 독재일 뿐이라는 것 즉, 다른 어떤 계급과도 권력을 나누지 않고 동시에 모든 노동자의 이해를 표현하며 그렇기 때문에 그들에 의해 적극적으로 지지받는 노동계급의 권력일 뿐이라는 것을 확실하게 드러내었다.

위대한 10월 사회주의 혁명은 그 나라에서 노동자 권력의 형태로서 쏘비에뜨 권력을 수립하였다. 1917년 11월 7일의 혁명과 부르주아지의 임시정부의 타도 다음날에, 노동자, 농민 그리고 병사 대의원들의 쏘비에뜨 2차 대회에서 쏘비에뜨 권력이 선언되었는데, 그것의 본질은 프롤레타리아트의 독재이다. 쏘비에뜨들은 짜르 러시아에서 노동자 투쟁의 기관으로서 출현하였다. 최초에는 경제적 기관으로서 그리고 그 다음에는 노동자의 권력의 수립을 위한 정치투쟁의 기관으로서였다. 혁명 후에, 쏘비에뜨들은 프롤레타리아트의 독재의 수행을 위하여 이미 조직화된 형태였다.

세 번째의 러시아 혁명, 1917년의 10월 혁명은 그 내용에 있어서(사회적, 경제적 그리고 정치적) 사회주의 혁명이었고 처음에는 쏘비에뜨 권력이 반동적인 절대주의 짜르 국가로부터 물려받은 많은 민주주의적 쟁점들을 해결했다. 그러나 시작부터 10월 혁명은 절대주의나 부르주아 민주주의가 해결할 수도 없고 해결하기를 원하지도 않았던 근본적인 쟁점들을 해결하는데 종사했다. 쏘비에뜨 정부의 최초의 포고는 평화, 토지, 노동자-농민 정부의 구성, 쏘비에뜨에 전권을 부여하는 포고였다. 그것은 또한 특권계급과 작위의 폐지, 은행들, 철도, 통신 그리고 많은 수의 대규모 사업장의 국유화, 뿐만 아니라 노동자 통제와 기타의 것들을 위한 포고를 발표하였다.

러시아 민족들의 권리를 위한 선언이 1917년 11월 15일에 승인되었는데 그것은 다음과 같이 선언하였다:

-러시아 민족들의 평등과 주권
-분리와 독립국가 형성을 포함하는 러시아 민족들의 자유로운 자결권.
-모든 민족적 및 종교적 특권과 제한의 폐지
-러시아에 거주하는 소수민족과 인종그룹의 자유로운 발전

그리하여 쏘비에뜨 권력은 그 최초의 발걸음부터 볼쉐비끼들이 인민에게 혁명을 위하여 고무하기 위하여 사용한 구호들의 사회주의적 내용을 수행했다: "권력을 쏘비에뜨에게", "농민에게 토지를", "노동자에게 공장을", "민족들에게 평화를!" "근로인민을 위한 8시간 노동제를!" 그리하여 정치적 의미에서, 권력의 장악과 10월 사회주의 혁명의 즉각적인 조치들을 통한 그것의 공고화라는 점에서, 이는 쏘비에뜨로서 특징지워질 수 있고 특징지워져야 한다.

러시아 노동계급이 발견했고 프롤레타리아트의 독재의 조직형

태와 연관되어 있는 세계적인 역사적 중요성은, 회의체(쏘비에 뜨)가 자신의 형성과 기능을 객관적인 실제에, 사회적 생산과정에서 노동자의 조직에 기초를 두었고 결과적으로 프롤레타리아트의 독재의 본질을 수호한다는 사실에서 발견될 수 있다. 쏘비에뜨는 노동자의 집단에 의해 선출되고 통합된 망으로서 사회에 스며들고, 권력의 프롤레타리아적 성격, 노동자 대중에 의한 권력의 통제와 규제를 수호한다.

쏘비에뜨의 기본적 내용은 어디에서나 그리고 항상적으로, 노동자를 사회의 실제적인 주인으로 만들려는 노력 속에서, 파리꼬뮨이 이미 약간의 최초의 시도들을 했던 실천적 조치들을 수반한다. 파리꼬뮨의 경험은, 뿐만 아니라 쏘련의 전체 경험은, 새로운 사회의 건설을 지도하는 계급의 전위로서, 노동계급의 혁명적 당의 대체할 수 없는 역할을 드러내었다. 그것은 "혁명적 당없이 혁명적 운동은 있을 수 없다"는 당에 대한 레닌주의의 이론의 중요성을 충분히 보존하고 있다. 이 당은 볼쉐비끼의 당, 레닌-쓰딸린의 당이었다. 그 지도력 하에서, 많은 근본적이고 예외적으로 중요했던 문제들이 쏘련에서 해결되었다. 어떤 자본주의 나라도 본질적으로 결코 풀지 못했고 풀 수 없었던 문제들. 이것은 또한 다른 사회주의 나라들의 형제적 당들의 경험에 의해 입증된다. 특히 완전 고용의 문제가 풀렸고, 무상교육, 무상의료, 과학과 문화의 성취들의 사용이 보장되었다. 쏘련에서 주거, 공공시설, 운수 등은 실제적으로는 거의 무상이었다. 어떤 자본주의 나라에서도 인간의 안전이 쏘련에서처럼 이렇게 높은 수준에 있지 않았다. 쏘련은 세계에서 은퇴연령이 가장 낮았다.

쏘련의 경험은, 사회주의 혁명의 가장 중요한 일반적 법칙들 중의 하나로서, 기본적 생산수단의 사회주의적 사회화에 대하여

"공산당 선언"에서 맑스와 엥엘스에 의해 정식화된 맑스-레닌주의적 당의 강령적 방향들의 올바름을 이미 확실하게 드러내었다. 위대한 10월 사회주의 혁명의 경험은, 노동계급에 의한 권력의 장악 이후 뒤따르는 것은, 수탈자들과 그 나라의 경제적인 모든 부문들의 소유의 수탈이라는 과제이며, 그것은 부르주아지의 경제적 지배의 근절을 위하여 필요한 것이며, 경제적 토대가 프롤레타리아 독재 하에 놓일 수 있도록 하는 것이며, 그것 없이는 노동계급이 정치권력을 유지할 수 없고 사회주의적 변혁을 수행할 수 없다는 점을 실천적으로 드러내었다. 프롤레타리아트의 독재의 형태로서 쏘비에뜨 권력의 수행, 강화 그리고 발전의 경제적 토대는 완전한 사회적 복지와 사회의 모든 성원의 자유로운 전면적인 발전을 수호한다는 목표를 가진 생산수단의 사회적 소유, 사용가치의 생산이다.

가치의 자기 증식이 아니라, 잉여가치가 아니라 사회의 완전한 번영과 모든 성원들의 자유로운 전면적인 발전의 수호가 사회주의적 생산의 목표이다. 이 목표의 거부는, 시장으로의 전환은 시장의 상품 경제가 노동자 권력의 경제적 기초가 될 수 없기 때문에 사회주의의 파괴를 초래한다. 완전한 상품경제는 자본주의이며, 부르주아지의 독재의 기초이다.

맑스-레닌주의 이론은 미래 사회를 위한 세세한 공식과 이상적 모델을 제시하지 않는다. 맑스와 엥엘스는 공산주의는 수립되어야 할 어떤 상황이 아니라 현실이 조응해야할 이상이 아니라 부정의하고 사회의 발전을 정체시키는 현존하는 상태를 파괴(destroy)[1]하는 현실적 운동이라고 썼다.

---

1) 역주) 이 단락의 내용은 맑스와 엥엘스가 저술한 ≪독일이데올로기≫의 일부 내용과 매우 유사하다. 먼저 원문을 확인해 보자. "우리에게 있어서 공산주의란 조성되어야할 하나의 상태, 현실이 이에 의거하여 배

프롤레타리아트의 자신의 국가를 위한 필요는 노동계급의 이해에 반대되는, 근로 인민의 모든 부문의 이해를 본질적으로 표현하는 이해에 반대하는 행동을 억압한다는 과제에 의해 결정된다. 계급들이 존재하는 한, 국가는 지배계급의 독재를 위한 기관이며 도구이다. 이러하기 때문에 프롤레타리아트 독재 국가에 대한 필요는 공산주의자들의 다음과 같은 최종적 목표의 성취를 통해서만 사멸하게 된다: 계급들의 완전한 근절 즉, 도시와 시골 간의, 육체노동과 정신노동 간의 차이의 근절, 완전한 공산주의의 건설의 완성, 내부로부터만이 아니라 외부로부터 자본주의의 공세 위협의 소멸.

　　쏘련 공산당의 20차 대회와 22차 대회에서 처음 발생하고 고르바쵸프의 뻬레스트로이까에서 정점에 달한 국가기구의 최고 수준에서의 이데올로기적 및 정치적 타락, 맑스-레닌주의의 수정, 이론과 실천에서 공산주의 건설의 근본적 원칙들에 대한 거

열되는 하나의 이상이 아니다. 우리는 현재의 상태를 지양해 나가는 현실적 운동을 공산주의라고 부른다. 이 운동의 조건들은 현재 존재하고 있는 전제로부터 생겨난다."(출처: ≪칼 맑스 프리드리히 엥겔스 저작선집≫ 제1권, 박종철 출판사, 2005, p.215) 여기서 위 단락의 내용과 독일 이데올로기의 내용은 사실상 같은 것이다. 그런데 주의할 것은 본문의 단락에서는 '파괴'라고 되어 있는 부분이 "독일 이데올로기"에서는 '지양'이라고 되어 있다는 점이다. 파괴와 지양은 비슷하면서도 다른 것이다. 파괴 혹은 폐지는 현실의 상태를 전면 부정하는 것이지만 지양은 현실의 상태를 부정하면서도 그것의 긍정적 내용을 가져가서 새로운 높은 단계로 끌어올리는 것을 말한다. 사회주의 혁명은 부르주아적 관계의 파괴를 수반하면서도 그에 그치는 것이 아니라 생산력, 인류가 달성한 문화, 과학기술 등의 긍정적 내용을 수용하면서 그것들을 더 높은 수준으로 끌어올리는 것이다. 그런 점에서 현존하는 상태의 '파괴'라기 보다는 맑스와 엥엘스가 표현한 '지양'이라는 개념이 보다 정확하다고 보인다.

부, 출세주의와 관료주의의 증가는 반혁명과 자본주의의 복고를 초래했는데 이것들은 1990년대 동안에 쏘련에서 완성되었다. 쏘련에서 사회주의의 파괴와 그 대신에 일단의 작은 부르주아 국가들의 창출이 국제 제국주의의 지원 하에 수행되었다. 많은 나라들에서 반공산주의와 반쏘비에뜨주의의, 박해의 대규모의 어두운 물결이 공산당들과 공산주의자들에게 가해졌는데 그것은 오늘날까지 계속되고 있고 미국과 EU가 지도적 역할을 하고 본질적으로는 모든 부르주아 정부들이 마찬가지로 참가하고 있다.

이러한 상황에서 공산주의자들은 공공연하게 주장한다: 반공산주의와 반쏘비에뜨주의는 성공하지 못할 것이다! 지난 30년간의 반혁명들은 자본주의로부터 사회주의로 이행의 시대로 남아 있는 우리 시대의 성격을 변경시키지 못한다. 혁명은 멈출 수 없다! 반혁명은 불가피하게 혁명으로 이어진다! 공산주의자들은 언제나 혁명가들이다!

최근의 시기에 자본주의 국가들 간의 세력의 상호관계에서 중요한 변화의 흐름이 자본주의의 불균등 발전의 법칙의 충격 하에서 더욱 명백해지고 있다. 미국은 1위의 경제적 및 군사적 열강으로 남아 있지만 세계총생산에서 그것의 몫의 중대한 감소가 있었다. 반면에 EU는 세계적 발전에서 중요한 역할을 하고 있고 또한 BRICs 나라들, 상하이 협력기구와 같이 자본주의적 생산관계가 우세한 다른 열강들이 있다. 과거에 지역적(local), 지구적(regional) 전쟁과 두 번의 세계전쟁을 초래했던 제국주의 간의 모순들이 원료자원들, 에너지, 수송루트, 시장의 몫을 둘러싸고 경제적, 정치적 그리고 군사적인 거친 갈등을 계속하여 초래하고 있다. 이러한 투쟁에서 지도적 역할은 미국과 NATO의 전쟁기구들에 의해 수행되고 있는데 중동지역에서 이스라엘 같은 다른 자본주의 열강들도 그런 역할을 한다.

거기에 더하여 노동에 대한, 그리고 노동자의 사회적 권리들에 대한 야만적 공세가 전 세계에 걸쳐 지속되고 있다. 그들의 이데올로기적 무기는 사회적 및 계급적 협조, 사회적 평화, 그리고 혁명의 가능성의 소진에 관한 신자유주의와 사회민주주의 이론들이다. 이 무기고에 제국주의에 의해 지도되는 무기들이 된 수정주의와 기회주의가 더해진다.

동시에 사적 소유에 의해 지지되는 생산의 기초 위에서는 인류가 노동계급과 인민 층에 유리하게 발전할 수 없다.

생활과 인간의 발전은 소유의 크기에 의해 혹은 어떤 사람은 주인이 되고 다른 사람들은 그들에게 봉사한다는 욕망에 의해 제한될 수 없다. 국제 공산주의 운동은 노동계급의 이해를 위한 계급투쟁을 발전시키려는 노력을 강화한다는 과제를 갖고 있다. 공산주의자들은 "지구화된 세계"라는 부르주아적 구호와 관련하여 그리고 국가 민족주의의 구호와 관련하여 전 세계에 대해 다음과 같이 주장한다: 사회주의와 완전한 공산주의를 건설한다는 전망을 가진 제국주의에 반대하는 투쟁만이, 위대한 10월 사회주의 혁명에 의해 시작된 경로만이, 일체의 착취형태의 가능성의 제거, 계급들의 근절, 모든 민족들의 우애와 행복, 뿐만 아니라 지상에서의 생활 자체의 보존이라는 의미에서 현실적인 자유와 평등으로 가는 인류의 길이라는 것을.

국제 공산주의운동의 재배치, 오늘날의 위기와 후퇴로부터의 탈출구, 맑스-레닌주의와 프롤레타리아 국제주의에 기초한 통합된 전략의 형성, 소련의 역할과 공헌에 대한 승인, 자본주의의 혁명적 타도와 새로운 사회주의-공산주의 사회의 건설에 대한 필요성의 승인. 이것은 긴급한 과제이며 그것의 수행은, 노동의 권리에 반대하는 독점들과 부르주아 정부들의 강화되는 공세, 파시즘의 부활을 포함하는 자본주의의 가일층 반동적인 전환, 그리고 제국주의 전쟁의 발화점의 출현이라는 항상적인 위험에 반대하는 투쟁의 현재의 조건들에 의해 요구된다. 제국주의 전쟁에 반대하는 국제적 투쟁은 오늘날 공산주의 운동에 있어서 중요하다. 우리의 가장 중요한 과제들 중의 하나는, 공산주의 운동 내부의 주요 위험요소로서 모든 형태의 수정주의와 기회주의에 맞서 흔들림없이 투쟁하는 것이다. 혁명은 경계를 갖지 않는다. 그것은 지도자들과 당들의 의지에 따라 일어나지 않는다. 그러나 그것은 전위 계급, 피억압민족과 피착취민족들이 사회의 생산력의 발전과 관련하여 그들 자신의 노동의 결과들에 대한 소유를 획득하고자 하고 모두를 위한 물질적 및 지적인 이익을 창출하고자 하는 객관적인 이해와 억누를 수 없는 욕구를 표현한다.

위대한 10월의 사상과 업적들이 수세기동안 계속되게 하라! 노동자와 피착취, 피억압민족들은 부패한 자본주의 착취체제를 근절하기 위해, 사회주의와 완전한 공산주의를 건설하기 위해 일어서야만 한다. 이것은 모든 인류를 위하여 불가피하고 보다 밝은 미래를 위한 유일한 대안적 해결책이다.

쏘비에뜨 사회주의 혁명 만세! 전세계에 걸친 공산주의를 위하여!

"만국의 프롤레타리아트여, 단결하라!"

1. 알제리아 민주주의와 사회주의를 위한 당
2. 오스트리아 노동당
3. 아제르바이젠 공산당
4. 벨라루시 공산주의 노동자당-쏘련 공산당의 부문
5. 영국 신공산당
6. 불가리아 공산당
7. 불가리아 공산주의자당
8. 에스토니아 공산당
9. 평화와 사회주의를 위한 공산주의 노동자당(핀란드)
10. 프랑스 공산주의 혁명당
11. 독일 공산당
12. 그리스 공산당
13. 헝가리 노동자당
14. 공산당(이탈리아)
15. 카자흐스탄 사회주의 운동
16. 카자흐스탄 공산당-쏘련 공산당의 부문
17. 키르기스탄 공산당
18. 라트비아 사회주의당
19. 라트비아 공산주의자 연합
20. 사회주의 인민전선(리투아니아)
21. 멕시코 공산당
22. 몰도바 공산당-쏘련 공산당의 부문
23. 몰도바 인민의 저항
24. 트란실바니아 몰도바 공화국 공산당
25. 노르웨이 공산당
26. 폴란드 공산당

27. 러시아 공산주의 노동자당
28. 쏘련 공산당
29. 러시아 노동자당
30. 유고슬라비아 신공산당
31. 스페인 민족들의 공산당
32. 스리랑카 인민해방전선
33. 스웨덴 공산당
34. 시리아 공산당
35. 따지끼스딴 공산당
36. 터키 공산당
37. 우끄라이나 공산주의자 연합
38. 루간스끄 인민공화국 공산주의 노동자 조직
39. 돈바쓰 노동자 전선
40. 미국 공산당

노사과연